U0083271

古代歷史文化_{研究輯刊}

古代歷史文化 研究輯刊

五　編

王　明　蓀　主編

第 12 冊

吳越釋氏考

周　奢　著

國家圖書館出版品預行編目資料

吳越釋氏考／周奭 著 — 初版 — 新北市：花木蘭文化出版社，
2011〔民 100〕
目 2+234 面；19×26 公分
（古代歷史文化研究輯刊 五編；第 12 冊）
ISBN：978-986-254-425-9（精裝）
1. 錢氏　2. 佛教史　3. 五代史
618　　　　　　　　　　　　　　　　　　100000583

ISBN-978-986-254-425-9

古代歷史文化研究輯刊
五　編　第十二冊　　　　　ISBN：978-986-254-425-9

吳越釋氏考

作　　者　周奭
主　　編　王明蓀
總 編 輯　杜潔祥
印　　刷　普羅文化出版廣告事業
出　　版　花木蘭文化出版社
發 行 所　花木蘭文化出版社
發 行 人　高小娟
聯絡地址　新北市永和區中正路五九五號七樓之三
　　　　　電話：02-2923-1455／傳真：02-2923-1452
電子信箱　sut81518@gmail.com
初　　版　2011 年 3 月
定　　價　五編 32 冊（精裝）新台幣 56,000 元

吳越釋氏考

周奢　著

作者簡介

姓　名：周　奢

學、經歷：已從教職退休

習作概略：

《〈太平廣記〉人名書名索引》、《六朝志怪小說研究》、《神異經研究》、《老子考述》、《陰符經考》、《吳越釋氏考》、《〈比丘尼傳〉及其補遺考釋》、《尼師成道典型之研究》、《易經卦爻辭考說》、《周易翼傳考說》、《唐碑誌研究（一）——女子身份與生活部分》等。

提　要

　　我國佛教到了趙宋之世，那是承李唐之盛而上推巔峰的；然而，唐·武宗毀佛之後，又繼之以末年的亂世，佛教幾乎已然不振一蹶了，是什麼因緣、願力使得趙宋有這樣的成就呢？自來的佛教史學者都盛稱偏江南一隅的『五代十國』之功，尤其如『吳越』此等相對長治久安的區域，更是有厥偉之功。

　　話雖如此，而其繁榮的景況如何？繁榮的背景又是怎樣？卻匙有深入的深究之論述。本論文便是要在這一方面有所補苴，而分從：吳越釋氏傳略的考索、法系的考索（如：禪宗、淨土、天台、律宗等）、地理考（如：吳越地域的確定、寺院考等）、姓氏考等面向，作一詳盡的考察。

　　考察的結果，我們發現：一、吳越錢氏是傾全力在保民護教的，二、此時此地的釋教最興禪風，其次是淨土，而天台、律宗也還不絕如縷地向後傳承，則佛教之盛可以知矣。

　　至於詳情，請翻檢拙文，可以教我。又，本論文曾經獲得『中國佛教研究所』之獎助，獎助文號是 84.28.13.C.020.001.002.，而在集結時，從排印、校訂到成書都是台灣大學農學博士張聖顯兄所力成的，特此致謝。

目

次

第一章 前 言

　　佛教史的學者，每論到吳越時期對佛教的貢獻，都持肯定的態度。譬如日本鎌田茂雄的《簡明中國佛教史》便說：「後梁太祖開平元年（西元907年）錢鏐被封爲吳越王之後，經過五世七十二年，至宋太宗太平興國三年（西元978年）錢弘俶歸順於宋代這期間沒有蒙受戰禍，以杭州爲中心的佛教文化顯得十分繁榮。歷來長安、洛陽的佛教向以杭州、揚州、福州、廣州爲中心的南方拓展，這就打下了近代宋、元佛教一大轉變的基礎。」（第十二章《轉折期的佛教──宋代佛教》、第一節五代佛教）又如野上俊靜的《中國佛教史概說》也是這樣說：「由於吳越的政局，前後安定了達七十年之久，故使之嶄然地建立了一大佛教王國。因此，比起處在政情不安定的局面下，並由廢佛而受打擊的北方佛教，江南地方特別繁榮，以禪淨二宗爲中心，替中國的近世佛教打定了成長的基礎。」（第十一章《五代的佛教》）但是，至於怎樣的繁榮、繁榮的背景如？研究佛教史的學者，卻多語焉不詳。

　　本論文便是想在此一闕漏處作一補苴，譬如：《宋高僧傳》卷五《唐京師西明寺慧琳傳》說到慧琳撰作《大藏音義》一百卷，那是很值得寶貴的，而事實上也在「大中五年（西元811年）有奏請入藏流行。」但是贊寧和尚說到了宋初，這一本千辛萬苦「方得絕筆」的《大藏音義》卻散佚殆盡了：「近以海中高麗國，雖三韓夷族，偏尚釋門。周顯德中遣使齎金入浙中求慧琳經音義，時無此本，故有闕如。」京師之中沒有此本，而要求之於浙中，則吳越佛教之盛便可想見了。又如《全書》卷七《大宋天台山螺溪傳教院義寂傳》說：「寂平素講《法華經》并《玄義》共二十許座，《光明》、《淨名》、《梵網》等經，《止觀》、《金錍》等論，《法界還源》等觀、《禪源詮》，《永嘉集》各數

徧，所著《止觀義例》、《法華十妙不二門》科節數卷。自智者捐世，六代傳法湛然師之後二百餘齡，寂受遺寄，最克負荷，其如炎蒸講貫而無汗之霑洽，曾不久聽而勝解佛乘。」這不但是天台宗的重鎮，甚且是中興天台的大本營了，所以本傳又說：「先是智者教迹，遠刜安史兵殘，近則會昌焚毀，零編斷簡，本折枝摧……後款告韶禪師，囑人泛舟於日本國購獲僅足。由是博聞多識。微寂，此宗學者幾握半珠爲家寶歟？」

其實吳越佛教之盛，當然錢氏居功厥偉，但是其前法師的南來，也是一大因素，此點我已在後文多所論列了。此處再隨舉一二例以明之，如：傳禪宗的，有《唐會稽山妙喜寺印宗傳》：「釋印宗，姓印氏，吳郡人也……上元中（西元 760 年）勅入大愛敬寺居，辭不赴，請於鄿春東山忍大師諮受禪法。復於番禺遇慧能禪師，問答之間，深請玄理。還鄉地，刺史王冑禮重殊倫，請置戒壇，命宗度人，可數千百……又奉勅江東諸寺院天柱、報恩各置戒壇度人。」（卷四）傳天台宗的，有《唐處州法華寺智威傳》：「釋智威者，姓蔣氏，縉雲人也……聞天台宗教盛，遂負笈往沃州石城寺親灌頂禪師求請心要。既得一融道，體二居宗，定慧方均，寂照相半……後以法眼付授慧威焉。」全傳說到慧威：「……聞縉雲大威禪師盛行禪法，裹足造焉……時謂小威……指教門人，不少傑出者，左溪玄朗矣。」傳律的有《唐潤州招隱寺朗然傳》：「釋朗然……天寶初受具于杭州華嚴寺光律師。後徙靈隱寺，依遠律師，通《四分律鈔》，升稟越州曇一律師，精研律部講訓，生徒四遠響應……著《古今決》十卷，解釋《四分律鈔》數十萬言，繁雜義例，條貫甚明，大行於世……凡戒壇則二十六登，皆爲壇席之主。《律鈔》凡二十八過講……高行弟子清浩、擇言等。請益弟子御史中丞洪府觀察使韋儇、吏部員外李華、潤州刺史韋貢、湖州刺史韋損、御史大夫劉遐、潤州刺史楚冕皆歸心奉信。」環境的塑造如此，吳越佛教之盛也從可知了。

第二章　姓氏考

第一節　錢鏐世系考

　　宋本《百家姓》。姓氏的排列，是這樣的：「趙、錢、孫、李、周、吳、鄭、王。」錢氏貴在趙姓之下，這原因是錢氏在當時，尤其是在南方，是個大姓；而且最早，也最主動地奉趙宋的正朔，所以有此尊榮。王明清的《玉照新志》便說：「是二浙錢氏有國時小民所著。趙乃國姓，錢氏奉正朔，故以錢次之。孫，乃忠懿王之正妃；其次則南唐李氏。次句周、吳、鄭、王；皆武肅而下嬪妃也。」

　　但是，歐陽修的《新唐書宰相世系表》裏，卻不載錢氏的世系。為什麼呢？我想是永叔瞧不起錢鏐一系的關係！《新五代史‧吳越世家》評錢氏之興，說：「嗚呼，天人之際為難言也，非徒自古術者好奇而幸中；至于英豪草竊，亦多自託于妖祥。豈其欺惑愚眾，有以用之歟？蓋其興也，非有功德積漸之勤，而黥髡盜販倔起于王侯，而人亦樂為之傳歟？考錢氏之終始，非有德澤施其一方，而百年之際虐用其人甚矣！其動于氣象者，豈非其孽歟？是時四海分裂，不勝其暴，又豈皆然歟？是皆無所得而推歟？術者之言不中者多而中者少，而人特喜道其中者歟？」十國之中享祚最長的，殆只吳越而已，豈真是「百年之際虐用其人甚矣」可以做得到的呢？永叔的評語，真應了王船山：「宋人責人無已而幽光掩，可勝歎哉！」（讀《通鑑論卷》二十八之三）的話了。關於錢氏之治吳越，詳見後文。

　　考錢氏的由來，唐《元和姓纂》說是出於彭祖的世系：「孫孚，周錢上氏，

因官命氏焉。」（卷五《二仙條》）「錢上氏」的話不易明白，古代也沒有這一種官名；《通志・氏族略》第四〈以官爲氏條〉說：「錢氏，顓帝曾孫陸終生彭祖，裔孫孚，周錢府上士，因官命氏焉。」原來「錢上氏」是「錢府上士」，那是管錢財的官了。岑仲勉先生的《元和姓纂四校記》引沈跋，說：「又《路史後記八卷注》云：《姓纂》有彭祖孫子爲周錢府大夫。今孫本〈二仙錢姓〉下引《祕笈新書補》云：彭祖孫孚，周錢上氏。案，《路史注》，子字當是孚字之誤，古未聞以錢上命官，而《周禮》有《泉府》，泉、錢古通字，則《新書》上字必府字之誤也。」那麼，錢氏源出於彭祖之孫，錢孚之後，它是官名而爲姓氏的。

　　《通志》又說錢氏的子孫原居下邳，到了漢哀帝的時候錢遜爲廣陵太守，避王莽亂，才徙居烏程。「遜子晟。東晉有青州刺史錢端、歷陽太守錢鳳，宋有太史令錢樂之；五代時有錢鏐，據吳越，宋贈武穆王（案，應是『武肅王』之誤，說詳後），望出彭城吳興。」（引全前）下邳，是在現在的江蘇省邳縣。廣陵，有三個地方：一是江蘇省的江都縣；一是山西省的廣靈縣，我想這一個不是，因爲它原做「靈」字，不是「陵」。另外一個是在山東省的壽光縣東北三十五里的廣陸鎮，我想這一個也不是，因爲《通志》的下文說錢遜因爲避王莽亂，才徙居烏程。烏程，是現在的浙江省吳興縣，從江蘇到浙江，只不過越一省境，在古代的交通狀況下，是比較可能的。再說，吳越錢鏐的「望出彭城吳興」彭城，是在江蘇的銅山縣，是彭祖始封之地；並沒有吳興的地名，是不是鄭樵弄錯了呢？清・顧祖禹的《讀史方輿紀要》卷九十一《湖州府條》說：「湖州府，〈禹貢〉揚州之域，春秋時屬吳，後屬越，戰國時屬楚。秦爲會稽，障郡地，漢爲會稽、丹陽二郡地，後漢屬吳郡及丹陽郡，三國吳寶鼎元年始置吳興郡（原注：治烏程縣），晉、宋、齊因之……唐復置湖州，天寶初曰吳興郡……五代時，吳越因之……」宋・樂史《太平寰宇記》卷九十四〈江南東道六湖州條〉說：「湖州，吳興郡，今理烏程縣……孫皓爲烏程候，及即位，葬父和於此，遂立此郡。歷晉、宋、齊、梁如之……隋・仁壽二年改爲湖州，因太湖爲名。煬帝初，廢爲吳郡之烏程；唐・武德四年平李子通，置湖州，領烏程一縣。六年，陷於輔公祐；七年，平賊，復置，以廢武州之武康來屬，又省雉州，以長城來屬。天寶元年改爲吳興郡，乾元元年，復爲湖州，皇朝（案，即宋）爲宣德軍節度。」又說：「風俗，與蘇州同。姓氏，吳興郡四姓：姚、沈、邱、紐，長城郡二姓：錢、胥。」案，長城本來

是歸在烏程縣的，所以取長城爲名，跟秦始皇的萬里長城無關，而是吳王‧闔閭的弟弟夫概在這裡築城，城狹而長，所以叫「長城」。《太平寰宇記》引《吳興記》便是這樣說的。那麼，長城的錢氏既屬烏程，當然就是吳興了，樂史不過細分爲二罷了。宋‧王存的《元豐九域志》也與之同，此不贅引。

至於彭城，《太平寰宇記》載在卷十五，屬河南道的徐州，樂史說：「彭城縣，古大彭國地。楚‧懷王自盱眙徙都此，後項羽徙懷王於郴，自都之。漢爲縣，屬楚國，尋立徐州，有鐵官。今爲彭城縣。按《彭門記》云：殷之賢臣彭祖，顓頊之元孫，至殷末，壽及七百六十七歲。今墓猶存，故邑號大彭焉。」錢氏的元祖錢孚，是彭祖的裔孫，彭城之名又是因爲彭祖而有，則彭城應有姓錢的在焉，但是，《太平寰宇記》的〈彭城郡六姓條〉下，卻只載了三姓，即：劉、袁、曹，而原注說：「下三姓闕。」我想或許其中就有錢姓在，所以《通志》才說：「望出彭城吳興」。那麼，《通志》的這一句話，或許應該在彭城和吳興的中間加一頓號，做兩地看，而不是屬地的關係，就不誤了。徐州，就是現在的江蘇省，《讀史方輿紀要》把它歸到「江南道」，和《太平寰宇記》稍異。

從以上的分析，知道錢氏源出彭城（江蘇省），到了漢末，才徙居到浙江省的吳興縣，於是在此發跡了，而有錢鏐。

錢鏐，字具美，杭州臨安人。就是現在的浙江省臨安縣，《讀史方輿紀要》說它：「西南至嚴州府分水縣一百有三里，東南至富陽縣百里，北至湖州府安志州孝豐縣六十里。」那是說離吳興郡不遠了。他的父親錢寬、祖父錢宙、曾祖父錢沛，官做得並不大；八代祖錢九隴卻是唐‧高祖的陪葬功臣，兩《唐書》都有他的傳，那就不煩細說了。

我根據兩《唐書》、兩《五代史》、《資治通鑑》、《吳越備史》、《十國春秋》及宋人的筆記小說等，爲錢鏐的世系作一譜略，並爲一簡表以清眉目。茲見下：

第二節　吳越王錢氏譜略

852AD唐‧宣宗大中六年壬申

壬申二月十六鏐生於杭州安國縣衣錦鄉勳貴里。唐武德中陪葬功臣、潭州大都督、巢國公九隴八代孫也；曾祖沛、唐宣州旌德縣令、累贈史部尚書、左僕射、追封洪勝王；曾祖妣童氏、追封齊國太夫人；祖宙、累

贈太尉、追封建初王；祖妣水丘氏、累封楚國太夫人、追封晉國九華太夫人；父寬、威勝軍節度推官、職方郎中、守太府少卿、累贈禮部尚書、開府儀同三司、守太師、中書令、追封英顯王；妣水丘氏、累封秦國太夫人、追封趙國太玄太夫人。

鏐，長子也，字昊美。小字婆留。

859 唐・宣宗大中十三年己卯

八歲。祖宙卒；唐宣宗亦卒於是年。

鏐常遊徑山書院，有道人洪湮（諲？）者，每從之遊。

875 唐・僖宗乾符二年乙未

二十四歲。浙西鎮遏使王郢等有戰功而無賞，遂作亂；勅本道徵兵討之，時石鑑鎮將董昌募鄉兵討平之，表鏐爲偏將。

878 唐・僖宗乾符五年戊戌

二十七歲。朱直管、曹師雄、王知新等相繼爲亂；鏐率本鎮兵討平之，援石鑑鎮衙內都知兵馬使，遷鎮海軍右職。

879 唐・僖宗乾符六年己亥

二十八歲。敗黃巢先鋒於石鑑鎮八百里，而歸功董昌。鎮海節度使高駢壯之。

880 唐・僖宗廣明元年庚子

二十九歲。黃巢犯闕，僖宗入興元。杭州始建八都以禦賊，董昌主臨安縣都，鏐副之。

881 唐・僖宗中和元年辛丑

三十歲。上遣使趣高駢討黃巢，駢終不出兵。

杭州刺史路審中將之官，行至嘉興；昌自石鑑引兵入杭，審中懼而還。昌自稱杭州都押牙、知州事，遣將吏請於周寶。寶不能制，表爲杭州刺史；鏐則爲都知兵馬使、太子賓客。

882 唐・僖宗中和二年壬寅

三十一歲。破浙東觀察使劉漢宏，詔授鏐兼侍御史。

883 唐・僖宗中和三年癸卯

三十二歲。又破劉漢宏部，斬其弟漢容、大將辛約。獲漢宏淮海招討使印一紐、戰艦五百艘、馬四千蹄、兵甲萬計、俘馘千人。宏持膾刀，偽屠者宵遁。

884 唐・僖宗中和四年甲辰

三十三歲。婺州人王鎮執刺史黃碣，降于鏐；浦陽鎮將蔣瓌召鏐兵，共攻婺州。秋、七月，勅授鏐國子祭酒、兼御史大夫、右千牛衛將軍。

885 唐・僖宗光啟元年乙巳

三十四歲。冬、十月，授鏐檢校散騎常侍、右武衛將軍。

886 唐・僖宗光啟二年丙午

三十五歲。台州刺史杜雄執送劉漢宏至，命斬于會稽市，宏斥刑者曰：「吾廉察也，非汝輩可殺。吾嘗夢手捧金錢；殺吾者，錢公也。」遂斬之。又斬北關鎮將劉孟安，撫其弟孟宿。浙西節度使周寶承制，以鏐權知杭州軍州事，兼杭州管內都指揮使。是月，赴本郡錄其事以聞，詔授檢校尚書。

887 唐・僖宗光啟三年丁未

三十六歲。春、正月，帝在興元，敕授鏐杭越管內都指揮使、上武衛大將軍、充杭州刺史。董昌為越州觀察使。（備史原注：凡國王自陪臣以下，所授官爵自貞明戊寅以前，制用詔勅，皆自間道而至；戊寅以後，南康貢路阻絕，則皆航海而至，皆出其迎授。徐審德本日月而書之，他皆倣此。）

高駢為畢師鐸所囚，死於秦彥之手。

六月，詔加鏐檢校戶部尚書。十月，周寶奔歸于鏐。

十一月十二日，文穆王元瓘生。

鏐以杜稜為常州制置使，阮結為潤州制置使。

888 唐・僖宗文德元年戊申

三十七歲。帝崩，太弟立，是為昭宗，加鏐檢校司空。鏐命從弟鉥，率兵討徐約於蘇州。

889 唐‧昭宗龍紀元年己酉

三十八歲。鏐拔蘇州，徐約中箭入海而死；鏐以海昌都將沈粲權知蘇州
事。五月，潤州制置使阮結為叛卒投於江，遂成疾而卒；鏐以其弟阮綽
（右驍衛將軍）領其本郡，命成及代之。及盡誅叛卒以復結仇。

秋、七月，勒授鏐金紫光祿大夫、檢校司空、本州防禦使。

890 唐‧昭宗大順元年庚戌

三十九歲。加鏐吳興郡開國男。九月，築新夾城，環包氏山洎秦望山而
迴，凡五十餘里。十二月，遣使高品賜官，加鏐檢校司空、同平章事。

891 唐昭宗大順二年辛亥

四十歲。孫儒焚掠蘇、常，引兵逼宣州；鏐復遣兵據蘇州。儒屢破楊行
密兵，旌旗輜重互百餘里。行密求救，鏐以兵食助之。

892 唐‧昭宗景福元年壬子

四十一歲。夏、四月、乙酉，陞杭州為武勝軍，以鏐為本軍防禦使。

楊行密（淮南節度使）終斬孫儒，因有廣陵焉。

893 唐‧昭宗景福二年癸丑

四十二歲。夏、閏五月，詔授鏐本軍團練使、蘇、杭等州觀察處置使，
進封彭城郡開國侯，食邑七百戶。

秋、七月、丁丑，鏐率十三都兵洎役徒二十餘萬眾，新築羅城，自秦望
山由夾城東亘江干，洎錢塘湖、霍山、范浦，凡七十里。

九月，制授鏐鎮海節度浙江西道觀察處置使、潤州刺史。

894 唐‧昭宗乾寧元年甲寅

四十三歲。三月，制鏐自光祿大夫、檢校司徒，進充本道營田招討、鹽
鐵制置、發運等使。夏、五月，敕遣中使劉延鉅特授開府儀同三司、同
中書門下平章事。六月，勒遣中使賈居蟾賜鏐私門立戟。

授傳瓘鹽鐵發運巡官、金部郎中，賜金紫。時年八歲。

895 唐‧昭宗乾寧二年乙卯

四十四歲。春、二月，進封鏐開國公，食邑一千戶。

是月威勝軍節度使董昌僭稱皇帝，建元順天，國號羅平。昌移書鏐，告

以權即羅平國位，並欲與之兩浙都指揮使。鏐遺昌書曰：「與其閉門作天子，與九族百姓俱塗炭，豈若開門作節度使，終身富貴邪！……縱大王不自惜，鄉里士民何罪，隨大王族滅乎？」

夏、四月、辛卯，父寬卒。

六月，制授鏐檢校太傅、彭城郡王、兼浙江東道昭討、制置、兩浙鹽鐵發運等使。是月，鏐起師討董昌。七月，制授起復雲麾將軍、上金吾衛大將軍員外置同正員。十一月，勅鏐依前起復檢校太傅、兼侍中，加食邑一千戶。

896 唐・昭宗乾寧三年丙辰

四十五歲。帝用楊行密之請，赦董昌，復其官爵；鏐不從。鏐畏行密之強，求援於朱全忠；全忠遣許州刺史朱友恭將兵萬人渡淮，聽以便宜從事。董昌懼，自去帝號，復稱節度使。鏐給昌曰：「奉詔令大王致仕歸臨安。」昌乃送牌印而出，顧全武斬之於小江南。鏐乃散府庫金帛以賞將士，開倉廩以賑貧乏。八月，勅授鏐檢校太尉、兼中書令，加食邑一千戶，實封一百戶，賞去僞之功也。冬、十月，勅改越州威勝軍爲鎮東軍，授鏐鎮海鎮東等軍節度使。

897 唐・昭宗乾寧四年丁巳

四十六歲。秋、七月，勅鏐起復加食邑一千戶，又遣中使焦楚鍠賚鐵券至。文曰：「卿恕九死，子孫三死；或犯常刑，有司不得加責。」

九月，平湖州，以高彥爲湖州制置使。

898 唐・昭宗光化元年戊午

四十七歲。鏐請徙鎮海軍於杭州，從之。秋、七月，授檢校太師、賜定亂安國功臣。兼兩浙安撫使，加食邑一千戶，實封一百戶。

899 唐・昭宗光化二年己未

四十八歲。婺州刺史王壇抗命，爲兩浙兵所圍，求救於宣歙觀察使田頵；頵遣康儒等救之，遂敗兩浙兵於龍丘而擒王球，取婺州。（案，《備史》所載恰相反；今從《通鑑》）

夏、四月，勅陞杭州爲大都督府。

900 唐・昭宗光化三年庚申

四十九歲。夏、五月，敕遣中使王金峰賚詔，封鏐爲南唐王，加食邑一千戶、實封一百戶。秋、八月，授行軍司馬，杜稜檢校太子太保。冬、十月，圖形於凌煙閣。

901 唐・昭宗天復元年辛酉

五十歲。春、正月，敕遣使供奉官吐突令鐸來宣諭，賜國信。二月，王親巡衣錦營，大會故老賓客，山林樹木皆覆以錦幄，表衣錦之榮也。五月，授守侍中，進封實王，加食邑一千戶，實封一百戶。

秋、八月，敕授邵州刺史鏐之子傳瓘爲禮部尚書，遙領邵州事。時瓘才十五歲。

鏐之母水丘氏卒。

十一月，帝駕狩鳳翔，鏐遣使奔間。帝嘉之，賜御服夾襖子一幅，仍降御札于衣襟。是月，唐敕王起復雲麾將軍、上金吾衛大將軍、員外置同正員。（以上據《十國春秋》）

902 唐・昭宗天復二年壬戌

五十一歲。三月、朔，日有蝕之，是月癸丑至乙卯三日浙右大雪盈丈，雪氣如煙而味苦。

夏、四月，敕封鏐爲越王，又加食邑一千戶、實封一百戶。

降將徐綰及許再思叛，求援於楊行密，而以其子傳（元）瓘聘婚楊氏。綰邀田頵爲助，頵得行密意以退兵，而欲得鏐犒軍錢與人質，鏐與之二十萬緡，且以元瓘質焉。時瓘十六歲。

903 唐・昭宗天復三年癸亥

五十二歲。睦州刺史陳詢叛，命指揮方永珍討平之。

田頵叛楊行密。密求救於鏐，乃合軍斬田頵於陣。元瓘得歸焉。

904 唐・昭宗天祐元年甲子

五十三歲。楊行密遣錢傳瓘及其婦并顧全武歸錢塘。

鏐求封爲吳越王，帝不許；朱全忠爲之言於執政，乃更封吳王。

十月，傳瓘歸自田頵營。

905 唐‧昭宣帝天祐二年乙丑

五十四歲。制授元瓘檢校右僕射，時年十九。

冬、十月，有獸入吳興，一角而麟趾。十一月，王命建功臣堂于府門之西，樹碑紀功。仍列賓寮將校，賜功臣名氏于碑陰，凡五百人。

文穆王傳瓘十九歲，制授檢校右僕射。

906 唐‧昭宣帝天佑三年丙寅

五十五歲。二月丁酉，玄同先生閭丘方遠卒。

九月，敕遣右散騎常侍王矩、司勳郎中裴均授鏐吳王冊禮。

907 後梁‧太祖開平元年丁卯

五十六歲。春、三月，敕升衣錦城爲安國衣錦軍。

鏐命傳瓘伐溫州、處州皆克之，時年二十一。

四月，梁太祖受唐禪，遣唐帝爲濟陰王。有勸鏐拒之者，鏐笑曰：「古人有言：屈身於陛下，是其略也。吾其失爲孫仲謀耶？」遂受之。

五月，敕遣金吾衛大將軍安崇隱進封鏐爲吳越王，增食邑二千戶，實封三百戶，仍賜號啓聖匡運同德功臣。

六月，敕遣中使來宣諭。

七月，敕賜管內刺史，並授官爵、母妻封邑。

八月，敕兼淮南節度、揚州大都督、淮南四面招討制置使。

九月，封衣錦軍神祠號崇福侯。

冬、十月，敕授傳瓘金紫光祿大夫。

908 後梁‧太祖開平二年戊辰

五十七歲。六月，制授鏐檢校太師、守中書令，食邑一千戶，實封一百戶。

八月，敕改杭州唐山縣爲吳昌縣，台州唐興縣爲天台縣。又敕升杭州、越州等爲大都督府。

武肅王改元天寶。

909 後梁‧太祖開平三年己巳

五十八歲。二月朔，日有蝕之。敕選鏐子傳瑛爲駙馬都尉。

夏、四月，制授鏐守太保，增食邑二千戶，實封二百戶。

鏐之弟鏢、何逢、司馬福等拔姑蘇，擒淮將何朗、閭丘直等。

秋、閏八月，制授鏐守太尉，加實封二百戶。

910 後梁・太祖開平四年庚午

五十九歲。三月癸巳，鏐巡吳興，命弟鏢爲刺史。

八月，始築捍海塘（《通鑑注》：今杭州城外瀕浙江皆有石塘，上起六和塔，下抵艮山門外，皆錢氏所築。）廣杭州城，大修台館。由是錢塘富庶盛於東南。

冬、十月，親巡衣錦軍，製還鄉歌，有楚風云。

911 後梁・太祖乾化元年辛未

六十歲。夏、四月，制命鏐守尚書令，兼淮南、宣、歙等道四面行營都統，增食邑二千戶、實封一百戶。敕刑部侍郎李光嗣建鏐生祠於衣錦軍，翰林學士李琪撰碑。

秋、七月，敕命淮南、兩浙幕府、將吏五百人，並賜贊政安國功臣。賜傳璙司徒、守潮州刺史，時天寶四年，璙二十五歲。

912 後梁・太祖乾化二年壬申

六十一歲。六月，帝遇弒，郢王友珪僭位。

秋、七月，遣刑部尚書李皎加鏐尚父。

八月、己丑，城西陵。

913 後梁・均王乾化三年癸酉

六十二歲。春、正月，友珪改元鳳曆；二月，均王友貞舉兵誅之，遂即位於汴京。

夏、四月，制增鏐食邑三千戶，實封兩百戶。

傳璙擒淮將李濤，花虔，渦信等。時年二十七。冬十月，敕加璙開國爵邑。

是月乙酉，大同軍節度使，駙馬都尉元瑛（本銘傳鐺）卒，年三十六；公主未降也。

十二月，命子傳璙權蘇州刺史。

914 後梁・均王乾化四年甲戌

六十三歲。夏、四月，制授傳瓘開國侯、食邑。

九月，瓘率兵攻常州無錫縣，獲將卒五百餘人而還。時年二十八。

915 後梁・均王貞明元年乙亥

六十四歲。春、正月朔，改元大赦。敕授傳瓘以下官爵有差。鎮海軍節度使、土客諸軍都指揮使、湖州刺史如故。

二月，敕遣給事中韋象、金部郎中李發，選鏐子傳珊為駙馬都尉，尚壽春公主。

916 後梁・均王貞明二年丙子

六十五歲。鏐遣皮光業自建、汀、虔、郴、潭、岳、荆南等道入賀、帝嘉其貢獻之勤；壬戌，加鏐諸道兵馬元帥。朝議多言鏐之入貢利於市易、不宜過以名器假之。

冬、十二月，鏐命惠州防禦使弟鏵，率官吏、僧眾詣明州鄞縣阿育王寺迎釋迦舍利塔於府城，仍建浮圖於城南以致之。

牙內先鋒都指揮使錢傳珦逆婦於閩，自是始通好焉。

917 後梁・均王貞明三年丁丑

六十六歲。春、三月，敕授鏐諸子：傳璙、傳球、傳逐、元懿、傳瓘、元球、傳琇、傳珦、傳琰、傳瓛等十一人（《備史》之錄或誤？實僅十人耳）各授官秩階爵及遙郡有差。

夏、四月，詔諸道兵馬元帥府，開幕除吏，一同天策上將軍府故事。

冬、十月，敕遣吏部尚書李燕、中書舍人韋說授鏐天下兵馬都元帥。

是月，黃龍見於卞山之金井洞，命立瑞應宮。

制加傳瓘檢校太尉，增食邑五百戶。此亦在三月，則與上欄所記，恰十一人也。時年三十一。

918 後梁・均王貞明四年戊寅

六十七歲。春、三月朔，四星聚斗；鏐置元帥府僚等官。

冬、十二月，淮人圍虔州，將絕鏐之貢路。刺史盧元稠來告，鏐命徵兵援之；未及境而虔州拔矣。航海入貢，自此始也（案，自海道出登、萊，

抵大梁）。

919 後梁・均王貞明五己卯

六十八歲。春、三月，敕傳瓘伐淮南，與淮人戰於狼山之江，大敗之。時年卅三。

制以湖州刺史、大彭縣開國子（即鏐之子）傳璟爲宣州寧國軍節度使、同平章事。

九月，詔削南海劉巖官爵，命鏐討之；鏐雖受命，而山川隔越，地方擾攘，尋以事寢。

冬、十一月、丁亥，正德夫人吳氏薨，有子十三人。

920 後梁・均王貞明六年庚辰

六十九歲。春、二月，敕授傳璟以下並起復雲麾將軍、上右金吾衛大將軍員外置同正員，餘如故。

秋、七月，以睦州刺史傳懿爲婺州刺史。

冬、十月，授傳瓘檢校太尉、同中書門下平章事、充清海軍節度使，餘如故。時年三十四。

921 後梁・均王龍德元年辛巳

七十歲。

遣使爲其子傳琇（《備史》作瑃）求婚於楚，楚王殷許之。而《備史》又云：「七月，潭州楚王馬殷遣掌書記李峴、馬臣，送女歸于都知兵馬使、檢校尚書、左僕射王子傳璙。」然則「琇」殆「璙」之簡字耶？「傳琇」則別子耶？

冬、十月，制授傳瓘檢校太傅、同中書門下平章事、充清海軍節度使，書詔不名。時年三十五。

922 後梁・均王龍德二年壬午

七十一歲。春、正月，敕授元瓘以下並起復、加爵邑有差。

鏐建天下元帥府于興國門之右。

923 後唐・莊宗同光元年癸未

七十二歲。五月，敕遣宣諭使通事舍人吳韜走馬自淮甸至，賜鏐名馬、

玉帶、香藥等。先是，梁室詔敕不名，至是依前不名，亦曰吳越國王焉。

924 後唐‧莊宗同光二年甲申

七十三歲。鏐復修本朝職貢，壬午，帝因梁官爵而命之。鏐厚貢獻，并賂權要，求金印、玉冊、賜詔不名、稱國王。有司言：「故事惟天子用玉冊，王公皆用竹冊；又非四夷，無封國王者。」帝皆曲從鏐意。

冬、十月，唐授傳瓘開府儀同三司、檢校太師兼中書令、依前清海軍節度使、兼充兩浙節度使、觀察留後，遣進奉使婁輯將命。

餘姚侯元璙卒，年三十。子仁俊嗣。

925 後唐‧莊宗同光三年乙酉

七十四歲。九月，鏐大舉伐蜀；冬，十二月，王衍請降。是月元球授守檢校太尉、兼侍中、充靜海軍節度使。（案，《通鑑》未一言及其伐蜀，殆《備史》為之美言歟？）

926 後唐‧明宗天成元年丙戌

七十五歲。

九月，制加元瓘、元璙，元球食邑。

鏐以中國喪亂、朝命不通、改元寶正；其後復通中國，乃諱而不稱。（案、《備史》諱而不書也。）

927 後唐‧明宗天成二年丁亥

七十六歲。

928 後唐‧明宗天成三年戊子

七十七歲。春、二月，敕遣監門衛上將軍烏昭遇賜鏐湯藥、國信等。

授元瓘鎮東兩軍節度使。

秋、七月，弘佐生。（即忠獻王）

鏐欲立中子瓘為嗣，謂諸子曰：「各言汝功，吾擇多者而立之。」瓘兄瓖、璙、璟皆推之，乃立焉。時瓘年四十二。

929 後唐‧明宗天成四年己亥

七十八歲。八月，明州餘姚縣修舜井，獲古佛舍利數十粒，兼有珠玉、奇玩；王命內衙指揮使徐仁綏、近侍閭丘稔往迎之，因建浮圖于城北，

一如城南之制。

九月，安重誨強鏐以太師致仕，令烏昭遇自盡。鏐厚賂而上書平反。

鏐遺吳・徐知詢金玉鞍勒，器冊，皆飾以龍鳳。

秋、八月、己酉，吳越國王弘俶生，時傳瓘四十三歲。

930 後唐・明宗長興元年庚寅

七十九歲。

制授元瓘以下食邑、實封。

931 後唐・明宗長興二年辛卯

八十歲。春、二月，敕遣監門衛上將軍張籛、兵部郎中盧重賜鏐國信、
湯藥、起王致仕，復元師、尚書令、國王如故，依前不名。

932 後唐・明宗長興三年壬辰

八十一歲。三月己酉，鏐謂元瓘曰：「子孫善事中國，勿以易姓廢事大之
禮。」庚辰卒。

傳瓘既襲位，更名元瓘，兄弟名「傳」者，皆更為「元」。時年四十六。

933 後唐・明宗長興四年癸巳

丁亥，唐主賜元瓘爵吳王。

春、正月，契丹使者伊喇迪德還國，遣使從，貽寶器。

百濟國太僕卿李仁旭來致祭武肅王鏐。

十二月、庚戌，寧國軍節度使、同平章事、檢校大傳王兄元璣卒。

幽王弟元珦於錢唐別第。

934 後唐・潞王清泰元年甲午

甲午，唐・閔帝冊王為吳越王。夏、四月，潞王從珂廢唐主為鄂王而自
立；六月，又遣使立王為吳越王。

935 後唐・潞王清泰二年乙未

春、三月、己酉，唐贈王母陳氏為晉國太夫人。王性孝，尊禮母黨，厚
加賜與；而未嘗遷官，授以重任。

936 後晉・高祖天福元年丙申

（清泰三年、春、正月）唐遣使賫奉吳越王金印至，歸舊物也。

冬、十一月，契丹立石敬瑭爲晉皇帝，改元天福。十二月、晉授王天下兵馬副元帥。

937 後晉‧高祖天福二年丁酉

二月，廢其弟元㺷爲庶人。元㳹恃恩驕橫，禱神求主吳越，與兄元㺷謀議奪國，事發。三月、戊午，伏誅，許以公禮葬之。

甲午，王即位建國，一如天寶故事。時五十一歲。

丙申，立弘僔爲世子。

高麗遣使張訓來聘。

938 後晉‧高祖天福三年戊戌

十一月，晉遣使賫捧吳越國王玉冊及沿身法物至。

939 後晉‧高祖天福四年己亥

冬、十月、壬子，吳越國莊睦夫人馬氏薨。是月，晉授王天下兵馬元帥。

十一月，契丹遣其臣揚珠來聘。（案，《通鑑做》「遙折」，今從《十國春秋》。）

940 後晉‧高祖天福五年庚子

春、二月、甲辰，溫州刺史王子弘僎卒。

夏、四月、甲子，世子弘僔薨，年十六耳。

941 後晉‧高祖天福六年辛丑

春、三月、丙寅，晉授王尙書令。

秋、七月、甲戌，麗春院灾延于內城，燬宮室府庫幾盡。王避之，火輒隨發，遂驚懼，發狂疾。

八月、辛亥，王薨於瑤臺院之綵雲堂。年五十五，在位十年。

壬子，廢弘佑爲庶人，復其本姓孫氏，而殺其擁護者戴惲。

九月、庚申，弘佐即王位於偓居堂。

十一月，晉授王起復鎭國大將軍、右金吾衛上將軍員外置同正員、領鎭海、鎭東等軍節度使、檢校太師兼中書令，時年十四歲。是時凡官名「左」者，悉改爲「上」，避王諱也。

942 後晉‧高祖天福七年壬寅

乙丑，中吳、建武等軍節度使、廣陵郡王世父元璙薨，年五十六。子文奉嗣。

壬申，晉加王食邑七千戶，仍改賜保邦宣化忠正翊戴功臣。

十一月，王遣使貢晉。

943 後晉‧高祖天福八年癸卯

冬、十月，晉遣使授王吳越國王玉冊。

十一月、戊子，納元妃仰氏。

944 後晉‧齊王開運元年甲辰

三月，晉敕授王落起復、增邑三千戶、實封一千戶。

夏、四月，王親祀五廟。

945 後晉‧齊王開運二年乙巳

春、三月、丙午，王從祖順化軍節度使鏵卒，年五十五。

冬、十月，晉冊王守太尉。

文穆王仁惠夫人許氏薨，年四十四。

946 後晉‧齊王開運三年丙午

春、三月，晉授王東南面兵馬都元帥，增食邑二千戶，實封五百戶，仍改賜推誠匡運忠亮威德功臣。

秋、七月、庚寅，吳越國夫人許氏薨。

冬、十月，閩大亂，李弘達更名達，遣客將徐仁宴、李廷諤等奉表稱臣，乞師於王。

壬午，貢晉。

議鑄錢，王弟牙內都虞侯弘億上書以為：「鑄鐵錢有八害：新錢既行，舊錢皆流入鄰國，一也；可用於吾國而不可用於他國，則商賈不行，百貨不通，二也；銅禁至嚴，民猶盜鑄，況家有鐺釜，野有鏵犁，犯法必多，三也；閩人鑄鐵錢而亂亡，不足為法，四也；國用幸豐而自示空乏，五也；祿賜有常而無故益之，以啟無厭之心，六也；法變而弊，不可遽復，七也；『錢』者國姓，易之不祥，八也。」從之。

947 後晉・高祖天福十二年丁未

（案，漢復以「天福」紀年；吳越則以契丹之「會同」紀年，錢塘大慈
山甘露院牒有「會同七年吳越國王押字」及「鎮東軍節度使印文」可證。
蓋是時吳越與契丹信使不絕，故吳越奉其正朔也。是歲爲會同十年。）

三月、庚寅，命王弟弘俶出鎮台州。

戊戌，王遣將余安自海道救福州。己亥，李達舉所部授之，歸附於王。

五月，晉授王諸道兵馬都元帥、開府儀同三司、尚書令，增食邑五千戶，
實封五百戶，仍改賜資忠緯武恭懿翊戴功臣。

六月、乙卯，王薨於咸寧院之西堂。年二十，在位七年。遺命以弟丞相
弘倧爲鎮東軍節度使兼侍中。

丙寅，弘倧即王位於天冊堂。

秋、七月，王召弟台州刺史弘俶同參相府事。

八月，漢以王爲東南兵馬都元帥、鎮海鎮東節度使、兼中書令、吳越王，
逐尊漢主正朔。

十二月、庚戌，胡進思廢弘倧；迎立弘俶，是爲忠懿王。時年十九。

948 後漢高祖乾祐元年戊申

乙卯，以弟弘億爲丞相。

壬戌，遷故王弘倧於衣錦軍，是時胡進思屢請殺倧；王不許。進思憂懼，
發背疽而死。

949 後漢・隱帝乾祐二年乙酉

三月，漢敕授王東南面兵馬都元帥、鎮海鎮東等軍節度使、浙江東西等
道管內觀察處置、兼兩浙鹽鐵制置發運等使、開府儀同三司、檢校太師、
中書令、杭州越州大都督、上柱國、吳越國王。

秋、七月，出弘億爲明州刺史，斜滔黨也；滔貶處州云。

十一月、甲寅，貢漢。

950 後漢・隱帝乾祐三年庚戌

三月，漢授王守尚書令，增食邑二千戶，實封五百戶。

十一月、乙亥，貢漢。

951 後周・太祖廣順元年辛亥

三月，周加王諸道兵馬都元帥，增食邑，仍降尙書冊禮。

夏、四月，奉故王弘倧居東府（案，即越州）供饋甚厚。

六月、丙午，王世父元懿卒，以其子仁倣嗣。年六十六。

952 後周・太祖廣順二年壬子

春、二月，周授王天下兵馬元帥、增食邑二千戶，實封五百戶，改賜推誠保德安邦致理忠正功臣。

六月、乙未，吳越國順德太夫人吳氏薨。

是時國內禁酒。（案，宋人陳止齋曰：國初諸路未盡禁酒，吳越之禁，自錢氏始。）

953 後周・太祖廣順三年癸丑

三月，周授王起復鎮東大將軍、左金吾衛上將軍員外置同正員。

954 後周・太祖顯德元年甲寅

秋、七月、丁丑，周遣使加授王天下兵馬都元帥，仍賜金印。時年二十六歲。

955 後周・世宗顯德二年乙卯

（九）閏月丁酉，王子惟濬生。

十二月，貢周。

956 後周・世宗顯德三年丙辰

春、正月，周主東征，詔王以國兵分路進討。

冬、十一月、丙辰，貢周。是歲始括境內民丁以益兵，王弟弘億切諫乃止。

957 後周・世宗顯德四年丁巳

春、正月，始議鑄錢。

八月，周遣使賜王生辰御服紅袍二副。道由登萊航海入浙，周主諭之曰：「朕此行決平江北，卿等還當陸來也。」

958 後周・世宗顯德五年戊午

春、正月、丁未，前衢州刺使王弟弘偓卒，年二十五。

二月，周主幸揚州，來諭出兵助平江北。壬辰，王進御衣、犀帶，又進供軍稻米二十萬石。仍命上直都指揮使邵可遷、路彥銖帥艦四百艘、水師二萬以會周師，江北諸州略平。

三月，王不康。丙午，周遣使賜王羊馬、橐駞，每歲頒賜自此始也。

貢周。（凡四次）

六月、戊寅，前台州刺使王弟弘仰卒，年二十四。

959 後周・世宗顯德六年己未

夏、六月，周主榮殂，子梁王宗訓立，賜王崇仁昭德宣忠保慶扶天翊亮功臣。

960 宋・太祖建隆元年庚申

春、正月、癸巳，周殿前都檢點趙匡胤稱帝，國號宋。大赦，改元。遣使來宣諭。

三月、乙巳，宋改郡縣犯御名、廟諱者，王以名犯宋・宣祖偏諱，去「弘」，以「俶」單行。

丙辰，貢宋。

夏、四月，宋授王天下兵馬大元帥。

六月、甲午，宋加吳越國賢德夫人孫氏為賢德順穆夫人，又授兩軍節度副使王世子惟濬金紫光祿大夫、檢校太保、充本軍節度使。

九月，周淮南節度使李重進舉兵，宋帝自將東征。王遣上直都指揮使孫承祐率師至潤州以應之。

甲子，王命弟信入貢。自宋革命，王貢奉有加，常數精奇器精縑，皆製于官以充朝貢。

王兄弘偡卒，年三十八。

961 宋・太祖建隆二年辛酉

春、三月，宋賜馬、羊、橐駞。

九月，始榷酤。

962 宋・太祖建隆三年壬戌

春、二月，宋賜國信。

夏、五月，婺、衢、睦三州民灾，王遣使賑卹。

王弟弘億卒，年三十九。

963 宋‧太祖乾德元年癸亥

春、正月，貢宋。（凡二次）

十一月，宋加王食邑，改賜承家保國宣德守道忠貞恭順功臣。

964 宋‧太祖乾德二年甲子

春、三月，宋制王落起復天下兵馬都元帥。

冬、十一月，宋伐蜀，王命將會焉。

965 宋‧太祖乾德三年乙丑

春、正月、乙酉，西川平。二月乙丑，王命從子昱入賀于宋。

八月、癸卯，宋賜生辰禮物。

冬、十一月，宋敕鑿杭州之虎頭巖，蓋有王者之氣故也。

寧明王‧元瓘卒，年六十七。（案，《十國春秋》卷八十三謂爲建隆六年，則當是本年也。）

966 宋‧太祖乾德四年丙寅

春、二月、乙亥，王兄倧薨。

夏、五月、丙戌，王從兄仁俶卒。

六月，宋授王子惟治爲容州寧遠軍節度使、金紫光祿大夫、檢校太保。

九月、癸卯，王兄偡卒。年五十四。

967 宋‧太祖乾德五年丁卯

春、二月、戊辰，王弟億卒。

己卯，王從兄仁俊卒。

三月，五星聚奎。是月，貢宋。

十月，又貢；宋賜王生辰禮物。

968 宋‧太祖開寶元年戊辰

春、三月、乙巳，宋封王爲吳越國王。

夏、六月、壬辰，王叔元瓘卒。宋賜王生辰禮物。

冬、十月、辛酉，貢宋。

文炳卒，子知玄嗣。

969 宋・太祖開寶二年己巳

秋、八月，宋賜生辰禮物，並御衣紅袍。是時，王貢祕色（案，錢氏有國日，供奉之物不得臣下用，故曰秘色。又云：越州所燒進。）窯器于宋。

十一月，檢校太尉兼中書令文奉卒。

970 宋・太祖開寶三年庚午

秋、九月，貢宋。宋詔王出師伐富州。

971 宋・太祖開寶四年辛未

秋、九月，宋遣使賜生辰禮物、衣冠、劍佩等。

冬、十一月，宋有事於南郊，制加王食邑二千戶、實封六百戶，仍改賜開吳鎮海崇文耀武宣德守道功臣。

貢宋。

972 宋・太祖開寶五年壬申

春、三月，因貢宋使還，齎賜吳越國賢德順睦夫人珠翠冠帔各一幅。

秋、九月，貢宋。

王密表請出師江南之期。

973 宋・太祖開寶六年癸酉

秋、八月，宋賜王玉帶、御衣及生辰禮物。是月，王寓書于宋宰相趙普，饋海物十器。

974 宋・太祖開寶七年甲戌

夏、五月，宋賜王襲衣、玉帶、玉鞍勒馬各一事、金器二百兩、銀器三千兩、錦繡一千段。

秋、七月，宋詔王伐江南。是月，王遣行軍司馬孫承祐入奏機事。

九月，宋賜王生辰禮物。

冬、十月，授王東南面招討制置使、敕王進攻常州。

十二月、辛未，王親攻常州，告捷於宋。

975 宋・太祖開寶八年乙亥

春、二月，宋遣使勞王，別以戎服五萬副賜王軍卒。

五月，宋授王守太師、尚書令，加食邑。並賜襲衣、玉帶、玉鞍勒馬各一事，金銀、錦繡等。

冬、十一月，江南平，王奉表稱賀，且請入覲；許之。

976 宋・太祖開寶九年丙子

二月、戊午，王朝見宋帝於崇德殿，進賀平江南及允朝覲恩。貢物。

宋賜劍履上殿，書詔不名。

五月，宋加王食邑三千戶、實封一千戶。

夏、六月、癸卯，王貢宋銀、絹以萬計。

八月，宋遣使賜國信及生辰禮物。

冬、十月、癸丑，宋・太祖崩，晉王・光義即位。

十一月，入貢稱賀。

宋賜物有差。

吳越國王妃孫氏薨。

十二月、己亥，宋改元「太平興國」。

977 宋・太宗太平興國二年丁丑

三月，授王尚書令、兼中書令。

秋、八月，宋賜王生辰禮物。是月，王遣使入朝修覲禮，品物鉅萬；又請歲增常貢，宋帝不許。

王自撤防城、禦敵之物。

978 宋・太宗太平興國三年戊寅

三月、乙酉，朝宋，入貢。盈鉅萬。

五月、乙酉，王上表納土，凡十三州、一軍、八十六縣、戶五十五萬六百八十、兵一十一萬五千三十六。

丁亥，宋升揚州爲淮海國，制王依前守太師、尚書令兼中書令。改封王爲淮海國王，食邑一萬戶、實封一千戶。仍充天下兵馬大元帥。其子弟

封官有差。

八月，宋帝令王總麻以上親屬及管內官吏悉歸京師；隨命以杭州伶人賜王，備旦夕宴樂。

時王五十歲。

979 宋・太宗太平興國四年己卯

王侍宋帝，小心畏慎。每晨趨闕，必先至宮門假寢以待。一日，夜漏四鼓，清蹕啓行。時風雨大作，諸節鎮無一至者；宋帝見王與世子惟濬，稱歎久之。

秋、七月，宋帝凱旋（北漢降），大行封賞，加王食邑二萬戶、實封二千戶。帝顧謂王曰：「卿能保全一方以歸于我，兵不血刃，深可嘉也。」仍賜紅袍、玉鞍、轡馬。王頓首謝。

王弟弘儀卒，年四十八。

980 宋・太宗太平興國五年庚辰

夏、四月，王以風疾乞假。帝親幸禮賢宅撫慰再四，賜物。

秋、九月，王入貢。

981 宋・太宗太平興國六年辛巳

十月、甲午，蘇州太一宮成。先是方士言：五福太一，天之貴神也；行度所至之國，民受其福。以數推之，當在吳越分，故宋帝令築宮以祀之。王風眩復作，自是賜王免朝。一日，內臣趙海過王，探懷中藥百粒以進，王方命茶，盡餌之。海既去，家人皆泣，蓋有所疑也。宋帝聞之大驚，即杖海，流之遠郡。

冬、十月，王朝謝。

982 宋・太宗太平興國七年壬午

時王五十四歲。

983 宋・太宗太平興國八年癸未

夏、五月，宋帝遣使賜物。

秋、八月，王遣世子惟濬入貢。

冬、十一月，王上表求罷職；宋帝乃罷天下兵馬大元帥職，餘如故。

984 宋‧太宗雍熙元年甲申

春、二月，宋帝幸太乙宮，路由禮賢宅，王力疾出見于道旁。宋帝駐蹕撫諭。

是冬，改封爲漢南國王，加食邑。

985 宋‧太宗雍熙二年乙酉

春，宋帝取王草書進覽，嗟歎久之；詔賜文房三寶等獎之。

987 宋‧太宗雍熙四年丁亥

春，出王爲武勝軍節度使，改封南陽國王。

四月，王赴南陽，宋帝命王子惟渲、惟灝隨行。已而，四上表讓；乃改封許王。

988 宋‧太宗端拱元年戊子

春、二月，徙封爲鄧王，加食邑。

秋，宋賜生辰器幣。王與使者宴飲甚歡。晡時，王于西軒命左右讀《唐書》數篇，又令諸子孫誦詩，未訖而薨。時年六十歲耳。

宋帝追封秦國王，諡曰忠懿。

王有詩數百首，曰《政本集》。

990 宋‧太宗淳化元年庚寅

忠懿王世子惟濬卒，年三十七。

999 宋‧真宗咸平二年己亥

富水侯錢昱卒，年五十七。

1003 宋‧真宗咸平六年癸卯

特進檢校太傅錢儼卒，年六十七。

第三節　吳越錢氏之貢獻

清朝畢沅氏寫《續資治通鑑》，批評吳越錢氏之治國，說：「錢氏據兩浙逾八十年，外厚貢獻，內事奢僭，地狹民眾，賦斂苛暴。雞魚卵荣，纖細收取；斗升之斂，罪至鞭背。少者數十，多者至五百餘，訖於國除，民苦其政。」

（卷九）這話未必公允，殆沿歐陽修《新五代史》之說而來；宋人之好詆訾人，清·王船山氏早有評論。試想：

一、從錢鏐有國以來，其國策就是「事大」，他每年用來貢獻北主的財物，動盈鉅萬，如：寶大元年（西元 924 年）《十國春秋》就寫著：「秋、九月，王遣使錢詢貢唐方物銀器、越綾吳綾及龍鳳衣、絲鞵、屨子。又進萬壽節金器盤、龍鳳錦織成羅縠袍襖、衫段、祕色瓷器、銀裝花櫚木廚子、金排方盤龍帶、御衣、白龍瑙、紅地龍鳳錦被、紅藤龍鳳箱等。王既厚貢獻，復略唐權要。」（卷七十八）又如：建隆元年（西元 960 年）全書卷八十一又說：「夏、四月，遣使貢御服、錦綺、金帛賀宋即位……十一月、甲子，王命弟衢州刺史信入貢。自宋革命，王貢奉有加，常數奇器、精縑皆製于官，以充朝貢。」《續通鑑》甚至說到錢弘椒賄賂丞相趙普時宋帝君臣的醜態：「他日，帝因出，忽幸普第。時吳越王·俶方遣使遺普書及海物十瓶列廡下，會車駕卒至，普亟迎出，弗及屏也。帝顧問何物？普以實對。帝曰：海物必佳。即命啓之，皆滿貯瓜子金也。普惶死，頓首謝曰，臣實未嘗發書，若知此，當奏聞而卻之。帝笑曰：但受之無害，彼謂國家事皆由汝書生耳。丙申，吳越王·俶遣其子鎮海、鎮東節度使惟濬來貢。」（卷七）這樣動輒萬億的耗費，如果不是民殷物阜，而專靠橫征暴斂來應付，能不惹民怨？既惹民怨，民無揭竿起義而能安然享國逾八十年之久的嗎？

二、《續通鑑》說宋·太祖的建隆元年（西元 960 年）九月：「是月，吳越始榷酒酤。」（卷一）錢氏有國，到這一年已經逾七十幾年了，而始課酒酤之稅，這是民不殷、物不阜、國家不安所能支撐得了的嗎？反過來看宋·太祖的酒酤，《續通鑑》卷二太祖建隆二年（西元 961 年）有條云：「庚申，詔；民犯私麴十五斤，以私酒入城至三上者，始處極典，其餘罪有差。」又全條：「官鹽闌入禁地貿易至十斤，賣鹻至三斤者，乃坐死。民所受鹽、鹽入城市，三十斤以上者，奏裁。」史書上雖說他是放寬漢初的峻法，但是榷酒酤的事實確然是存在的。而這時才是太祖有國的第二年而已！

三、仝前引之書的建隆三年（西元 962 年）春、正月己巳條說：「己巳，命淮南道官吏發倉廩以賑饑民。初，戶部郎中沈義倫使吳越歸，言：揚、泗饑民多死。郡中軍儲尚百餘萬，可貸民，至秋，乃收新粟。沮之者曰：若歲荐饑，將無所取償，孰執其咎？帝以詰義倫，對曰：國家以廩粟濟民，自宜感召和氣，立致豐稔，寧復憂水旱邪！帝悅，故有是命。」這裏的揚州，泗

州是在吳國楊行密的彊域之中,他的孫子楊溥在天祚三年(西元 937 年)被徐知誥殺了,知誥改姓李,名昇,國號唐,史稱南唐。傳到建隆三年(西元 962 年)是三主李煜即位的第二年。南唐的彊域和吳越是密邇相接的,而其饑民多死:卻從不聞吳越有此等事,那麼,說吳越暴斂民不聊生,顯然是不公允了!至於南唐崇信釋氏,其對於釋氏提倡的情況,我另有專文考究,此地先論錢氏的貢獻,略分以下五點:

一、討平亂象,安定吳越,確立繁榮的基礎。如:「及昌至杭州,鏐因事道餘杭。有瞽者以摸骨相集龍光橋,鏐請相,竟無一言:未幾歸,復贄金請相。瞽者曰:旁無人乎?乃引臂嘆曰:天下亂矣,期時之內再遇貴人。言訖而去。(乾符)五年(西元 878 年)群盜朱直管、曹師雄、王知新等剽掠宣、歙間,鏐率兵討平之……六年(西元 879 年),黃巢擁眾二十萬,大掠州縣。兵將及石鏡鎮我眾財三百人。鏐謂昌曰:賊以數萬之眾,蹹越山谷,旗鼓相遠,首尾不應,宜出奇兵邀之。乃與勁卒二十人伏草莽中,巢先鋒度險皆單騎;鏐伏弩射殺其將,巢兵亂,鏐以勁卒躒之,斬首數百級。鏐曰:此可一用耳,若大眾至,何可敵邪?乃引兵趨八百里。八百里,地名也。告道旁嫗曰:後有問者,告曰:臨安兵屯八百里矣。巢眾至,聞嫗語,不知其地名,皆曰:嚮十餘卒不可敵,況八百里乎?遂急引兵過。都統高駢聞巢不敢犯臨安,壯之。」(《十國春秋》卷七十七)又如,全書全卷:「(光啟)三年(西元 887 年),夏、四月,六合鎮將徐約攻陷蘇州,淮南高駢為其下畢師鐸所囚,淮南大亂。五月,鏐遣東安都將杜稜,浙江都將阮結、靖江都將成及等攻常州、取周寶以歸。」又:「(大順)二年(西元 891 年)春、正月,孫儒自淮南復入姑蘇,將乘勝以圖我。鏐出舟師以禦之,儒遂絕南顧。」以上是武肅王錢鏐的功績,其後諸王也都各有貢獻,如:文穆王傳瓘在「(天寶)六年(西元 913 年),夏、四月,淮南將李濤寇衣錦軍,傳瓘率師討之,乃盡伐樹木,絕其歸路,為三覆以待。時徐知誥在敵中與傳瓘騎相逼,幾獲之。俄而,知誥易服乘白騾而竄。壬辰,獲濤及偏將咸知進等八千餘人,兵甲生口稱是。」(全書卷七十九)又如:忠獻王弘佐在「開運三年(西元 946 年)、冬、十月,閩大亂弘達更名達,遣客將徐仁晏、李廷諤等奉表稱臣,乞師于我。王召諸將議事,諸將皆不欲行;惟內牙都監使水丘昭券以為當救。王曰:唇亡齒寒,《春秋》明義。吾為天下元帥,曾不能恤鄰難,將安用之?諸將躍馬食肉,獨不肯以身先我乎?有異議者斬。命昭券專掌用兵,內都監使程昭悅掌應援

餽運，而以軍謀委丞相元德昭。壬午，遣統軍使張筠、趙承泰將兵三萬，水陸救福州。」（全書卷八十）又如：忠懿王弘俶在「顯德五年（西元958年）、三月、丙午，唐主奉表于周，盡獻江北地，周師乃罷。初，金陵之將附周也，王亦飛書諭之，既而附我，以誠欵聞，周主詔從之。」（全書卷八十一）這眞不知保全了多少生靈！當趙匡胤要討南唐，命忠懿王出兵爲助，「開寶七年（西元974年）、十月、庚申，王親率鎮國鎮武親從，上直等都指揮使王謁等五萬餘人，發自國城……八年（西元975年）、冬、十一月，江南平。」這是遵從武肅王事大的國策，使吳越免於江南諸國的刀兵之禍。

　　二、築城塹以作環護。如：「大順元年（西元890年）閏九月，鏐命築新城，環包氏山洎秦望山，周迴凡五十餘里，皆穿林駕險而版築焉。鏐親常勞役徒，因自運一甓，役徒無不畢力。」（全書卷七十七）又如：「景福二年（西元893年）、秋、七月，丁巳，鏐率十三都兵洎役徒二十萬餘眾新築羅城，自秦望山夾城東亘江干，薄錢塘湖、霍山、范浦七十里。」（全上）又如：「天復三年（西元903年）四月，城婺州。」（全上）又如：天祐四年（西元907年）築溫州子城，周三十里。（全上）又如：「天寶三年（西元910年）廣杭州城，大修臺館，築子城。南曰通越門，北曰雙門。（原注：按，隋開皇九年（西元589年）建杭州府治丁鳳凰山柳浦西，唐因之，吳越國治即在此。）錢塘富庶由是盛于東南。」（全書卷七十八），又如：「天寶四年（西元911年），五月，築松江南北二城，鎖柵畢備。」（全上）又如：「開寶七年（西元974年）以從子昱爲福州刺史。昱築福州夾城，自光順門而西，東武門而北，又自東武門而南，凡九百餘丈，高丈有六尺，厚半之，沿城河三千餘尺。」（全書卷八十二）雖然這些城牆在宋・太宗太平興國二年（西元977年）盡數拆除了（案，《十國春秋》卷八十二〈忠懿王世家〉載：「夏、五月，王下令文軌大同封疆無患，凡禦敵之制悉除之，境內諸城有白露屋及防城物，亦令撤去。」）但是築城之利卻是顯然的，武肅王在《杭州羅城記》裏說得極好：「自大寇犯闕，天下兵革，而江左尤所繁併。余始以郡之子城歲月滋久，基址老爛，狹而且卑，每至點閱士馬，不足迴轉，遂與諸郡聚議，崇建雉堞，夾以南北，矗然而峙。帑藏得以牢固，軍士得以帳幕，是所謂固吾圉……俄而孫儒叛蔡，渡江侵我西鄙，以剪以逐，蹶於宛陵。勁弩之次、泛舟之助，我有力焉。後始念子城之謀未足以爲百姓計，東晒巨浸，轄閩粵之舟櫓；北倚郭邑，通商旅之寶貨……民庶之負販，童髦之緩急，燕越之車蓋及吾境者，俾

無他慮。千百年後知我者以此城，罪我者亦以此城；苟得之於人，而損之己者，吾無愧歟！」（《十國春秋》卷七十七《武肅王世家》引文）

三、建海塘以阻遏江潮。仝前引：「天寶三年（西元 910 年）八月，始築捍海石塘，塘外植滉柱十餘行，以折水勢。先是江濤洶湧，板築不時就；王于疊雪樓架強弩五百以射潮，既而潮頭趨西陵，潮為頓斂，遂定其基，以鐵絙貫幢幹，用石楗之而塘成。」接著「建候潮、通江等城門，又置龍江、浙江兩閘以遏江潮入河。」這樣一來，徹底解決了水患，民生隨之富利了。這種措施不是一時的，是經常而永久的。全書全卷：「寶正二年（西元 927 年）冬、十一月，是時浚柘湖及新涇塘，由小官浦入海。又以錢塘湖葑草蔓合，置撩兵千人芟草濬泉。」又：「天寶八年（西元 915 年）置都水營使以主水事，募卒為都，號曰撩淺軍，亦謂之撩清。命于太湖旁置撩清卒四部，凡七八千人，常為田事治河築堤，一路往下吳淞江，一路自急水港下澱山湖入海。居民旱則運水種田，澇則引水出田。又開東府南湖，立法甚備。」（卷七十六）而民生因之富裕了。

四、關心民瘼，能與民休息，與民同樂。乾寧元年（西元 894 年）董昌叛亂，自稱帝號，錢鏐貽書董昌，說：「與其閉門作天子，與九族百姓俱陷塗炭；豈若開門作節度使，終身富貴？」又說：「非惟大王有累卵之危，實鄉黨生靈偕歸鼎鑊矣。」及董昌平，他馬上把董昌所積囤的三百萬斛米糧開倉賑貧。光代元年（西元 898 年）九月，婺州刺史王壇要派兵攻取東陽；錢鏐為了息民的原故，派人跟王壇說以民命為重，要他息兵。又：「天寶十二年（西元 919 年）八月，吳歸無錫之俘，遣客省使歐陽汀來請通好，王納之。息民故也。」（卷七十八）忠獻王時，「民有獻嘉禾者。王問倉吏蓄積幾何？對曰十年。王曰：然則軍食足矣，可以寬吾民命。復其境內租稅三年。」（全書卷八十）又：「廣順三年（西元 953 年），冬、十一月，大旱邊民有鬻男女者，命出粟帛贖之歸其父母，仍令所在開倉賑卹。」（全書卷八十一）這是忠懿王時事。從以上諸事，可以概見吳越王錢氏關心民瘼的一斑。

他既關愛百姓，所以訂下的國策，就是「事大」。全書卷七十八載：「乾寧中，有耕者得傳國璽以獻於王；王謂非人臣家所宜有，至是（案，指梁亡，後唐立，改元同光（西元 923 年））獻焉。」當時中原喪亂，江南國主紛紛稱帝，如：西川王氏稱蜀，廣陵楊氏稱吳，南海劉氏稱漢，長溪王氏稱閩；人家勸他——錢鏐——也即帝位吧，他笑說：「此兒輩自坐爐炭之中，又距吾于

上邪?」卻之不納。所以,他臨終時的遺言,竟是:「子孫善事中國,勿以易姓廢事大之禮。」（仝上）因爲能事大,才能化干戈爲玉帛,吳越一隅便靠著這一政策安穩了將近百年。再者,他們也能與民同樂,如:「天寶三年（西元910年）冬、十月、戊寅,王親巡衣錦軍,有鄰嫗年九十餘,攜壺漿迎王曰:錢婆留寧馨富貴。王下車拜之。王置酒高會父老,男婦八十歲以上者金尊,百歲者玉尊。王執爵上壽製還鄉歌,曰:三節還鄉兮掛錦衣,碧天朗朗兮愛日暉,功臣道上兮列旌旗,父老遠來兮相追隨,家山鄉眷兮會時稀,今朝設宴兮觥散飛。斗牛無孛兮民無欺。吳越一王兮駟馬歸。時父老不能解,王復高揭吳音爲高,舉坐虜之,叫笑振席。」（仝上）

五、交通外國,一方面是繁榮商賈,一方面也是宣揚國威。如:「寶大二年（西元925年）五月,王遣使冊新羅、渤海王,海中諸國皆封其君長。」（仝上卷七十八）又:「寶正二年,春、正月,唐主更名亶。冬,十一月,遣尚書班（原注:闕）爲通和使如高麗及後百濟甄萱,時萱與高麗構兵也（原注:《東國通鑑新羅景哀王紀》載:甄萱三十六年是爲高麗太祖十年,冬、十二月,萱貽書于高麗求和,曰:前月七日,吳越國使班尚書至,傳王詔旨。云云。明年春,正月,高麗王答萱書曰:伏奉吳越國通知使班尚書听傳詔書一道,兼蒙足下辱示長書敍事者。云云。)」又,全書卷七十九:「長興四年（西元933年）春,正月,契丹使者伊喇迪德還國,遣使從貽寶器。」又:「天福二年,高麗遣使張訓來聘。」這一種遣使往還,或貽寶器,甚或入貢等等,實際上也帶動了貿易的興盛,後梁翰林學士竇夢徵便深知其竅。「天寶九年（西元916年）秋、七月,梁加王諸道兵馬元帥。梁臣多言王入貢利于市易,不宜假以名器。翰林學士竇夢徵至執麻而泣,坐貶蓬萊尉。」（卷七十九）

六、提倡而且維護宗教。管子《牧民篇》說:「不祇山川則威令不聞,不信鬼神則陋民不悟。」所以墨子要明鬼神,荀子要「君子以爲文則吉,小人以爲神則凶」（《天論》）。其實都是孔子在《周易》裏說過的意思:「神道設教」罷了。錢氏之能加以利用、維護,眞是不遺餘力了。譬如後周世宗在廢佛法的時候,《十國春秋》卷八十一說:「顯德二年（西元955年）夏、五月,周詔寺院非敕額者悉廢之;檢杭州寺院存者凡四百八十。」就可概見錢氏之功了。我有一篇錢氏設置寺觀的長表附於文後,可以翻檢,此地姑就其所封的民間神龕,略列一表,便可想見錢氏宗教的熱忱,和教化之力了。

895 唐・昭宗乾寧二年

王奏封胥江伍子胥爲惠應侯。先是作羅城時江濤勢激，板築不能就；王禱之，沙漲一十五里，故有是命。

897 唐・昭宗乾寧四年

八月，唐封胥江惠應侯爲吳安王。先是安仁義將沿江入寇；一夕驚濤，沙路盡毀。王感其神異，請而封之。

899 唐・昭宗光化二年

奏封蕭山縣神孔大夫爲惠人侯。（原注：隋大業中有孔大夫者，爲陳仁杲禆將討東陽賊婁世幹，降之，立廟黃山。至是王上其事，封以侯爵。）

907 後梁・太祖開平元年

九月，梁封鎮東軍墻隍神祠爲崇福侯，從王請也。案，《武肅王鎮東軍墻隍神廟記》云：「……故唐右衛將軍總管龐玉，頃握圭符，首臨戎政，披榛建府，吐哺綏民……今當吳越雙封，一王理事，亦仗土地陰騭，冥力護持。神既助今日之光榮，予亦報幽靈之煥耀……」故《吳越備史》雖做「衣錦軍神祠」，今據《五代會要》改正爲「鎮東軍」。

909 後梁・太祖開平三年

（案，《十國春秋》謂「王以中原喪亂，改元天寶，私行於境中。」所以《十國春秋》之紀年，自此便用吳肅王的年號；但是，該書其後又說：「既而復通中國，或諱而不稱。既然如此，我們還是據五代諸史書的年號爲宜，且本論文他處亦皆秉之。）封故唐曹王明爲昭靈侯。（原注：明爲唐太宗子。淮人圍姑蘇時，守將禱于其廟，輒自潰去，故加封焉。）又，冬，十一月，命建雙仁祠祀唐・顏眞卿，以從父兄杲卿並饗。

913 後梁・均王乾化三年

加封安國縣神濟安侯爲永定王。（原注：先是乾寧二年，王奏乞追封臨安晉虞府君爲濟安侯。）

914 後梁・均王乾化四年

表封錢塘龍君爲廣潤龍王。（原注：累封靈淵博濟侯。）

917 後梁・均王貞明三年

冬、十月，黃龍見於卞山之金井洞，命立瑞應宮。又，建崇善王廟於蓬萊閣之西。（原注：故臥龍山神祠也。）

918 後梁・均王貞明四年

立晉分水令朱徹廟于新登縣，封徹通靈侯。

919 後梁・均王貞明五年

封安國縣獨山神爲鎮水山王。

929 後唐・明宗天成四年

建天王院于東府。（原注：本董昌生祠，王因夢建焉。）

931 後唐明宗長興二年

冬、十一月，重修防風山・靈德廟。

933 後唐・明宗長興四年

封漢餘杭令陳渾爲太平靈衛王，建祠于國城外北山。

935 後唐・潞王清泰二年

冬、十一月，唐敕杭州護國廟改封崇德王，城隍神改封順義保寧王，銅官廟改封福善通靈王，湖州城隍封阜俗安城王，越州城隍神封興德保闉王。從王奏請之。

從上臚列，可以看出神龕之設，多在武肅王時，文穆王雖偶有奏封，但其數甚少。至于其後如忠獻王等，則幾乎專在寺院上了（請參附表）。

吳越錢氏的貢獻略如上述，則畢沅、歐陽修、司馬光等的評論，實在多有偏頗了。比較公允的，我以爲如吳任臣輩者是。他在《十國春秋》卷八十二上說：「錢氏據有兩浙幾及百年，武肅以來善事中國，保障偏方，厥功鉅矣……竭十三州物力以供大國，務得中朝心。國以是而漸貧，民亦以是而得安。諺曰：皮之不存，毛將焉附。嗚呼，殆非所以論吳越矣。」清王船山《宋論》也說：「……錢氏雖僻處一隅，非宋敵也；而以視江南、粵、蜀，亦足以頡頏，而未見其詘。主無荒淫之愆，下無離叛之慝，畫疆自守，孱岸有餘；使不量力而閉關以謝宋，則必勤師遠出，爭戰時經而後下之。使然，則白骨橫野，流離載道，吳、越之死者積，而中國亦已疲矣。且夫錢俶者，非崛起卒伍，自我得而自我失者也……不得已而始率宗族子孫以思媚於一王，因以保先王愍留之赤子，俾安於隴畝，而無暴骨之傷，則不忍苛責以顯比之不夙也，道宜然也……休養兩浙之全力，以爲高宗立國之基，夫誠有以貽之也。」（卷二）

第四節　水丘氏考

　　吳越王錢鏐的父親寬娶水丘氏，寬的父親宙也娶水丘氏，其後因爲錢鏐貴顯，所以前者晉封爲「趙國太玄太夫人」，後者則封爲「晉國九華太夫人」。又，《十國春秋》、《吳越備史》都說：「鏐始誕之夕，父寬方他適，鄰人急奔告曰：適過君家後舍，聞甲馬聲甚眾。寬急馳歸，而鏐已生，復有紅光滿室，寬怪之，將棄於水丘氏之井；鏐大母知非常人，固不許，因小字曰婆留，而井亦以名。」（《十國春秋》卷七十七）這一口井是「武肅王外大父所甃」（引全前）的。這樣說來，水丘氏在當時或者算不上「大姓；卻也應該是「顯姓」的吧？然而，姓書上卻不違多論，故特作一小考於後。

　　考《廣韻・十八尤丘字條》說：「說文作𠀉，亦姓，出吳興、河南二望……又，漢複姓四十四氏……何氏《姓苑》云：漢有司隸校尉水丘岑。」但是，岑仲勉《元和姓纂四校記卷六五旨條》：「水邱，吳興人。」卻說：「《廣韻》：何氏《姓苑》云：漢有司隸校尉水丘岑。按，岑見《後（漢？）書董宣傳》，作水丘崇，但均不言吳興人。（案，《董宣傳》見《後漢書》卷七十七《酷吏傳》的首篇，說：董宣，字少平，陳留圉人也……以大姓公孫丹爲五官掾……宣以丹前附王莽，慮通海賊，乃悉收繫劇獄，使門下書佐水丘岑——我這是根據世界書局《新校後漢書》的版本，若是藝文印書館的本子，則作崇字——盡殺之。青州以其多濫，奏宣考岑……光武……遣使詰宣多殺無辜，宣具以狀對，言水丘岑受臣旨意，罪不由之，願殺臣活岑。使者以聞，有詔左轉宣懷令，令青州勿案岑罪。岑官至司隸校尉。）考《類稿》四〇：東晉鈕滔，吳興人。又《廣韻》五十二《沁》：禁，又姓。何氏《姓苑》云：今吳興人。此語殆冒鈕或禁姓之文。」岑氏的意思是說《廣韻》和《後漢書・董宣傳》都沒有說水丘岑的籍貫，而《姓纂》竟說他是吳興人，那是延著《類稿》和《廣韻》五十二《沁字條》上《禁姓》的錯誤的。其實是岑氏的不察，因爲《廣韻・十八尤丘字條》明明說是「出吳興、河南二望。」而且引《風俗通》的說考見丘姓所以有二望的來源：「魯左丘明之後。又云：齊太公封於營丘，支孫以地爲氏，代居扶風。漢末丘俊持節江淮，屬王莽篡位，遂留江左，居吳興也。」《廣韻》同條接著說：「又，漢複姓四十四氏：《左傳》齊有藉丘子鉏、梁丘據、閭丘嬰……晉有雍丘洛以武力聞。何氏《姓苑》云漢有司隸校尉水丘岑，古有蔡丘欣……」這是說「丘姓」延伸之後，有以地爲氏的四十四姓（因爲「丘」本從「營丘」而來），水丘正是延此而來的。所以《通志》

《氏族略》以地爲氏條便有「水丘氏，漢司隸校尉」的記載。（以上見卷二）

　　錢鏐的母親、祖母望出河南，所以封爲「趙國」、「晉國九華」等夫人。《吳越備史》、《十國春秋》就明言：「趙國太夫人水丘氏，武肅王母也。先是，英顯王娶于母族，故兩世皆爲河南水丘氏。」這河南的水丘氏，是早就遷到了吳興來的一支了。這一支，在當時因爲武肅王的貴顯，而有了一位吳越內都監使水丘昭券。《十國春秋》卷八十六《水丘昭券傳》載：「水丘昭券，安國（案，即後來的安城縣，詳本論文《地理考》）人。漢有司隸校尉水丘岑者，昭券蓋其後也。性沉厚，知書，能文章。武肅王母出自水丘氏，昭券以國戚故，事忠獻王爲內都監使。」昭券頗識大體，卻因爲忠遜王不聽他的話，猶豫未決於處置統軍使胡進思的時候，反被胡進思所廢，昭券也被害。進思的妻子聽說昭券死，流下淚來，說：「他人猶可殺；昭券，君子也，奈何殺之？」忠良竟然無後！

　　不過凌迪知所輯的《古今萬姓統譜》卷一三二《水丘條》載有：宋‧水丘豪，臨安人，（？）慶進士；水丘咨龍，臨安人，紹熙進士；明水丘進，永樂中浙江舉人；水丘曦，永樂中浙江舉人，皆台州人。或者是忠良之後吧？不及詳考。

附表一：吳越王錢氏世系簡表

錢九隴（唐巢國公）──鏐八代祖
　　碩亶（尚書檢校司空）妻陳氏──鏐五代祖
　　湛
　　滉
　　沛（洪勝王）妻童氏（齊國太夫人）
　　　宇
　　　宙（建初王）妻水丘氏（晉國九華太夫人）
　　　　寬（英顯王）妻水丘氏（趙國太玄太夫人）
　　　　　鏐（武肅王）妻吳氏（莊穆夫人）、陳氏（昭懿夫人）、（梁國夫人）、
　　　　　（扶風夫人）、（韋夫人）、胡氏（慶安夫人）、童氏（濟南夫人）、
　　　　　李氏、金氏
　　　　　　元璙（寧國公）
　　　　　　傳瑛（雲國公、尚唐哀帝公主壽昌、駙馬都尉）

元懿（金華郡王）

　仁倣（武勝軍節度使）

元璙（廣陵郡王、吳王楊行密婿）

　文奉（檢校尖尉兼中書令）

　文炳

　　知玄

傳瓘（文穆王）妻鄷氏（魯國夫人）、陳氏、沈氏、周氏、崔氏

　弘僎（瓊山侯）

　弘億（丞相）

　弘侑（西安侯）

　弘侒（秀州刺史）

　弘傅（孝獻世子）

　弘佐（忠獻王）

　　昱（富水侯）

　　　涉（進士）

　　　絳（內殿承制）

　　郁（西平侯）

　弘倧（忠遜王）

　　昆（三司度支判官）

　　昜（知制誥）（案，咸淳臨安志作“昆之子”誤甚。）

　　　彥遠

　　　　勰

　　　　穌

　　明逸

　弘偡（吳興郡王）

　弘俶（忠懿王）

　　惟濬（邠王）

　　　守吉（西京作坊使）

　　　守讓（東染院使）

　　恕（妻宋曹王元儼女、長安縣主）

　　惟演（英國公）

暖

晦

暝（案，咸淳臨安志作“暄”，誤）

　　端禮（知臨安府，暝之若干代孫）

　　　象祖（相餘杭）

惟治（彭城郡主）妻元氏（祁國夫人）、水丘氏（瑯琊夫人）

　不（光祿少卿）

惟渲

惟灝

惟濟（平江軍節度使）

弘億（奉國軍度使）

弘儀（安化軍節度使）妻何氏（廬江夫人）

弘偓（衢州刺史）

　昭度（供奉官）

弘仰（台州刺史）

　昭序（知通利軍）

弘儼（太傅）

　昭慈

　　藻（仁和縣伯）

傳瓘（餘姚侯）妻杜氏

　仁俊（威武軍節度使、檢校太尉）

傳球（大彭縣侯）

元珦（廢為庶人，伏誅）

元球（仝上）

傳璹（新安侯）妻楚武穆王女馬氏

傳璟（唐哀帝駙馬都尉、雪國公）

元琳（右千牛衛大將軍）

元瓚（寧明王）

元弼（秀州刺史）

傳璲（永嘉侯）

傳珝（金華侯）

傳琰（錢塘侯）

傳瓛（駙馬都尉）

釋令因

元祐（靜海軍節度使）

元璉

元玧

元琢

元璞

元瑠

元珣

元瑚

元琛

元瑾

元裕

元璠

元勛

元禧

元祁（溫州刺史）

　元珪

錡

鏢（湖州刺史）

　可團

　可圓

鐸（安南節度使）

鏵（楚國公）

鎰（武肅王從兄、署鎮海軍節度副使）

錄（武肅王從弟、蘇州招緝使）

鋸（武肅王從弟、衢州刺史）

鎮（武肅王從弟、睦州刺史）

據咸淳《臨安志》卷六十一國朝進士表：嘉祐二年有錢大順，元祐三年有錢
皞，紹興二十一年有錢萬中……等等，殆非武肅王的裔餘了，故不悉考。

第三章　地理考

　　本論文的題目是「吳越釋氏考」，如果就此分析，可以制爲兩節，就是「吳越」和「釋氏」。而「吳越」固須論到它的時間性，所以本論文有《錢鏐世系考》一文，那是說時間是確立在五代時期的南方吳越國；另一方面也得論及它的地域性，因爲在同一時期、同屬南方，乃竟有吳、楚、吳越、閩等疆域的雜沓變異，若不加以釐清，則地屬誰何固不易明白，而據以作論斷的基礎，乃不夠嚴謹了。

　　再如「釋氏」，當然是以人——所謂出家眾——爲主；但是「財、地、侶」中的「地」，也是修行的三要件之一，豈能不加確定？

　　基於以上的理由，所以本章擬分二節來作考索：一是《吳越地域考》，一是《寺院考》。先論前者：

第一節　吳越地域考

　　《咸淳臨安志》卷十六有一篇《吳越考》，目的是在考究杭州到底是屬吳？還是屬越？它說：「杭地本屬吳？屬越？諸家爲說不同。以爲屬吳者，晏元獻公《類要》、《皇朝郡縣志》、《乾道舊志》皆然，而不著其說。《淳祐志》謂吳越必以浙江爲分界。以爲屬越者，杜佑《通典》、歐陽忞《輿地廣記》皆云春秋時屬越、《太平寰宇記》引《吳地記》云：越國西北界至禦兒（原注：即檇李，今嘉興府崇德縣有禦兒鄉，有水名語水。語與禦通。）則是吳、越以禦兒爲分界。」然後，它很精當的考證，以爲當以後說——即以禦兒爲界——爲是。不過，它又說，不論是前者、後者，杭州總是在其中的。其實杭州本

是錢鏐的根據地，則不論屬吳、屬越，他之所以稱吳越國王，不亦宜乎？

《西湖高僧傳》說貫休和尚初以詩投吳越王錢鏐，有：「貴逼身來不自由，幾年勤苦踏林丘；滿堂花醉三千客，一劍光寒十四州。萊子衣裳宮錦窄，謝公篇詠綺霞羞；他年名上凌煙閣，豈羨當時萬戶侯？」傳說錢鏐要他把「十四州」改成「四十州」，才許予接見；貫休卻說：「州亦難添，詩亦難改。然閒雲野鶴，何天而不可飛？」於是入蜀，王建很禮遇他。案，《宋高僧傳・貫休本傳》（卷三十）不載錢鏐要他改州數事，卻說：「乾寧初齎志謁武肅王錢氏，因獻詩五章、章八句，甚愜旨意，遺贈亦豐。王立去偽功，胡廷旟為功臣，乃別樹堂，立碑記同力平越將校姓名，遂刊休詩（案，當即此詩），見重如此。」但不管如何，錢氏除杭州之外，應該還有十三州以足十四州之數，但是《宋史》、《續通鑑》等都說錢弘俶納土十三州，實情如何？故撰本文。

大都督府，杭州、餘杭郡、寧海軍節度

原注：唐鎮海軍節度，皇朝淳化五年（西元 994 年）改寧海軍。治錢塘、仁和兩縣。

縣九：

望，錢塘。一十一鄉，南陽、北關、安溪、西溪四鎮，一鹽官。有靈隱山、長山、浙江。縣址在城府治北四里（原注：水路五里）。東西三十二里，南北七十五里。

《太平寰宇記》（以下簡稱「《太》」）卷九十三，說錢塘郡有二個大姓，就是全氏和范氏。又記了許多山川，值得一提的，是在母山東北的佛日山，因為錢氏的佛日淨慧寺就是建在此地的。詳本文《寺觀考》。

望，仁和。九鄉，臨平、范浦、江漲橋、湯村四鎮，一鹽場。有臨平山、浙江。縣址在城府治北九里（原注：水路七里）。東西六十一里二百步，南北八十四里。《元豐九域志》（以下簡稱「《元》」）卷五，說：「太平興國四年（西元979年）改錢江縣為仁和。」案，《宋史卷》八十八《地理志》同。但是，《太》卷九十三說：「本錢塘鹽官之地，唐麟德二年（西元665年）析二縣之地，置錢塘縣於州郭。國朝太平興國三年平江東，改為仁和縣。」案，錢弘俶歸朝是在三年，改縣事應從《宋史》、《元》方為合理。

望，餘杭。州西北七十二里。九鄉，有由拳山、南下湖。縣址在府城西四十五里（原注：水路同）。東西三十六里，南北八十里。

《太》卷九十三，說餘杭郡有二大姓，就是暨氏和隗氏。其山川之中有金鵝山，《郡國志》說：「山鳴則縣出貴人」，宋僧贊寧便是在此出生。

望，臨安。州西百二十里。二十一鄉，有臨安山、安國山、南溪、獻溪。縣址在府治西九十里（原注：水路七十里，河在二十里外）。東西五十八里，南北七十六里。

《咸淳臨案志》（以下簡稱「《咸》」）卷十六，說：「吳越王國，後梁開平二年（西元908年）改臨安縣爲安國，宋‧太宗太平興國三年（西元978年）又改安國縣復爲臨安。」

全書卷二十五，《山川‧四》說臨安縣境內有徑山，是唐‧國一法欽禪師的化地，後來禪師輩出。說詳本文《釋氏考》、《法系考》等。又有衣錦山，「舊名石鏡山，在縣南一里，高二十六丈，周二百六十步。《太平寰宇記》云：山之東峰有石鏡，徑二尺七寸，其光如鏡。錢鏐幼時遊此，顧其形，服冕旒如王者狀。其後昭宗改鏐所居營曰衣錦營，尋又升爲衣錦城。宴故老，山林皆覆以錦，號其幼所嘗戲大木曰衣錦將軍。」

緊，富陽。州西南七十三里。一十鄉，有湖汱山、浙江。縣址在府治西南七十三里。東西五十八里，南北一百三十八里。

《太》卷九十三，說縣本漢朝時的富春縣，屬會稽郡。引《吳錄‧地理》說：「屬吳郡。晉‧康帝太元中避簡文、鄭太后諱，改富陽縣。」咸卷二十七，說縣有靈巖山，「一名湖南山，在縣南三十里，高八十丈。有仁惠龍王廟、寶山院。」是曇超和尚的化地。

緊，於潛。州西二百三里。六鄉，保城一鎮。有天目山、印渚。縣址在府治西二百三里四十三步。東西六十七里，南北百一十里。

《太》卷九十二，說：「本漢舊縣地，《漢志》屬丹陽郡。《吳越春秋》：秦徙大越鳥語之人置替。闞駰《十三州志》：替，讀爲潛。出好布。」到吳‧寶鼎元年（西元266年）割屬吳興郡。又引《吳錄‧地理志》說：「縣西替山，蓋因山以立名。舊替字無水，至隋加水，屬餘杭郡；廢，還屬杭州。」

《咸》卷二十六，〈天目山條〉說：「《水經》：於潛縣北天目山，山極高峻。東面瀑布下注成沼，名蛟龍池；池水入西溪，合於浙江。近世道士唐子霞謂《圖經》：天目山一名浮玉山，上有兩池謂之左右目；一峰在東，號東天目，在臨安縣界。今西尖峰在縣北四十五里，連亙四州（原注：杭、宣、湖、徽）。周回二千里，上有養生之藥、蓍草、元經，皆名著仙經。郭璞詩云：天

目山垂兩乳長，龍飛鳳舞到錢塘。」案，前人傳說是應在錢鏐的讖記。說詳《錢氏世系考》。

上，新城。州西南百三十里。一十二鄉，東安、南新二鎮，有仙坑山、桐溪。縣址在府治西南百三十三里（原注：水路一百七十里）。東西九十五里，南北九十里。

《太》卷九十三，說新城縣「地在浙江西南，名曰桐溪。吳大帝立此為縣，後廢之，以其地入富陽。唐·永淳元年（西元 682 年）五月，分富陽縣之地又置之。」《咸卷》十六說：「開平元年（西元 907 年）避後梁太祖諱，改新城縣為新登；宋·太宗太平興國三年又改新登縣復為新城。」

上，鹽官。州東百二十九里。六鄉，長安一鎮、一鹽監。有金牛山。縣址在府治東百二十九里。東西百三十里二百步，南北七十里二百一十步。

《太》卷九十三，說：「縣在西北百三十里，舊二十二鄉，今九鄉（案，太、元皆作前記，今從之）。本漢海鹽、由拳二縣之境，《漢志》云：海鹽縣有鹽官，此地也。」

中，昌化。州西二百四十八里。四鄉，一鹽場。有百丈山、紫溪。縣址在府治西二百四十八里三十步。東西百二十里，南北百四十里。

《太》卷九十三說：「唐初為紫溪縣，至聖歷元年（西元 698 年）改為武崇縣，神龍元年（西元 705 年）改為唐山，大歷二年（西元 767 年）又廢；長慶之後復立，梁改為金昌縣，後唐·同光初復舊，晉改為橫山縣，後復舊。」案，晉改為橫山縣，又復舊；這一個「復舊」實不知確指，《咸》就說得較明白：「石晉改橫山縣曰吳昌。」到太平興國四年，便「改吳昌縣為昌化。」（以上見卷十六）

以上九縣，是地志所載杭州府的縣治；但是，《太》卷九十三還載有「南新縣」，說：「在縣治西百六十里。五鄉。本臨安縣地，皇朝乾德五年（西元 967 年）錢氏割臨安縣地南置新陽，以便徵科。至太平興國六年，改為南新縣。」境內有新婦洞、龍邱山、三九山。後來又廢置了，那是因為「熙寧五年（西元 988 年）省南新縣為鎮，入新城。」（《元》卷五）的關係。

考《咸淳》、《乾道》、《淳祐》的《臨安志》，於來守的郡牧，多只載錢鏐、錢弘俶二人而已；至於鏐到弘俶之間，凡九十八年，其中人事的遷移多付闕如，甚不妥。我且根據《吳越備史》、《十國春秋》等諸史志，作一列表，稍事補苴如後。

852 唐・宣宗大中六年

鏐生於杭州臨安，這時的杭州牧，應該是李遠。《咸》卷四十五引《通鑑》，說：「大中十二年（西元 858 年）十月，令狐綯擬李遠杭州刺史。上曰：吾聞遠詩云：長日惟消一局棋。安能理人？綯曰：詩人托此爲高興耳，未必實然。上曰：且令往試觀之。」這時鏐才六歲，而遠之前是武宗時的裴夷直，遠之後則是懿宗咸通二年（西元 861 年）開沙河塘的崔彥曾。

892 唐・昭宗景福元年

夏、四月，陞杭州爲武勝軍，授鏐爲本軍防禦使。

893 唐・昭宗景福二年

夏、閏五月，授鏐本軍團練使、蘇杭等處觀察處置使。

898 唐・昭宗乾寧五年

春、二月，唐帝敕移鎮海軍於杭州，從王請也。

899 唐・昭宗光化二年

夏、四月，唐敕升杭州爲大都督府。

906 唐・昭宗天祐三年

割睦州分水縣：南新、寧善、新登、廣陵、銅峴等五鄉隸杭州臨安縣。

908 後梁・太祖開平二年

秋、八月，梁敕升杭、越等州爲大都督府。

910 後梁・太祖開平四年

五月，割湖州武康縣隸杭州。又廣杭州城，大修臺館，築子城。南曰通越門，北曰雙門。

929 後唐・明宗天成四年

唐授王子傳瓘杭、越等州大都督長史。

943 後晉・高祖天福八年

冬、十月，晉遣使授忠獻王・錢弘佐爲杭州、越州大都督。

960 宋・太祖建隆元年

封錢弘俶爲吳越國王。

979 宋・太宗太平興國三年

忠懿王・錢弘俶納土於宋，敕置知州事；而實際上的杭州刺史則是范旻。

大都督府，越州，會稽郡，鎮東軍節度

原注：治會稽、山陰二縣。

縣八：

望，會稽。一十四鄉，東城、曹娥、纂風、平水、三界五鎮。有會稽山、秦望山、大海、曹娥江。

案，《嘉泰會稽志》載：「越州，隋・大業置，古會稽郡也。因國爲名，置刺史焉……會稽自昔常隸揚州。晉・王羲之爲會稽內史，王述爲揚州牧，檢校郡事，羲之恥之，求分會稽爲越州；不果，遂稱疾去郡，誓墓終身不仕。其後至隋，而會稽卒爲越州……唐・武德四年（西元 621 年）復爲越州置總管，領州如故。未久，改總管爲都督。自是改更不常……大抵越州其實與會稽郡同。」（卷一）《太》卷九十六所考略同，不贅引。

州境東西二百三十二里，南北四百四十七里。

《太》卷九十六說它的大姓，略有：虞、孔、夏、榮、鍾、茲、謝等。但是，《嘉泰會稽志》卷三〈姓氏條〉卻說：「案，氏姓書及書傳所載，其望實出會稽者：虞、夏、茲、資、駱五氏而已；孔、謝、朱、賀、鍾離雖不云望出會稽，而世居此者皆有顯人。鍾氏粗有所見，而榮、俞、戚三氏於此未有聞焉。康、莊、闞、留、搖、黃、裘皆望出會稽，而舊經不載。總之，凡二十有一……會稽今宦學最盛者，杜氏、陸氏、石氏、康氏、諸葛氏等，各自有譜，故不復出。」可以說是人文薈萃的地方了。

望，山陰。一十四鄉，錢清一鎮。有龜山、蕺山、大江、鏡湖、蓮河。

《太》卷九十六說本縣「舊十二鄉、今十五鄉」，可是和元所載（如前述）卻多了一鄉；《太》並沒有列舉鄉名，竟不知省併了何鄉，只得姑存於此。又說：「本秦舊縣置，在會稽山北、龜山西，漢以爲郡都尉所居。《宋略》云：會稽、山陰編戶三萬，號爲天下繁劇。」這是說它人口多，風雲際會之地，當年書聖王羲之曲水流觴就是在這裡的雅事。《太》九十六卷說：「蘭亭在縣西南二十七里。《輿地志》云：山陰郭西有蘭渚，渚有蘭亭，王羲之所謂曲水之勝境，製序此。」

望，剡。州東南百八十里。二十七鄉，有天姥山、剡溪。

《太》卷九十六說：「西南一百里。舊四十鄉，今二十七鄉。漢舊縣，後

漢順帝以浙江東十三縣爲會稽郡，剡亦屬焉、唐・武德四年（西元 621 年）平賊，以剡爲嵊州；六年廢嵊州，依舊爲剡縣。」案，宋・高似孫《剡錄》也作「西南」，當從之。又說它的縣境是「東西二百七十六里，南北七十里。」這是東西寬，南北窄的地形了。

望，諸暨。州西南百四十二里。二十五鄉，龍泉一銀治。有諸暨山、苧蘿山、浣江、暨浦。

《讀史方輿紀要》說：「本越王允常所都，秦置諸暨縣，屬會稽郡，漢以後因之。隋屬越州，唐仍舊，光啓中改曰暨陽，五代初吳越復故。」（卷九十二）《太》卷九十六說所以稱爲諸暨，是因爲「縣界有暨浦諸山，因以爲稱。」

望，餘姚。州東北百四十七里。一十五鄉，有姚丘山、羅壁山、餘姚江。

《太》卷九十六引《風土記》說：「舜支庶所封，舜姓姚。唐武德四年（西元 621 年）置姚州，七年（西元 624 年）州廢，來屬越。」

案，《嘉泰會稽志》說到它的沿革更爲詳贍，他說：「（唐）武德七年（西元 624 年）廢姚州，入餘姚縣來屬、開元二十六年（西元 738 年）採訪使齊澣奏割鄮縣置明州。天寶元年（西元 741 年）改越州爲會稽郡，溫州爲永嘉郡而栝州爲縉雲郡，台州爲臨海郡，明州爲餘姚郡……乾元元年（758A.D.）復改會稽郡爲越州……餘姚郡爲明州……隸浙江東道。」（卷一）

餘姚江，在縣南一十步，源出上虞縣通明堰，東流十餘里，經縣江東入於海。江闊四十丈，潮上下二百餘里，雖通海而水不鹹。

《會稽志》不載羅壁山，至於姚丘山則是在「縣西北六十里。舊經云：舜母握登感虹生舜之地，又引周處《風土記》以爲證。」而值得一提的，卻是法華山：「在縣西南二十五里。舊經云：義熙十三年（西元 417 年）僧曇翼誦《法華經》，感普賢應現，因置寺，今爲天衣禪院。山有十峰，咸平中裴使君・莊各命以名：一法華、二衣盂、三積翠、四朝陽、五雲門、六倚秦、七天女、八猿嘯、九起雲、十月嶺。」

望，上虞。州東百二十里。一十四鄉，五夫一鎮。有蘭穹山、上虞江、運河。

《太》卷九十六「州東百二十里」只作「東九十六里」；《紀要》也作「百二十里」，茲從之。《紀要》卷九十二載：「秦置縣，亦因舜後所封而名，屬會稽郡，漢以後因之。隋廢入會稽縣，唐・貞元初復置，屬越州，宋以後因之。《城邑攷》：舊置於江西岸，晉中興初，移治江北岸，今縣西北四十里地名後

郭，即故址也。」

　　緊，蕭山。州西北百里。一十五鄉，西興、漁浦二鎮。有蕭山、浙江、運河。

　　《太》卷九十六引《漢書》應劭注說：「漢分諸暨、山陰地爲下諸暨，後易名餘暨，王莽時改爲餘衍，至吳大帝改諸暨爲永興，隋併入會稽。唐·儀鳳二年（西元 677 年）又自會稽分置，天寶元年（西元 742 年）八月改爲蕭山縣。」

　　緊，新昌。州東南二百二十里。八鄉，有沃州山、眞水。

　　《太》卷九十六載：「一十三鄉。唐末錢鏐割據錢塘時，以去溫州之道路懸遠，此地人物稍繁，且無館驛，乃析剡縣一十三鄉置新昌縣。」《紀要》卷九十二引《城邑攷》說：「縣舊有土城，周十里，五代時築，後廢。」築的時候或者是在錢鏐之世，而廢的時候或者在錢弘俶降宋的前一年。詳《吳越錢氏的貢獻》一文。

　　本州郡牧的異動進退，補苴如下：

886 唐·僖宗光啟二年

　　春、正月，甲寅，（錢鏐軍）進屯豐山。施實堅等執（劉）漢宏，右直將張師及降。丙辰，進拔越州，漢宏走台州。

　　冬、十二月，州刺史杜雄執送漢宏至，命斬於會稽市……悉有其眾。越人諸將皆推鏐爲主；鏐固讓董昌，昌遂權涖於越。

892 唐·昭宗景福二年

　　唐陞越州爲威勝軍，以董昌爲節度使，封隴西郡王。

895 唐·昭宗乾寧二年

　　董昌反。鏐遂誅董昌使應智等而還，復表其事。時越州都指揮使馬綽、指揮使駱團出降。

896 唐·昭宗乾寧三年

　　秋、八月，唐帝將授吳越王鏐爲越州王，辭讓久之，唐遂除宰相王溥鎮越州。王復諷兩浙吏民上表，請以己兼領浙東。冬、十月，唐帝敕改越州威勝軍爲鎮東軍，授王領鎮海、鎮東等軍節度使。以越州爲東府。

898 唐·昭宗乾寧五年

　　鏐以越州指揮使駱團爲台州制置使。

902 唐・昭宗天復二年

　　唐封王為越王，制曰：「……卿之封地，朕在不蔽。援番君之故事，環勾
　　踐之舊疆，建爾眞王。」勢力達不到，統治權不能施及，這是實話，只
　　得命為「眞王」了。

908 後梁・太祖開平二年

　　梁主勅升杭、越等州為大都督府。

929 後唐・明宗天成四年

　　春、二月，唐授王子傳瓘杭、越等州大都督長史。

943 後晉・高祖天福八年

　　十月，丙午朔，晉令吳越忠獻王・弘佐為杭州、越州大都督，充鎮海、
　　鎮東等軍節度使。

949 後漢・隱帝乾祐二年

　　三月，漢勅授忠懿王杭州、越州大都督。

962 宋・太祖乾德元年

　　奏授文穆王子弘儀為越州觀察使。

望，蘇州。吳郡，平江軍節度使

　　原注：後唐中吳軍節度，皇朝太平興國三年改平江軍。治吳、長州二縣。

　　《紀要》卷二十四〈江南六・蘇州府條〉說：「《禹貢》揚州之域，春秋
時吳國都也。後屬越，戰國時屬楚，秦置會稽郡，漢初為荊國，尋又為吳國。
景帝三年（西元前 141 年）復為會稽郡，後漢・順帝永建四年（西元 129 年）
分置吳郡，晉宋因之，梁亦曰吳郡。陳置吳州，隋平陳，廢吳郡，改州曰蘇
州（原注：因姑蘇山為名），大業初復曰吳州，尋又為吳郡。唐・武德四年（西
元 621 年）復曰蘇州，天寶初曰吳郡，乾元初復曰蘇州。五代時吳越表建中
吳軍（後唐同光二年（西元 924 年）以蘇州為中吳節度），宋仍曰蘇州。太平
興國三年，改軍名曰平江。」

　　縣五。（案，《太》卷九十一說原來領有八縣，後來割出嘉興、海鹽、華
亭三縣，現在的五縣如后。）

　　望，吳。二十鄉，木瀆一鎮。有虎邱山、姑蘇山、洞庭山、吳江、太湖。

《太》卷九十一說：「本秦舊縣也，吳王闔閭所都。《漢書‧地理志》：吳之故國，周‧泰伯之邑也。」又說吳郡出四大姓，即：朱、張、顧、陸。

望，長州。一十九鄉。有鳳皇山、松江、運河。

《太》卷九十一說有二十七鄉，「吳之長州苑，因江州得名，至吳大帝封長王東於此，晉廢，以地併入吳縣。通天元年（696A.D.）又析吳縣之地復置之左郭下，分治州界。長州苑在縣西南七十里。孟康曰：以江水洲為苑也。」

望，崑山。州東七十里。一十四鄉，有崑山、松江。

《太》卷九十一作「東十八里，十八鄉」恐怕是手民之誤，《紀要》也作「府東七十里。」《太》又說：「本漢婁縣地，屬會稽郡。梁‧天監六年（西元 507 年）分婁縣，置義縣。大同初，又分信義縣置崑山縣，屬吳郡。因縣有崑山，故立名也。」《紀要》卷二十四，說：「光化初，錢鏐將顧全武攻蘇州，淮南將秦裴拔崑山而戍之；尋復為全武所克。」

案，所謂「婁縣」，因縣有婁城故。孫權初封張昭於此，尋又封陸遜為婁候（以上見《紀要》卷二十四）。

望，常熟。州北七十五里。九鄉，福山、慶安、海里三鎮。有常熟山、大江、運河。

案，關於本縣的記載，地志多有不同，如《太》卷九十一說：縣在府北百里，管二十鄉。「本吳縣之地。《南海州記》：武王克商，求仲雍之後，得周章，已居吳，因封之。後漢至吳，亦縣焉。為司監都尉署；吳平，隸饒陽。晉‧武帝分吳縣置海虞縣，屬吳郡。成帝又置南沙縣，屬晉陵郡；梁大同六年（西元 540 年）置常熟縣，今崑山縣一百三十里常熟故縣是也。」便和《紀要》大有異同，《紀要》說：「府北九十里……本吳縣地，晉太康四年（西元 283 年）分置海虞縣，屬吳郡；東晉又分置南沙縣，屬晉陵郡。宋、齊因之。梁天監六年（西元 507 年）增置信義郡，南沙屬焉。大同六年，又分置常熟縣，亦屬信義郡。隋平陳，徙常熟縣治南沙，以海虞、南沙二縣併入，屬蘇州。唐‧武德七年（西元 624 年）又移治於故海虞城，仍屬蘇州府；宋因之。」（卷二十四）案，宋之因襲，蓋從吳越來，說詳後。

緊，吳江。州南四十里。四鄉，有吳江、運河。

《太》卷九十一說：「梁‧開平三年（西元 909 年）兩浙奏析吳縣於松江置。」案，吳江本名松江；則置松江就是置於吳江，所以稱為吳縣。這是體《紀要》說得比較清楚：「府東南四十五里、本吳縣地，唐曰松陵鎮。乾寧二

年（西元 895 年）楊行密與錢鏐相攻，設垼於此，屬松江寨。鏐將顧全武攻拔之，朱梁‧開平三年，吳越始置吳江縣，屬蘇州。時築城於江南北岸，有南津、北津之名；宋并爲一城。」（卷二十四）

本州郡牧的異動，補苴如下：

882 唐‧僖宗中和二年

夏、四月，六合鎮將徐約攻陷蘇州。

888 唐‧僖宗文德元年

秋、九月，鏐遣從弟銶率兵討徐約於蘇州。約盡驅州人守城，文其面曰「願戰南都」。從事軍事衙推陳佐車謂人曰：「南都者，國都之稱。杭州其終建國乎？」

889 唐‧昭宗龍紀元年

春、三月，我師破徐約，約敗走入海中箭死。鏐命海昌都將沈粲權知蘇州事。

冬、十月，唐除給事中杜儒休爲蘇州刺史，以沈粲爲制置指揮使。

892 唐‧昭宗景福元年

春、二月，鏐命從弟銶爲蘇州招緝使。

893 唐‧昭宗景福二年

夏、閏五月，唐授鏐本軍團練使、蘇杭等處觀察處置使。

894 唐‧昭宗乾寧元年

春、二月，鏐命成及權蘇州刺史。

895 唐‧昭宗乾寧二年

八月，董昌復拒鏐師，求援於淮南弘農王‧楊行密。九月，弘農王‧楊行密遣將臺濛等困圍蘇州以應昌。

897 唐‧昭宗乾寧四年

秋、七月，命顧全武率師復蘇州。冬、十月，淮南以臺濛守蘇州。

898 唐‧昭宗乾寧五年

春、正月，命師救蘇州，生擒淮南將李近思……三月，淮南將周本救蘇州，顧全武擊破之。九月，顧全武攻蘇州，臺濛、李德誠等棄城走，遂復取蘇州。

冬、閏十月，鏐以嘉興都將曹圭權蘇州制置使，尋命爲本州刺史。

908 後梁‧太祖開平二年

淮南將周本、呂師造攻蘇州，鏐命從弟鋸討之。

909 後梁‧太祖開平三年

夏、四月，淮南兵圍蘇州，守將孫琰拒之甚力；鏐命弟牙內指揮使鏢、等率師救姑蘇，內外夾攻，生擒淮南將何朗、閭丘直等凡三千餘人……周本、呂師造等夜遁，又追敗于黃天蕩。五月，甲寅，鏐親巡蘇州……辛酉，鏐自蘇州復如東府。

八月，梁置蘇州吳江縣，從王請也。

912 後梁‧太祖乾化二年

八月，己丑，改蘇州虎疁曰滸墅，避王名也。

913 後梁‧末帝乾化三年

鏐命子傳璙權蘇州刺史。

918 後梁‧末帝貞明四年

吳以前舒州刺史陳璋將兵侵蘇、湖。

望，潤州，丹陽郡，鎮江軍節度

原注：唐鎮海軍節度，皇朝開寶八年（西元 975 年）改鎮江軍，治丹徒縣。

一稱「鎮江府」，爲《禹貢》揚州之域。春秋時又叫做「朱方」，到秦始皇併有天下，其地屬會稽及鄣等二縣。所以《吳地志》說：「自句容以西屬鄣郡，以東屬會稽郡。」漢武帝時又分屬丹陽、會稽二郡，《太》卷八十九引〈吳志〉說：「京都所統蕃衛尤要，是以爲重鎮，後爲南徐州，置刺史，鎮下邳，而京城有留局。其後徐州或鎮盱眙，或鎮姑孰，皆留局於京口。晉平吳，又爲毗陵、丹陽二郡地，兼置揚州；元帝渡江，都建康，改爲丹陽……至陳，六代常以此地爲重鎮。隋平陳，因廢南徐州以爲延陵鎮，移居於京口，爲延陵縣，屬蔣州。開皇十五年（西元 595 年）罷延陵鎮，以蔣州之延陵、永年，常州之曲阿三縣置潤州於鎮城，蓋取州東潤浦以立名焉。」原來潤州之名，是到了隋‧文帝的時候才定下的，其後存存廢廢的，也不知凡幾。到了宋朝太祖‧開寶八年（西元 975 年）才改設爲「軍」，名叫「鎮江」，以上是它沿

革的大略情形，至於它的領縣，《九》卷五說是三縣，而《太》卻說：「元領縣六，今四。」六縣是：丹徒、延陵、丹陽、金壇、上元、句容等，其後上元、句容劃入昇州，所以是「屬縣四」。但是，《九》又說：「熙寧五年（西元1072年）省延陵縣為鎮入丹陽。」所以是三縣。

它的郡中大姓有四：許、左、甘、紀。

今分述三縣的情況，大略如下：

緊，丹徒。八鄉，丹徒、大港、丁角三鎮，圖山一寨，有北固山、金山、揚子江、潤浦。

《太》卷八十九：「丹徒縣，春秋吳朱方之邑；漢為丹徒縣地。《吳越地理》云：朱方後名谷陽，秦望氣者云：其地有天子氣。始皇使赭衣徒三千人鑿京峴南坑敗其勢，故云丹徒。」

縣有金山，本名浮玉山；唐裴頭陀在此地開山，得黃金數鎰，所以名叫「金山」，又建金山寺，乃為名剎。唐詩人張祜有詩說：「一宿金山頂，微茫水國分，僧歸夜船月，龍出曉堂雲，樹影中流見，鐘聲兩岸聞，因悲在朝市，終日醉醺醺。」

緊，丹陽。州東南六十四里，一十二鄉，延陵、呂城二鎮。有運河、後湖、練湖。

《紀要》卷二十五說：「縣本楚之雲陽邑，秦曰曲阿縣（案，縣名的由來據《太》引《輿地志》說：「曲阿縣雲陽地屬朱方、南徐之境。秦有史官奏東南有王氣，在雲陽，故鑿北崗截其道以厭其氣。又引《吳錄》說：截其道使曲，故曰曲阿。）漢因之。屬會稽郡。後漢屬吳郡，三國・吳復曰雲陽縣，晉又改為曲阿縣，屬毗陵郡、唐武德八年（西元625年）州廢，縣屬潤州。天寶初改曰丹陽縣。」《太》卷八十九，說「丹陽」的由來，是：「以邑界楊樹生丹以為名，故今字從木為稱。」但是，原注說：按，丹陽從陽不從楊。攷《唐書・地志》亦未有丹楊之稱，今云以邑界楊樹生丹為名，故陽字從木，未知所據。」很是。

《元》卷五分後湖、練湖為二，但《太》則說為一，卷八十九說：「後湖亦名練湖，在縣北百二十步，《南徐州記》云：晉・陳敏所立……《輿地志》云：曲阿出名酒，皆云後湖水所釀故醇洌。今按，湖水上承丹徒、高驪、覆船山、馬林溪水，水色白，味甘。又云：練塘，陳敏所立，遏高陵水，以溪為後湖。」這話是不錯的，因為《紀要》說：「練湖在縣北，一名練塘。《輿地志》云：晉・

陳敏據有江東，遏馬林溪以溉雲陽，號曲阿後湖。」（卷二十五）

緊，金壇。州東南百四十里。九鄉，有茅山、長塘湖。

《太》卷八十九說其沿革慕詳：「本漢曲阿縣延陵之鄉，爲吳之地……宋、齊、梁、陳皆爲延陵之南東……開皇十五年（西元 559 年）廢蔣州延陵之南界，移於京口之地，別置於金山府、垂拱四年（西元 688 年）以人物繁廣，復立金山縣；又以東陽郡已有金山縣，故改名金壇，取邑界句曲之山金壇之陵以爲號。」

其郡州牧異動，補苴於下：

882 唐・僖宗光啟三年

三月，潤州客司軍將劉浩與後樓兵逐其帥周寶。

887 唐・僖宗光啟三年

鏐遣阮結等進攻潤州。

889 唐・昭宗龍紀元年

五月、甲辰，潤州制置使阮結爲叛兵所辱，病卒。鏐以其弟右驍衛將軍阮綽領其本部，仍命成及代之，及盡誅其叛兵。

十二月，淮南孫儒遣其下劉建鋒陷潤州，成及奔歸。

894 唐・昭宗乾寧元年

唐授鏐鎮海軍節度使、潤州刺史。

903 唐・昭宗天復三年

九月，田頵、安仁義叛，淮南吳王・行密乞師於鏐，乃命方永珍率師屯潤州。

924 後唐・莊宗同光二年

十一月，陞蘇州爲中吳軍，領常、潤等州。

960 宋・太祖建隆元年

九月，周淮南節度使李重進舉兵，宋帝自將東征，忠懿王弘俶遣上直都指揮使孫承祐率師至潤州以應之。

又，不記年月者，則有鏐子元璙爲潤州團練師。

上，湖州，吳興郡，昭慶軍節度

原注：周宣德軍節度，皇朝景祐年（西元 1034 年）改昭慶軍，治烏程、歸

安二縣。

《太》卷九十四說：「吳興郡，今理烏程縣。《禹貢》揚州之域，古防風氏之國。春秋為吳地，後屬越，越為楚所滅，後屬楚。《史記》云：汪罔氏之君守封嵎之山，即此也。秦屬會稽郡，亦部郡之地；漢如之……隋‧仁壽二年（西元 602 年）改為湖州，因太湖為名……」案，《紀要》卷九十一接著說：「五代時吳越因之（原注：周‧顯德四年（西元 957 年））吳越改忠國軍為宣德軍，宋仍曰湖州。」

有六縣，《太》說：「元領縣五，今六」五縣是：烏程、武康、安吉、長興、德清；《元》解釋這情形，說：「太平興國四年（西元 979 年）以杭州武康縣隸州，七年（西元 982 年）析烏程縣置歸安縣。」（卷五）

它的大姓，吳興郡有四：姚、沈、邱、紐，長城郡有二：錢、胥。

望，烏程。一十一鄉，烏墩一鎮。有卞山、衡山、太湖、苕溪、霅溪。

縣名烏程，那是古昔有一善醞酒的烏程氏居此而得名。縣界的古蹟很多，要特別一提的是在縣西南三十五里的黃蘗山和在縣東一里的霅溪，那是禪宗祖師的化地。

望，歸安。一十鄉，施渚一鎮。有三山、吳興塘。

《太》和《紀要》有不同的記載，前者說：「本烏程縣地，皇朝太平興國七年分置歸安縣，居郭下。」（卷九十四），後者則較詳：「附郭，在子城東一里。本烏程縣地，宋‧太平興國七年析東南十五鄉置縣，以錢弘俶納土來歸，因曰歸安。」錢弘俶納土早在太平興國三年，直到四年以後才分置十五鄉來置縣，卻名叫「歸安」，恐怕有問題。說詳後。

望，安吉。州西南百七十一里。一十六鄉，梅溪一鎮。有天目山、苕水、揚子湖。

《太》卷九十四，說：「本漢故鄣縣地。《吳興記》云：漢‧中平二年（西元 185 年）張角作亂，荊、揚尤甚；唯此郡守險助漢，漢朝嘉之，故分鄣縣南北置安吉縣，屬丹陽郡。後廢，麟德元年（西元 664 年）復為安吉縣，屬湖州。」

望，長興。州西北七十里。一十五鄉，四安、水口二鎮。有龍山、西湖。

就是長城，錢氏聚族之地。《太》卷九十四說：「本漢烏程縣地，武帝分置長城縣。按，《吳興記》云：吳王‧闔閭使弟夫概居此城，築城狹而長故曰長城縣，因此名之。」

緊，德清。州南百五里。六鄉，新市一鎮。有德清山、苧溪。

《太》卷九十四說：「本武康縣地，唐・天授二年（西元 691 年）析置，以縣界有武承塘，故名武源縣。至景雲二年（西元 708 年）改爲臨溪縣，天寶元年（西元 742 年）改爲德清縣。」案，德清縣因有德清山而得名，其山中又有金鵝山，「在縣西南五里」，是僧贊寧的生地。

上，武康。州西南百七里。四鄉，有武康山、前溪、餘不溪。

太卷九十四，說：「古防風氏之國。《地理志》云：本漢烏程縣之餘不鄉。漢末童謠云：天子當興東北三餘之間。吳乃改會稽之餘暨爲永興，分餘不爲永安，以協童謠。晉以平陽已有永安縣，復改爲武康。」

本州郡牧的異動，補苴於下：

895 唐・昭宗乾寧二年

董昌搆湖州刺史李師悅率師侵錢鏐封境。

896 唐・昭宗乾寧三年

十一月、戊子，湖州刺史李師悅卒，子繼徽嗣。

897 唐・昭宗乾寧四年

九月，湖州刺史李繼徽以州附淮南，牙將沈攸拒之，繼徽逐出奔。乙未，鏐親巡湖州，收繼徽家屬而還，湖州平。

錢鏐命海昌鎮將高彥爲湖州制置使。

902 唐・昭宗天復二年

徐綰叛，湖州刺史高彥遣其子渭偕指揮使屠瓌智入援；綰伏兵靈隱山，渭等被害。鏐命渭所部營城南。

909 後梁・太祖開平三年

冬、十月，湖州刺史高灃叛，遣其黨焚義和、臨平等鎮。鏐命其弟鏢率師討之。

術者言安吉縣有王氣，鏐命鑿其地，忽四鴿飛出，化爲四龍，賜名曰四龍湖。

910 後梁・太祖開平四年

春、二月，湖州刺史高灃導吳將李簡、陳璋等入其境；都將盛師友、沈行思閉城不納，鏐遣子傳璙濟師禦之，吳人挾灃而遁。

三月、癸巳，鏐巡湖州，命弟鏢爲刺史。

五月，割湖州武康縣隸杭州。

丙戌，湖州巡校將沈行思以罪伏誅。

911 後梁・太祖乾化元年

冬、十月，辛亥朔，湖州刺史錢鏢酗酒擅殺防戍指揮使潘良、推官鍾安德，遂奔吳。

913 後梁・郢王鳳歷元年

三月，吳行營招討使李濤率兵二萬自千秋嶺寇錢鏐衣錦軍，鏐命子湖州刺史傳瓘爲北面應援使救之。

917 後梁・末帝貞明三年

梁授鏐子傳瓘守湖州刺史。

918 後染・末帝貞明四年

八月，吳以前舒州刺史陳璋將兵侵蘇、湖。

919 後梁・末帝貞明五年

梁以湖州刺史、太彭開國子・傳璟爲宣州寧國軍節度使、同平章事。

924 後唐・莊宗同光二年

文穆王傳瓘授其子仁杞爲湖州刺史。

945 後晉・出帝開運二年

忠獻王弘佐欲以胡進思爲湖州刺史，不果。

946 後晉・出帝開運三年

十二月，弘佐命弟弘偡爲湖州刺史。

953 後周・太祖廣順三年

春、二月，湖州所隸建州降卒鄭懷嵩等十一人以刺史散香於資福寺，遂率其黨二百餘人作亂，即日盡誅之。

959 後周・世宗顯德六年

春、二月，周主勅升湖州爲宣德軍，從忠懿王弘俶請也。以王弟弘偡爲節度使。

970 宋・太祖開寶三年，弘仰代兄俶知湖州，充宣德軍安撫使。

上，婺州，東陽郡，保寧軍節度

原注：晉‧武勝軍節度，皇朝淳化元年（西元 990 年）改保寧軍，治金華。

原稱金華郡，又稱東陽郡；直到隋‧開皇十三年（西元 593 年）才「以天文婺女之分，以爲州名」（太卷九十七），五代時屬吳越，爲武勝軍。

有縣七：

望，金華。一十三鄉，孝順一鎮。有金華山、東陽江。

案，金華山原稱長山，《太》卷九十七說是隋朝改名金華山，則好像說是金華縣的由來，是因山得名。事實恰相反對，應該是像《紀要》所說：「漢烏傷縣地。後漢初平三年（西元 192 年）孫氏析置長山縣，吳‧寶鼎初爲東陽郡治，晉、宋、齊因之。梁改置金華郡，亦治此。」（卷九十三）那是說因郡名改爲金華，山也就改爲金華山了。

望，東陽。州東百五十五里。一十四鄉，一銀場，有峴山、東陽江。

《紀要》卷九十三說：「本漢烏傷縣，唐初爲義烏縣地；垂拱二年（西元 686 年）析置今縣，五代梁‧開平四年（西元 910 年）錢鏐奏改曰東場（？）宋咸平二年（西元 999 年）復故，仍隸婺州。」

望，義烏。州東北百一十一里。八鄉，有雲黃山、義烏溪。

《紀要》說：「漢爲會稽郡之烏傷縣，後漢移會稽西部都尉治此。孫吳屬東陽郡，晉以後因之；隋屬婺州……唐改縣曰義烏。」關於「烏傷」的由來，《紀要》語焉不詳地說：「以秦時孝子顏烏傷其父而名」（卷九十三）。《太》卷九十七引《異苑》的說法，則明白許多：「東陽顏烏以純孝著聞。群烏助銜土塊爲墳，烏口皆傷，一郡以爲至孝所致，因以縣名烏傷。」

望，蘭溪。州西北五十五里。一十鄉，有九峰山、蘭溪。

《紀要》卷九十三說：「隋爲金華縣地，唐‧咸亨五年（西元 674 年）析置蘭谿縣，屬婺州，宋因之。」

九峰山在縣南六十里，而《紀要》不載。

緊，永康。州東南百九里。一十鄉，有石城山、永康溪。

《太》卷九十七說：「本烏傷縣之地。《東陽記》云：赤烏八年（西元 245 年）分烏傷之上浦置爲永康縣，屬會稽郡。隋平陳，廢之；唐‧武德八年（西元 625 年）又置。」

《太》、《紀要》都不載永康溪於本縣，而溪實在武義縣。

上，武義。州南九十里。有八素山、永康溪。

案，《太》卷九十七做「武城縣」。《紀要》說：「本永康縣地。唐‧天授二年（西元 691 年）分置武義縣，屬婺州，尋更名武城；天祐復名武義，宋因之。」（卷九十三）

上，浦江。州東百二十里。七鄉，有深裊山、浦陽江。

案，縣本義烏、蘭谿、富陽的屬地，也就是說分割給了三縣；到唐朝天寶十三年（西元 754 年）才把義烏北鄙之地割出來而成立了浦陽縣，不久，又把蘭谿界的二個鄉和杭州富陽縣的二個里割進來，擴大了它的腹地。到五代梁‧開平四年才由錢鏐奏改今名。

本州郡牧的異動，補苴於下：

884 唐‧僖宗中和四年

春，劉漢宏將王鎮執婺州刺史黃碣降於錢鏐；漢宏乃遣其將婁賓殺鎮而代之。

夏、四月，浦陽鎮將蔣瓖復召鏐兵，共攻婺州，擒賓而還。

895 唐‧昭宗乾寧二年

董昌以婺州刺史蔣瓖為宰相。

898 唐‧昭宗光化元年

九月，婺州刺史王壇遣將攻東陽，鏐以息民故，命使諭之。

899 唐‧昭宗光化二年

夏、四月，淮南田頵遣行營都指揮使唐儒等來應東陽；鏐命副指揮方密、羅聚等濟師於婺州及蘭谿、義烏等縣。

900 唐‧昭宗光仁三年

九月，王壇奔宣州。辛卯，鏐親巡婺州，命浙西營田副使沈夏權婺州刺史。

903 唐‧昭宗天復三年

四月，城婺州。（案，這就是《紀要》卷九十三〈婺州城條〉所說：「《志》云：舊城在今城東四十里，一云去府西南四十里，今湯溪縣境內。唐‧開元中始徙今治。舊有子城，周四里；今城相傳吳越時築。」的城址。）

906 唐‧昭宗天祐三年

二月、辛卯，鏐如睦州，陳璋自婺州退保衢州。方永珍、楊習等取婺州

進攻衢州。

910 後梁‧太祖開平四年

五月，奏改婺州浦陽縣為浦江縣，惡楊氏也。（案，《十國春秋》卷七十八引歐陽忞《輿地廣記》說：「朱梁時楊氏據江淮，於是吳越錢氏上言以淮寇未平，恥聞逆姓，請改松陽為長松。」）

十月、丙戌，鏐至自錦衣城。湖州巡校將沈行思以罪伏誅，命湖州都將盛師友權婺州刺史。

916 後梁‧末帝貞明二年

婺州道士周某獻赤松澗仙米，鏐密遣張思敏按所產之地，賜以紫衣金帛。

939 後晉‧高祖天福四年

九月，勅升婺州為武勝軍，從文穆王傳瓘請也。

962 宋‧太祖建隆三年

夏、五月，婺州民災，忠懿王弘俶遣使賑卹。

966 宋‧太祖乾德四年

冬、十一月，甲寅，忠懿王弘俶命弟弘信知婺州武勝軍事。

上，明州，奉化郡，奉國軍節度

原注：唐浙東觀察使，梁置望海軍，皇朝建隆二年（西元 961 年）改奉國軍節度，治鄞縣。

案，太平興國初，詔吳越改軍為鎮國軍，則元當時循太祖時之名而未改。說詳後。

有縣六；但是《太》說：「元領縣六，今五。」六縣是：鄞縣、奉化、慈溪、象山、定海（原注：新置），一廢縣是翁山。而《元》卷五卻說「熙寧六年（西元 1073 年）析鄞縣地置昌國縣。」若是依本論文的範圍到弘俶納土止，則本縣可不論，但為完整計，姑論及之。

望，鄞。一十三鄉，小溪一鎮。有四明山、廣德湖。

案，鄞縣就是鄭縣。《紀要》卷九十二說：「附郭。秦置鄭縣，屬會稽郡，漢以後因之。隋平陳，省縣入句章，唐復置鄭縣，為鄭州治。州尋廢，以縣屬越州，開元中復置明州治焉。五代時吳越改鄭縣為鄞縣。」

四明山，《太》卷九十八說：「在州西八十里。有四角，各生一種木，皆不雜。山頂有池，有三重石臺。」或者因此才叫「四明」吧。

望，奉化。州南八十里。八鄉，公塘一鎮。有鎮亭山。

《紀要》卷九十二說：「漢鄞縣地，唐為鄮縣地。開元二十六年（西元 738 年）析置今縣，屬明州。宋因之。」

上，慈溪。州西六十里。五鄉，鳴鶴一鹽場。有句餘山、慈溪。

案，《紀要》卷九十二引《十三州志》：「勾踐之地南至句無，後并吳，因大城之，章霸功以示子孫，故曰句章。」那是說慈溪原本句章縣，秦時便據之設縣，漢朝因之。《紀要》又說：「本句章縣地，唐為鄮縣地；開元二十六年（西元 738 年）析置慈溪縣，屬明州。宋因之。」（仝前引）

上，定海。州東北七十一里。六鄉，蟹浦一鎮。有候濤山、大浹江。

案，定海本是海壖之地，唐浙東觀察使薛戎即奏名為望海鎮；到了五代錢鏐因地近海口，有漁鹽之利，所以置為望海縣，屬明州，又改為今名。（以上據《太》及《紀要》而撰。）

下，象山。州東南三百六十里。三鄉，有象山、東門山。

《紀要》卷九十二說：「漢鄞縣地，晉為寧海縣地，屬臨海郡，唐為寧海及鄮縣地。神龍元年（西元 705 年）析置今縣，屬台州，廣德二年（西元 764 年）改屬明州。宋因之。」

下，昌國。州東北百七十五里。四鄉，一鹽監。有雲雪山、西湖。

案，《太》無此縣；《紀要》則作昌國衛，說：「洪武十七年（西元 1384 年）置衛於昌國新城內」則不在本論的範圍內，可不論。

本州郡牧的異動，補苴如下：

896 唐・昭宗乾寧三年

三月，錢鏐攻餘姚，明州刺史黃晟遣指揮使梁從旺率兵來應。

909 後梁・太祖開平三年

五月、丁巳，明州刺史黃晟卒。辛巳，鏐巡明州，因城望海鎮；命子傳球為明州制置使。六月、壬寅，鏐發明州。

八月，梁置明州靜安縣（原注：一作望海縣，又改定海縣。案，此說是也，蓋明州無靜安縣故），從王請也。

924 後唐・莊宗同光二年

春、二月，癸卯，明州刺史錢傳璙卒。

932 後唐・明宗長興三年

春、正月，唐升楚州爲順化軍，以錢傳珦領節度使。（原注，楚州時屬楊氏，傳珦蓋鎮明州而遙領楚州節耳。）

933 後唐・明宗長興四年

幽明州刺史傳珦於別室。

941 後晉・高祖天福六年

秋、八月，壬子，廢錢弘侑爲庶人，復其姓孫氏，且幽之明州。

945 後晉・出帝開運二年

十一月、己未，誅內牙上統軍使、明州刺史闞璠。

949 後漢・隱帝乾祐二年

秋、七月，忠懿王弘俶命弟弘億爲明州刺史。

望，常州，毗陵郡，軍事。治晉陵、武進二縣

《紀要》卷二十五：「後漢・永建四年（西元 129 年）分屬吳郡，三國吳・分無錫以西爲屯田，置典農校尉；晉太康初省校尉，分吳郡置毗陵郡。永嘉五年（西元 311 年）改曰晉陵郡，宋、齊、梁、陳因之；隋・開皇九年（西元 589 年）廢郡，置常州；大業初，復曰毗陵郡……唐・武德三年（西元 620 年）復曰常州……五代屬於楊吳，後又爲南唐所有。宋仍曰常州。」

有縣五，《太》卷九十二說：「元領縣五，今四。」五縣是晉陵、武進、無錫、宜興，割出的一縣是江陰。《元》卷五的解釋是：「太平興國元年（西元 976 年）改義興縣爲宜興，淳化元年（西元 990 年）廢江陰軍，以江陰縣隸州，三年（西元 992 年）復置軍，仍以縣隸州；熙寧四年（西元 1071 年）復廢軍，隸州。」

望，晉陵。二十鄉，橫林一鎮。有橫山、揚子江、太湖、運河。

《太》卷九十二說：「春秋時吳之延陵邑，漢爲毗陵縣屬會稽；晉・元帝因避毗字與郡，俱改晉陵，隋・文帝罷郡屬常州。」而《紀要》則併在武進、延陵二縣來講。

望，武進。一十五鄉，奔牛、青城、萬歲三鎮。有孟城山、運河、漏河。

《紀要》卷二十五：「武進故城，府西北七十里。本漢之丹徒、句曲二縣

地，孫吳改丹徒曰武進。晉・太康初別置武進縣，屬毗陵郡……宋・大明末改屬南東海郡，齊因之，梁省入蘭陵縣，屬蘭陵郡。唐・武德三年復置武進縣屬常州……今郡城即楊吳時舊址也。舊有內子城，周二里有奇，唐景福初，淮南節度楊行密築。又有外子城，周七里有奇，則楊吳順義中所築，一名金斗城。」那是說武進原屬楊吳之地，其後併入錢鏐的版圖了。

望，無錫。州東九十一里，二十三鄉，望亭一鎮。有慧山、運河、無錫湖。

《太》卷九十二說：「本漢舊縣，屬會稽郡，王莽改曰有錫。《風土記》：周武王追崇周章於吳，又封章小子斌於無錫。昔有讖云：無錫寧，天下平；有錫兵，天下爭。故名之。吳省屬典農校尉、唐復爲無錫。

慧山，《紀要》說就是九龍山，就是「梁・貞明五年（西元 919 年）吳越・錢傳瓘攻淮南之常州，淮南拒之，敗吳越軍於無錫。又追敗之於山南，即慧山之南也。」（卷二十五）

望，宜興。州西南百二十里，一十六鄉，湖洑、張渚二鎮。有君山、運河、太湖、陽羨溪。

宜興，本名叫「義興」，那是避宋太宗趙匡義的名諱而改的。其實秦時叫陽羨，也就是《搜神記》中有名的《陽羨書生》的背景地。《紀要》：「光啓三年（西元 887 年）杭州刺史錢鏐遣將杜稜等討薛朗逐鎮海節度周寶之罪，敗朗將李君畊於陽羨，即故城矣。」

望，江陰。州東北九十里。一十九鄉，利城、茶陵、石橋三鎮。有青山、芙蓉溪、大江。

縣本是漢朝曲阿縣地，南唐・昇元元中把它升爲「軍」，一直到宋朝便因之不改舊時地了。

大江，是吳越和淮南往往角逐之地。

香山，《紀要》說：「梁貞明五年，吳越攻常州，徐溫率兵拒之。陳璋以舟師下海門出其後，張可琮以江陰兵從陳璋，敗吳越兵於香灣，即此地也。」

本州郡牧異動，補苴如下：

888 唐・僖宗光啓三年

淮南大亂。五月，鏐遣東安都將杜稜、浙江都將阮結、靖江都將成及等攻常州，取周寶以歸。

冬、十二月，鏐命杜稜爲常州制置使。

889 唐・昭宗龍紀元年

十一月，宣州楊行密遣將田頵、李友等陷常州，執杜稜而走。

孫儒燒掠蘇、常，遂逼宣州，因圍楊行密，行密遣使求救於鏐，乃出糧糧甲兵以助之。是月，常州甘露鎮使陳可立據本州，鏐遣師復平姑蘇。

908 後梁・太祖開平二年

九月，張仁保襲取常州之東州。淮南以陳璋爲水陸行營都招討使，率柴再用等將兵來救，仁保敗績于魚蕩，復失東州。

913 後梁・郢王鳳歷元年

秋、九月，鏐遣子傳瓘、傳璙、傳瑛攻吳常州，營於藩封。吳將徐溫帥兵赴之，與別將陳祐夾擊，傳瓘等大敗。然明年九月終克之。

916 後梁・末帝貞明二年

梁授浙東營田副使、常州刺史杜建徽爲涇源節度使。

919 後梁・末帝貞明五年

秋、七月，鏐遣子傳瓘將兵三萬攻常州。吳徐溫來拒，命陳璋以水軍下海門，出傳瓘兵後。壬申，戰于無錫，指揮使何逢、吳建死焉，遂班師。

924 後唐・莊宗同光二年

陞蘇州爲中吳軍，領常、潤等州。

又，傳璙嘗爲常州團練使。

上，溫州，永嘉郡，軍事

原注：晉靜海軍節度，皇朝太平興國三年降軍事，治永嘉縣。

《太》卷九十九說得比較清楚，他說：「《輿地志》云：會稽郡之東境。後漢・永和三年（西元 138 年）置永寧縣，晉・明帝以溫嶠嶺以南分永寧等四縣，置永嘉郡，屬東揚州，歷宋、齊、陳皆因之。隋平陳，廢永嘉郡，置處州。十二年（西元 592 年）改曰括州，至大業復爲永嘉郡。唐・武德五年（西元 622 年）置東嘉州，領永嘉、永寧、安固、樂城、橫陽五縣。貞觀中廢東嘉州，以縣屬括州。上元二年（西元 675 年）分括州之永嘉、安固二縣置溫州，以溫嶠嶺爲名（案，《紀要》卷九十四說是因地土恆燠熱故名）。天寶元年（西元 742 年）改爲永嘉郡，乾元元年（西元 758 年）復爲溫州，晉・天福四年（西元 939 年）昇爲靜海軍節度，從錢元瓘之奏請。」

有四縣：

緊，永嘉。一十三鄉，永嘉一鹽場。有華蓋山、青嶂山、永嘉江。

《太》卷九十九：「漢治縣（原注：原本訛治，據《漢書・地理志》改正）之地。後漢改爲章安縣，又以章安東甌鄉爲永寧縣、隋末改爲永嘉縣。」

案，梁開平初錢鏐曾在此增築內外二城，內城亦曰子城，周三里有奇。

望，平陽。州西南百五里。一十鄉，前倉、梔槽、泥山三鎮，天富一鹽場。有橫陽山、平陽江。

縣本永嘉的安固之地，因人文薈萃，於是在大足年中析置橫陽，到了錢鏐時才改名平陽。

緊，瑞安。州南八十里。一十二鄉，瑞安、永安二鎮，雙穗一鹽場。有步廊山、瑞安山。

《紀要》卷九十四說：「本章安縣地、天復二年（西元 902）改今名。」案，《十》卷七十七說是有白鳥棲安固，因改名。

上，樂清。州東北百里。六鄉，柳市、封市二鎮，天富一鹽場。有雁蕩山、芙蓉山、大江。

《太》卷九十九說：「晉・元康三年（西元 293 年）分永寧縣，置樂城縣，陳代廢入永嘉縣。載初元年（西元 690 年）又置，今爲樂清縣。」案，縣名是吳越所改。說見後。

本州郡牧異動的補苴如下：

902 唐・昭宗天復二年

十二月，溫州稗將丁章逐刺史朱敖，敖奔福州，章逐據郡。

903 唐・昭宗天復三年

夏、四月，溫州丁章爲木工李彥所殺，稗將張惠據溫州。

905 唐・昭宗天祐二年

八月，處州刺史盧約使其弟售攻陷溫州，張惠奔福州。錢鏐命方永珍濟師於東陽，會師討賊。

907 唐・昭宗天祐四年

鏐遣子傳璙、傳瓘討盧佶於溫州。戊午，溫州潰，斬佶而還。鏐以都監使吳璋爲溫州制置使。

冬、十二月，築溫州子城。

909 後梁‧太祖開平三年

　　以蔣澴爲溫州刺史。

914 後梁‧末帝乾化四年

　　改溫州橫陽縣曰平陽。

917 後梁‧末帝貞明三年

　　梁勅授傳球守溫州刺史。

939 後晉‧高祖天福四年

　　秋、八月，晉建溫州爲靜海軍節度，從文穆王請也。

940 後晉‧高祖天福五年

　　春、二月，甲辰，溫州刺史錢弘儇卒。

949 後漢‧隱帝乾祐二年

　　十月，內牙指揮使諸溫以罪黜於溫州。

953 後周‧太祖廣順三年

　　忠懿王弘俶以兄弘儇爲溫州刺史。

967 宋‧太祖乾德五年

　　春、二月，己卯，王從兄溫州刺史仁俊卒。

978 宋‧太宗太平興國三年

　　春、正月，以皮光鄴爲溫州刺史。

　　又，錢昱（忠獻王長子）亦嘗任溫州刺史。

上，台州，臨海郡，軍事。治臨海縣

　　就是東甌，也叫南部都尉。到了唐‧武德五年（西元 622 年）才改名台州，神龍二年（西元 706 年）置象山縣，天寶元年（西元 742 年）改爲臨海郡，乾元元年（西元 758 年）才又復稱台州。

　　有五縣：

　　望，臨海。一十五鄉，大田、章安二鎭。有括蒼山、天姥山、臨海江、始豐溪。

　　《太》卷九十八說：「本漢回浦縣地，後漢‧光武帝改爲章安縣。《晉太康地記》云：吳分章安置臨海縣屬會稽郡，少帝時置臨海郡，縣屬焉。」案，

《紀要》說舊有子城，是唐末所築；又說羅城，是吳越所修。

望，黃巖。州東南百六里。一十二鄉，嶠嶺、于浦、新安、青額、鹽監五鎮，于浦、杜瀆二鹽場。有黃巖、永寧江。

本來是漢的回浦縣地，唐·天授初因有黃岩而改名。

緊，寧海。州東北百七十里。六鄉，港頭、縣渚二鎮。有桐栢山。

《太》卷九十八引《臨海記》說：「晉·永和三年（西元 347 年）分會稽郡八百戶於臨海郡章安地，立寧海縣。隋隸海州，唐·武德五年改海州爲台州，又屬台州，尋廢。至永昌元年（西元 689 年）又置。」

上，天台。州西百十里。四鄉，有天台山、赤城山、銅溪、靈溪。

原本也是漢的章安縣，五代吳越才改爲天台山，那是因山而名。天台山是道家勝地，道經說是第六洞天的所在。

上，仙居。州西百五里。六鄉，有括蒼嶺、永安溪。

就是吳越時的永安縣。《太》卷九十八引《輿地志》：「晉·穆帝永和三年（西元 347 年）分始豐鄉置樂安縣，屬臨海郡。唐上元二年（西元 676 年）再置，改爲永安縣。」說詳後。

本州郡牧的異動，補苴如下：

897 唐·昭宗乾寧四年

十一月、己卯，台州刺史杜雄卒。

898 唐·昭宗乾寧五年

春、正月，錢鏐以越州指揮使駱團爲台州制置使。

929 後唐·明宗天成四年

秋、七月，台州大水，請軍儲三十萬斛。

930 後唐·明宗長興元年

改台州樂安縣爲永安縣。

947 後晉·出帝開運四年

三月、庚寅，命忠獻王弟弘俶出鎮台州。

948 後漢·高祖乾祐元年

忠遜王召弟台州史弘俶同參相府事，時在秋、七月。

952 後周·太祖廣順二年

九月、甲寅朔，丞相裴堅卒，以台州刺史吳延福同參政事。

953 後周・太祖廣順三年

忠懿王命弟弘仰爲台州刺史。

958 後周・世宗顯德五年

六月、戊寅，前台州刺史弘仰卒。

965 宋・太祖乾德五年

二月、乙丑，忠懿王命從子昱入賀于宋，爲平西川也。

上，處州，縉雲郡，軍事。治麗水縣

本是東甌國地，隋開皇九年（西元 589 年）平陳廢郡，改置處州。五代時是吳越的屬地。

有六縣，《太》卷九十九有白龍縣，而《元》卷五說：「咸平二年（西元 999 年）改白龍爲松陽。」《太》又說縉雲郡有三大姓，那是：黃氏、賴氏、豐氏。

望，麗水。一十鄉，九龍一鎮。有括蒼山、縉雲山、麗水。

它在括蒼山的南面，所以隋朝的時候把松陽縣的東鄉割作括蒼縣。到唐大歷十四年（西元 779 年）才改爲今名。

望，龍泉。州西南三百五十五里。五鄉，高亭一銀場。有豫章山、龍泉湖。

《紀要》卷九十四說它本來是「松陽、遂昌二縣地」到了唐朝肅宗乾元二年（西元 759 年）才析置爲本縣。

上，松陽。州西北九十二里。五鄉，松陽一鎮。有玉柱山、大溪。

原本是章安縣的南鄉，《太》卷九十九引《吳錄》說：「取松陽木爲名。」並加考據說：「按《吳地志》云：縣東南臨大溪，有松陽樹，大八十一圍，腹中空可容三十人座，故取此名。梁・開平四年（西元 910 年）改爲松陽縣。又改爲白龍縣。」案，改爲白龍縣是在後晉・天福四年（西元 939 年）。

上，遂昌。州西二百四十里。四鄉，永豐一銀場。有項公山、桐栢溪。

它在漢代屬會稽郡的大末縣，孫吳・赤烏二年（西元 239 年）分置平昌縣，屬東陽邵；到晉太康元年（西元 280 年）才改爲今名。

又，項公山或誤，可能是丁公山。山在縣西十六里，高千仞，也叫白馬山。

上，縉雲。州東北百一十里。五鄉，胡陳一鎮。有縉雲山、好溪。

本是括蒼縣和永康縣的縣地，周‧萬歲登封元年（西元 696 年）才析置現在的縣邑。

境內有縉雲山，傳說是黃帝煉丹處，所以又叫丹峰山，《道經》說是第二十九洞天，有鼎湖在其上。

中，青田。州東南百五十里。三鄉，有石門山、青田溪。

原是松陽、括蒼二縣地，唐‧景雲二年（西元 711 年）析置本縣。

本州郡牧異動補苴如下：

905 唐‧哀帝天祐二年

秋、八月，處州刺史盧約使其弟佶攻陷溫州。

907 唐‧哀帝天祐四年

夏、四月，傳璙等移兵討盧約於處州。

五月，盧約以處州降，錢鏐以爲浙江安撫副使。命指揮使俞浩爲處州制置使。

931 後唐‧明宗長興三年

文穆王命處州刺史曹仲達權知政事。

943 後晉‧出帝天福八年

秋、七月，乙巳，貶內牙都監使章德安于處州。

949 後漢‧隱帝乾祐二年

五月，內牙指揮使斜滔以罪黜於處州。

上，衢州，信安郡，軍事。治西安縣

《太》九十七引《輿地志》說：「後漢‧獻帝初平三年（西元 192 年）分太末，立新安縣……唐‧武德四年平李子通，析婺州之西境，仍於信安縣置衢州；州西有三衢山，因取爲名……乾元元年割常山隸信安，後復爲衢州。」

有五縣，而《太》卷九十七說：「元領縣六，今五。」六縣是：信安、江山、龍遊、常山、開化和盈川，後來廢掉盈川，所以事實上是五縣。

望，西安。一十七鄉。南、北二銀場。有石室山、信安溪。

就是信安縣，錢鏐時稱西安。

石室山，就是有名的爛柯山，是任昉《述異記》裡王質遇仙的地方，所以《道經》說是青霞第八洞天。

又有爵豆山，產銀，錢鏐嘗在此開採銀礦。

緊，江山。州西八十里。一十二鄉，禮賓一鎮有江郎山、江山溪。

原本是信安縣的南境，唐・武德四年分信安置須江縣。到後唐・長興二年（西元 932 年）錢鏐改爲今名。

上，龍遊。州東七十五里。一十一鄉，白革湖一鎮。有龍丘山、穀水。

本春秋姑蔑之地，也是錢鏐改爲今名的。

中，常山。州西九十里。一十鄉，有常山、穀水。

《太》卷九十七說：「唐・咸亨五年（西元 674 年）分信安縣西界於常山北，置常山縣，屬婺州。垂拱二年（西元 686 年）改屬衢州，乾元元年屬信州，尋又還衢州。」

中，開化。州東八十里。七鄉，有麻車山、馬金溪。

案，《元》卷五自注說：「乾德四年（西元 966 年）分常山縣置開化場，太平興國六年（西元 981 年）升爲縣。」而這一個「場」，卻是錢鏐時析置的。

本州郡牧異動的補苴如下：

895 唐・昭宗乾寧二年

十一月，衢州刺史陳儒卒，弟岌嗣。

898 唐・昭宗乾寧五年

十一月，衢州刺史陳岌叛降淮南，錢鏐遣顧全武等討之。

899 唐・昭宗光化二年

秋、七月，淮使自衢州歸者爲鏐所殺，仍獲陳岌送楊氏地圖州印以歸。

900 唐・昭宗光化三年

九月，甲午，鏐巡衢州，陳岌降。以岌爲浙東安撫副使，命顧全武權知衢州事。

901 唐・昭宗光化四年

命指揮使陳璋爲衢州制置使。

九月，以衢州制置使陳璋爲本州刺史。

904 唐・昭宗天復四年

陳璋叛降於淮南。

906 唐・哀帝天祐三年

秋、八月，陳璋導淮南將周本、呂師造等入衢州，爲鏐所逐。

931 後唐·明宗長興二年

鏐改衢州龍丘縣曰龍游，惡丘爲墓不祥也。又改須江縣曰江山。

932 後唐·明宗長興三年

以錢仁章爲衢州刺史。

952 後周·太祖廣順二年

忠懿王以衢州刺史叔元瑭知福州威勝軍事，以弟弘偓爲衢州刺史。

956 後周·世宗顯德三年

命丞相吳程、前衢州刺史鮑修讓、中直都指揮使羅晟攻常州。

957 後周·顯德四年

命弟弘信爲衢州刺史。

958 後周·顯德五年

前衢州刺史弘偓卒。

961 宋·太祖建隆二年

前一年命衢州刺史弘信入貢宋帝，自是復其本職。

962 宋·太祖建隆三年

忠懿王賑衢州災民。

上，睦州，新定郡，軍事。治建德縣

本州秦時屬會稽、郭二郡地，其後代有增損，到隋朝仁壽三年（西元 603 年）才增置了睦州，其後又有多易，直到五代錢鏐才又叫睦州。

有六縣：

望，建德。九鄉，有三雄山、新安江、東陽江、七里瀨。

在東漢的時候，本屬吳郡富春縣的屬地，孫吳時以之封孫皓，但仍屬吳郡。唐·武德四年屬嚴州，永壽二年（西元 693 年）又屬睦州。

望，青溪。州西百六十六里。一十四鄉，有雉山、新安江。

就是新安縣，也叫淳安縣，唐開元二十年（西元 732 年）還叫過還淳縣。至永貞元年（西元 805 年）爲了避憲宗諱，才改今名。

上，桐廬。州東百五里。一十一鄉，有嚴陵山、浙江、桐廬江。

　　本縣之得名，《太》卷九十五說：「耆舊相傳云桐溪有大椅桐樹，垂條偃蓋，蔭數畝，遠望似廬，遂謂爲桐廬縣。」它在漢時屬富春縣地，到孫吳黃武四年（西元 225 年）才析置今縣。《元》說它在太平興國三年由杭州的桐廬縣隸此的。

　　中，分水。州北百九十二里。五鄉，有秦游山、天目溪。

　　本桐廬縣西鄉之地，唐・武德四年析置本縣；如意元年（西元 692 年）曾一度改名武盛縣，神龍元年（西元 705 年）才改爲今名，取桐廬江水中分之義。

　　中，遂安。州西南二百二十九里。六鄉，有白石英山、武彊溪。

　　漢・建安十三年（西元 208 年）分歙縣南鄉安定里爲新定縣，晉・太康元年（西元 280 年）改今名。

　　中，壽昌。州西南百一十五里。四鄉，有天井山、壽昌溪。

　　本是秦的歙縣，漢屬富春。唐・永昌元年（西元 689 年）才改爲今名。

　　本州郡牧的異動，補苴如下：

897 唐・昭宗乾寧四年

　　春、正月，安仁義復攻睦州。一夕，大風雨，賊眾驚擾而遁。

900 唐・昭宗光化三年

　　春、正月，淮南將康儒、徐從皋等攻睦州，鏐命從弟銶拒之。

903 唐・昭宗天復三年

　　秋、七月，睦州刺史陳詢叛，舉兵攻蘭溪，鏐遣指揮使方永珍等率師討之。九月，命指揮使楊習代永珍於睦州。

905 唐・哀帝天祐二年

　　春、正月，鏐兵圍陳詢於睦州。夏，四月，陳璋會睦州兵及淮南將陶雅等同攻東陽，鏐命弟鏢等率師討之。

　　吳王・楊行密以陶雅爲江南都招討使、歙、婺、衢、睦觀察使。

　　十二月，睦州刺史陳詢奔淮南，陶雅入據睦州。（原注：中和四年（西元 884 年）陳晟入據睦州，至詢而敗。）

906 唐・哀帝天祐三年

　　春、正月，淮南將陶雅引兵歸歙州，鏐乃復取睦州。

　　三月，命浙西營田副使馬綽權睦州刺史。

割睦州分水縣南新、寧善、新登、廣陵、銅峴等五鄉隸杭州臨安縣。

913 後梁・末帝乾化三年

三月，吳行營招討使李濤率兵二萬自千秋嶺侵鏐，乃命子傳璙爲招討收復都指揮使（原爲睦州刺史）攻東州以分其勢。

920 後梁・末帝乾化六年

秋、七月，以子睦州刺史傳懿爲婺州刺史。

943 後晉・出帝天福八年

忠獻王・弘佐於秋、七月，貶李文慶於睦州。

962 宋・太祖乾德元年

忠懿王弘俶賑睦州災民。

965 宋・太祖乾德三年

以叔元瓘爲睦州刺史。

967 宋・太祖乾德五年

除睦州刺史元瓘知福州彰武軍事。

又，錢弘仰嘗兼領睦州。

上，秀州，軍事。治嘉興縣

它本來是蘇州嘉興縣地，晉・天福四年（西元 939 年）從錢元瓘的請奏，而置本州，於是割嘉興、海鹽、華亭三縣，並置崇德縣爲隸屬。

有四縣：

望，嘉興。二十七鄉，有胥山。

秦時稱由拳，其實是訛音，訛字的關係。相傳秦始皇東游，見山有王氣出，便派死囚來鑿山；這些囚犯倦了、死了，有些逃走了，於是稱做「囚倦山」。便訛錯成由拳山，後便有由拳縣了。到吳大帝・黃龍三年（西元 231 年）才改名嘉興。

緊，華亭。州東北百二十里。一十三鄉，青龍一鎮，一鹽監，浦東、袁部、青敦三鹽場。有金山、松陵江、華亭海。

本嘉興縣地，吳大帝封陸遜爲華亭侯，乃以華亭谷爲名。唐・天寶中因置本縣。

上，海鹽。州東南八十里。一十一鄉，澉浦、廣陳二鎮，一鹽監，海鹽、沙要、蘆瀝三鹽場。有陸里山、當湖。

縣名是秦時命的，本叫武原。顧名思義，是盛產海鹽之地，所以歷代因之。五代時屬本州。

中，崇德。州西南百里。一十二鄉，青敦一鎮。有運河。

本來也是嘉興縣地。五代時，天福三年，吳越析嘉興的義和市及崇德七鄉爲縣。說詳後。

在縣治東南一里有語溪，就是春秋時吳、越分界的禦兒所在。說詳前文。

本州郡牧的異動，補苴如下：

940 後晉‧高祖天福五年

三月，秦嘉興縣置秀州。

963 宋‧太祖乾德元年

忠懿王於十二月命從子郁爲秀州刺史。

又，文穆王初置秀州即以其兄元弼爲刺史，又其養子弘佐亦嘗爲秀州刺史，又忠獻王長子昱亦任之。

以上凡十四州，但歐陽永叔的《五代史記》卷六十〈職方考〉中卻只載了十二州，那是少了常州和潤州。而又說福州原來屬閩，在石晉時併入了吳越的版圖。今作福州郡牧異動的補苴如下：

947 後晉‧出帝開運三年

二月，戊戌，忠獻王弘佐遣將余安自海道救福州，李達舉所部授之，福州遂歸于吳越。以東南面安撫使鮑脩讓將兵戍福州。

948 後漢‧高祖乾祐元年

以福州帥李達弟通爲留後。

十二月，忠遜王命丞相吳程知福州威武軍事。

950 後漢‧乾祐三年

春、二月，甲申，唐劍州刺史陳誨寇福州，遂敗走。

六月，漢授王兄東府安撫使弘儇知福州威武軍事。

952 後周‧太祖廣順二年

改衢州刺史王叔元瓚知福州威勝軍事。

965 宋・太祖乾德三年

冬、十一月，以元瓚爲睦州刺史。

967 宋・太祖乾德五年

除睦州刺史元瓚知福州彰武軍事。

974 宋・太祖開寶七年

宋以忠懿王從子昱爲福州刺史，昱築福州夾城。自光順門而西，東武門而北；又自東武門而南，凡九百餘丈，高丈有六尺，厚半之。沿城河三千餘尺。

從上所考，既可以解釋「一劍光寒十四州」之數，又可以解釋錢弘俶納圖十三州的事實。

第二節　寺院編年

唐・杜牧詩說：「南朝四百八十寺，多少樓臺煙雨中。」這是說梁武帝擁護佛法的熱誠，建蓋了如許的寺院。而我檢視《吳越備史》、《十國春秋》，也處處看到吳越錢氏有國時，擁護佛法的熱衷，眞是不遑多讓。甚至說，在後周世宗毀佛的時候，吳越一地所保存的寺院，猶有三百多所，那眞是猗歟盛哉了。

但是，我翻查《中國佛寺志》錄自《江南通志》卷四十三至卷四十八的寺院，卻只見到錢氏建蓋的寺院，寥寥如下：

卷四十四，蘇州府：

報恩寺，在府城北，故稱北寺。吳・赤烏初，孫權爲孔母陳氏刱，開元中詔改開元，吳越錢氏移支硎山報恩寺額于此，故名。

開元寺，在府盤門內，吳大帝母捨宅建；永禪僧開山，名通元寺……舊在城北陲；後唐同光中，錢氏遷置于此。

廣福寺，在府吳山嶺上。晉・天福間吳越中軍節度使錢文奉建，爲其父廣陵・王璙墓祀之所，本名壽聖院。

薦福寺，在府薦福山下。或云亦錢氏建。

延慶寺，在府橫金鎮。唐・長慶三年建，吳越錢氏修。

寶壽寺，在八都黃蘆村。唐・大中七年刱，乾德二年吳越錢氏重建。

澄照寺，在陽山東麓。唐會昌間丁某移白馬磵宅建，吳越錢氏時有泉出

寺中，改仙泉院。

無礙寺，在吳江縣常樂坊西，故稱西寺。梁·開平三年建，·晉天福七年賜額華嚴賢首教寺，吳越·忠獻王改今名。

卷四十五，松江府：

普照寺，在府治西。唐·乾元中建……寺有陸將軍祠，世稱地本陸氏園亭，因此祠之。舊有石刻，載吳越王祭獻文。今為寺伽藍神。

七寶寺，在七寶鎮，初在陸寶山，本陸氏香火祠，俗呼陸寶菴。既徙吳淞之曲，請於吳越王，賜以金字藏經曰此亦一寶也，遂改今名。

靜安寺，在蘆浦，初在滬瀆。吳·赤烏中建……寺有江中浮來石像、石鉢，又有吳越王瑜珈道場、毗盧遮那像，五臟皆書錢氏妃嬪名氏。

龍華寺，在黃浦西龍華村。相傳吳越·忠懿王嘗夜泊浦上，風雨驟至，草莽間祥光燭天，鐘梵隱然。詢其地，古龍華寺基也，遂重建。其西北隅舊有白蓮教院，前有寶塔，時時放光，至今存焉。

卷四十六，太倉州：

方泰寺，在嘉定縣西南十八里沙塅。梁·天監二年建，唐·大中三年賜額，後錢武肅王重建。

以上總共才一十三所而已，離史志所載相差太遠，所以作《寺院編年》。

861 唐咸通二年	不二院
895 後晉乾寧二年	永定王廟
899 唐光化二年	杜太師廟、無垢院、洞霄宮
904 唐天祐元年	梵天院
905 唐天祐中	太平萬壽院
907 後梁開平元年	千頃廣化寺
908 後梁開平二年	天慶觀
910 後梁開平四年	聖果寺
911 後梁太祖乾化元年	大錢寺、光孝明因寺
915 後梁乾化五年	開化禪院、普惠大王廟、歸德院、興教院
916 後梁正明二年	大慈院
917 後梁正明三年	慈智院
921 後梁正明七年	上方院、天眞院、七寶院
922 後梁龍德二年	淨戒院

923 後梁龍德三年	水府淨鑑觀、玉虛觀、寶月院
924 後唐同光二年	禪定院、石照山淨土寺、移安國縣法華院於縣東北隅（以鍾尚書府地建立）
925 後唐同光三年	建上清宮于秦望山
926 後唐天成元年	壽安院
927 後唐天成二年	慈嚴院、修吉寺、惠因寺、寶嚴院、眞寂院
928 後唐天成三年	惠照院
929 唐天祐末	淨安院
930 後唐長興元年	錢明王廟、寶藏院、梵安院
932 後唐長興三年	法顯院、南山昭慶寺、法輪院
933 後唐長興四年	吳越武肅王廟、法因院
934 後唐清泰元年	翔鸞院、廣嚴院、天華寺、保寧院、延壽院、安隱院
935 後唐清泰二年	華藏院、永慶院（建炎間重建）、妙果院、千春寺、瑞龍院
936 後晉天福元年	光孝寺
937 後晉天福二年	智聖院、寶惠院、普圓院、北資聖院、報恩光孝觀、相嚴院
938 後晉天福三年	大明院、保寧院、法安院、長壽院、明覺院（建炎間重建）
939 後晉天福四年	天長淨心寺、百福院、眞教院、顯聖院、法寶院、法相院、寶成院、上天竺靈感觀音寺、觀音法濟院、永興院、廣教院（大中祥符間改今額）、興教院、普寧院、淨應院、淨空院、昭慶律寺
940 後晉天福五年	定慧院、金牛護法院、顯親多福院
941 後晉天福六年	廣澤院、昭定廣福院、崇眞院、甘露寺
942 後晉天福七年	吳越錢文穆王廟、淨明院、相嚴院、萬安院、悟空院、徧福院、佛日淨慧寺、上石龍永壽寺、善住院
943 後晉天福八年	普照院、興善院、廣安廣福院、報國千佛院、碧沼寺
944 後晉開運元年	妙慧院、崇壽院、法雲院、寶相院、多寶院、上智果院、靈峰院、普向院、慶恩院、保江院、慧日院、龍華寶乘院
945 後晉開運二年	龍華寶乘院、崇德院、永樂淨化院、崇教院、明惠院、靈鷲興聖寺、大雄教院、因果院
946 後晉開運三年	靈泉廣福院、眞空院、廣福院、瑪瑙寶勝寺、眞寂院
947 後晉開運四年	安眞院

948 後漢乾祐元年	保福院、慈聖院
949 後漢乾祐二年	六通慈德院
951 後周廣順元年	能仁寺、道林院、水燈廣教院、不空院、空律寺、靈芝寺
953 後周廣順三年	妙覺院、惠泉院、清修院、報恩元教寺
954 後周顯德元年	西蓮瑞相院、金輪梵天院、保慶院、大通院、慧日永明院
955 後周顯德二年	兜率寺、廣度院、昭化院、崇果院、保錦院
956 後周顯德二年	淨相院
957 後周顯德四年	普安院、長生院、看經院、淨土禪寺
958 後周顯德五年	法空寺
959 後周顯德六年	超化院
960 宋建隆元年	光相壽昌院、悟空院、殊勝寺
961 宋建隆二年	普澤院、報先明覺院、如意院
962 宋建隆三年	大智院、安定院、定明院
963 宋乾德元年	正濟寺、九曲法濟院、寶雲寺、法華院、西林法惠院、法興院
964 宋乾德二年	正覺寺、永寧院
965 宋乾德三年	感業寺、常樂院、普安院、普覺院、崇覺院、天龍寺
966 宋乾德四年	般若院、眞際院、梵天寺
967 宋乾德五年	法性院、悽眞院、大昭慶寺、寶勝院、淨心院
968 宋開寶元年	明性院、保叔塔崇壽院、奉先寺
969 宋開寶二年	興福院
970 宋開寶三年	奉聖院、保聖院、布金院、六和塔
971 宋開寶四年	長明院
972 宋開寶五年	興教寺、顯嚴院
973 宋開寶六年	寶林院、總持寺
974 宋開寶七年	小淨明院、保壽院、報恩院
976 宋太平興國元年	法華普濟院、淨梵院、天仁院、靈芝崇福寺、中竺天壽萬壽永祚禪寺、普濟院
977 宋太平興國二年	永慶院、廣教院、菩提院
978 宋太平興國三年	金華將軍廟
980 宋開寶八年	廣果寺
1077 宋熙寧十年	表忠觀

未審修建年月的寺觀，略有：

水仙王廟、通應侯寺、蘇將軍廟、尚將軍廟、義橋前後廟、錢王太廟、廣利廟、潘將軍廟、柯相公廟、胅公廟、元眞觀、大中祥符寺、淨住院、吳山智果院、勝相院、西峰淨嚴院、妙應院、豐樂院、崇聖院、歸仁院、棲禪院、普信院、雷峰塔、妙嚴院、接待普寧院、吳越錢武肅王廟。

附表二：寺院筆畫索引

二畫

七寶院　後梁・眞明七年（西元 921 年）

九曲法濟院　宋・乾德元年（西元 963 年）

三畫

大明院　後晉・天福三年（西元 938 年）

大通院　後周・顯德元年（西元 954 年）

大智院　宋・建隆三年（西元 962 年）

大慈院　後梁・正明二年（西元 916 年）

大錢寺　後梁・太祖乾化元年（西元 911 年）

大雄教院　後晉・開運二年（西元 945 年）

大昭慶寺　宋・乾德五年（西元 967 年）

大中祥符寺

上方院　後梁・正明七年（西元 921 年）

上清宮　後唐・同光三年（西元 925 年）

上智果院　後晉・開運元年（西元 944 年）

上石龍永壽寺　後晉・天福七年（西元 942 年）

上天竺靈感觀音寺　後晉・天福四年（西元 939 年）

千春寺　後唐・清泰二年（西元 935 年）

千頃廣化寺　後梁・開平元年（西元 907 年）

小淨明院　宋・開寶七年（西元 974 年）

四畫

天仁院　宋・太平興國元年（西元 976 年）

天眞院　後梁・正明七年（西元 921 年）

天華寺　後唐・清泰元年（西元 934 年）

天慶觀　後梁・開平元年（西元 908 年）

天龍寺　宋・乾德三年（西元 965 年）

天長淨心寺　後晉・天福四年（西元 939 年）

水仙王廟

水燈廣教院　後周・廣順元年（西元 951 年）

水府淨鑑觀　後梁・龍德三年（西元 923 年）

六和塔　宋・開寶三年（西元 970 年）

六通慈德院　後漢・乾祐二年（西元 949 年）

不二院　唐・咸通二年（西元 861 年）

不空院　後周・廣順元年（西元 951 年）

太平萬壽院　唐・天祐中（西元 905 年）

元眞觀

中竺天壽萬壽永祚禪寺　宋・太平興國元年（西元 976 年）

五畫

永寧院　宋・乾德二年（西元 964 年）

永興院　後晉・天福四年（西元 939 年）

永慶院　後唐・清泰二年（西元 935 年）

宋太平興國二年（西元 977 年）

永定王廟　後晉・乾寧二年（西元 895 年）

永樂淨化院　後晉・開運二年（西元 945 年）

王濟寺　宋・乾德元年（西元 963 年）

正覺寺　宋・乾德二年（西元 964 年）

甘露寺　後晉・天福六年（西元 941 年）

布金院　宋・開寶三年（西元 970 年）

玉虛觀　後梁・龍德三年（西元 923 年）

北資聖院　後晉・天福二年（西元 937 年）

石照山淨土寺　後唐・同光二年（西元 924 年）

六畫

多寶院　後晉・開運元年（西元 944 年）

百福院　後晉・天福四年（西元 939 年）

安定院　宋・建隆三年（西元 962 年）

安眞院　後晉・開運四年（西元 947 年）

安隱院　後唐・清泰元年（西元 934 年）

光孝寺　後晉・元福元年（西元 936 年）

光孝明因寺　後梁・太祖乾化元年（西元 911 年）

光相壽昌院　宋・建隆元年（西元 960 年）

如意院　宋・建隆二年（西元 961 年）

因果院　後晉・開運二年（西元 945 年）

西林法惠院　宋・乾德元年（西元 963 年）

西蓮瑞相院　後周・顯德元年（西元 954 年）

西峰淨嚴院

七畫

杜太師廟　唐・光化二年（西元 899 年）

吳山智杲院

吳越武肅王廟　後唐・長興四年（西元 933 年）

吳越錢文穆王廟　後晉・天福七年（西元 942 年）

吳越錢武肅王廟

妙果院　後唐・清泰二年（西元 935 年）

妙慧院　後晉・開運元年（西元 944 年）

妙覺院　後周・廣順三年（西元 953 年）

妙嚴院

八畫

法因院　後唐・長興四年（西元 933 年）

法安院　後晉・天福三年（西元 938 年）

法空寺　後周・顯德五年（西元 958 年）

法性院　宋・乾德五年（西元 967 年）

法相院　後晉・天福四年（西元 939 年）

法華院　後唐・同光二年（西元 924 年）

　　　　宋・乾德元年（西元 963 年）

法雲院　後晉・開運元年（西元 944 年）

法輪院　後唐・長興三年（西元 932 年）

法興院　宋・乾德元年（西元 963 年）

法寶院　後晉・天福四年（西元 939 年）

法顯院　後唐・長興三年（西元 932 年）

法華普濟院　宋・太平興國元年（西元 976 年）

長生院　後周・顯德四年（西元 957 年）

長明院　宋・開寶四年（西元 971 年）

長壽院　後晉・天福三年（西元 938 年）

明性院　宋・開寶元年（西元 968 年）

明惠院　後晉・開運二年（西元 945 年）

明覺院　後晉・天福三年（西元 938 年）

金牛護法院　後晉・天福五年（西元 940 年）

金華將軍廟　宋・太平興國三年（西元 978 年）

金輪梵天院　後周・顯德元年（西元 954 年）

定明院　宋・建隆三年（西元 962 年）

定慧院　後晉・天福五年（西元 940 年）

奉先寺　宋・開寶元年（西元 968 年）

奉聖院　宋・開寶三年（西元 970 年）

空律寺　後周・廣順元年（西元 951 年）

表忠觀　宋・熙寧十年（西元 1077 年）

延壽院　後唐・清泰元年（西元 934 年）

妙應院

尙將軍廟

佛日淨慧寺　後晉・天福七年（西元 942 年）

九畫

保江院　後晉・開運元年（西元 944 年）

保福院　後漢・乾祐元年（西元 948 年）

保聖院　宋・開寶三年（西元 970 年）

保寧院　後晉・天福三年（西元 938 年）

後唐・清泰元年（西元 934 年）

保壽院　宋・開寶七年（西元 974 年）

保慶院　後周・顯德元年（西元 954 年）

保錦院　後周・顯德二年（西元 955 年）

保叔塔崇壽院　宋・開寶元年（西元 968 年）

昭化院　後周・顯德二年（西元 955 年）

昭慶律寺　後晉・天福四年（西元 939 年）

昭定廣福院　後晉・天福六年（西元 941 年）

相嚴院　後晉・天福二年（西元 937 年）

後晉・天福七年（西元 942 年）

看經院　後周・顯德四年（西元 957 年）

洞霄宮　唐・光化二年（西元 899 年）

柯相公廟

南山昭慶寺　後唐・長興三年（西元 932 年）

十畫

眞空院　後晉・開運三年（西元 946 年）

眞寂院　後晉・開運三年（西元 946 年）

眞寂院　後唐・天成二年（西元 927 年）

眞教院　後晉・天福四年（西元 939 年）

眞際院　宋・乾德四年（西元 966 年）

殊勝寺　宋・建隆元年（西元 960 年）

修吉寺　後唐・天成二年（西元 927 年）

般若院　宋・乾德四年（西元 966 年）

悟空院　宋・建隆元年（西元 960 年）

悟空院　後晉・天福七年（西元 942 年）

能仁寺　後周・廣順元年（西元 951 年）

朕公廟

十一畫

淨心院　宋・乾德五年（西元 967 年）

淨安院　唐・天祐末（西元 929 年）

淨戒院　後梁・龍德二年（西元 922 年）

淨住院

淨明院　後晉・天福七年（西元 942 年）

淨相院　後周・顯德三年（西元 956 年）

淨空院　後晉・天福四年（西元 939 年）

淨梵院　宋・太平興國元年（西元 976 年）

淨應院　後晉・天福四年（西元 939 年）

淨土禪寺　後・周顯德四年（西元 957 年）

梵天院　唐・天祐元年（西元 904 年）

梵天寺　宋・乾德四年（西元 966 年）

梵安院　後唐・長興元年（西元 930 年）

崇果院　後周・顯德二年（西元 955 年）

崇眞院　後晉・天福六年（西元 941 年）

崇教院　後晉・開運二年（西元 945 年）

崇壽院　後晉・開運元年（西元 944 年）

崇聖院

崇德院　後晉・開運二年（西元 945 年）

崇覺院　宋・乾德三年（西元 965 年）

智聖院　後晉・天福二年（西元 937 年）

善住院　後晉・天福七年（西元 942 年）

清修院　後周・廣順三年（西元 953 年）

兜率寺　後周・顯德二年（西元 955 年）

常樂院　宋・乾德三年（西元 965 年）

通應侯寺

接待普寧院

十二畫

普安院　後周・顯德四年（西元 957 年）

　　　　宋・乾德三年（西元 965 年）

普向院　後晉・開運元年（西元 944 年）

普信院

普圓院　後晉・天福二年（西元 937 年）

普照院　後晉・天福八年（西元 943 年）

普寧院　後晉・天福四年（西元 939 年）

普澤院　宋・建隆二年（西元 961 年）

普濟院　宋・太平興國元年（西元 976 年）

普覺院　宋・乾德三年（西元 965 年）

普惠大王廟　後梁・乾化五年（西元 915 年）

報恩院　宋・開寶七年（西元 974 年）

報先明覺院　宋・建隆二年（西元 961 年）

報恩元教寺　後周・廣順三年（西元 953 年）

報恩光孝觀　後晉・天福二年（西元 937 年）

報國千佛院　後晉・天福八年（西元 943 年）

惠因寺　後唐・天成二年（西元 927 年）

惠泉院　後周・廣順三年（西元 953 年）

惠照院　後唐・天成三年（西元 928 年）

棲眞院　宋・乾德五年（西元 967 年）

棲禪院

無垢院　唐・光化二年（西元 899 年）

菩提院　宋・太平興國二年（西元 977 年）

華藏院　後唐・清泰二年（西元 935 年）

偏福院　後晉・天福七年（西元 942 年）

超化院　後周・顯德六年（西元 959 年）

翔鸞院　後唐・清泰元年（西元 934 年）

勝相院

開化禪院　後梁・乾化五年（西元 915 年）

十三畫

萬安院　後晉・天福七年（西元 942 年）

聖果寺　後梁・開平四年（西元 910 年）

道林院　後周・廣順元年（西元 951 年）

感業寺　宋・乾德三年（西元 965 年）

瑞龍院　後唐・清泰二年（西元 935 年）

雷峰塔

義橋前後廟

十四畫

慈智院　後梁・正明三年（西元 917 年）

慈聖院　後漢・乾祐元年（西元 948 年）

慈嚴院　後唐・天成二年（西元 927 年）

壽安院　後唐・天成元年（西元 926 年）

碧沼寺　後晉・天福八年（西元 943 年）

瑪瑙寶勝寺　後晉・開運三年（西元 946 年）

十五畫

廣利廟

廣果寺　宋・開寶八年（西元 980 年）

廣度院　後周・顯德二年（西元 955 年）

廣教院　後晉・天福四年（西元 939 年）

廣教院　宋・太平興國二年（西元 977 年）

廣福院　後晉・開運三年（西元 946 年）

廣澤院　後晉・天福六年（西元 941 年）

廣嚴院　後唐・清泰元年（西元 934 年）

廣安廣福院　後晉・天福八年（西元 943 年）

慶恩院　後晉・開運元年（西元 944 年）

慧日院　後晉・開運元年（西元 944 年）

慧日永明院　後周・顯德元年（西元 954 年）

潘將軍廟

十六畫

興教院　後梁・乾化五年（西元 915 年）

　　　　後晉・天福四年（西元 939 年）

興教寺　宋・開寶五年（西元 972 年）

興善院　後晉・天福八年（西元 943 年）

興福院　宋・開寶二年（西元 969 年）

錢王太廟

錢明王廟　後唐・長興元年（西元 930 年）

龍華寶乘院　後晉・開運元年（西元 944 年）

　　　　　　後晉・開運二年（西元 945 年）

十七畫

禪定院　後唐・同光二年（西元 924 年）

總持寺　宋・開寶六年（西元 973 年）

十八畫

歸仁院

歸德院　後梁・乾化五年（西元 915 年）

豐樂院

二十畫

寶月院　後梁・龍德三年（西元 923 年）

寶成院　後晉・天福四年（西元 939 年）

寶林院　宋・開寶六年（西元 973 年）

寶相院　後晉・開運元年（西元 944 年）

寶惠院　後晉・天福二年（西元 937 年）

寶雲寺　宋・乾德元年（西元 963 年）

寶勝院　宋・乾德五年（西元 967 年）

寶藏院　後唐・長興元年（西元 930 年）

寶嚴院　後唐・天成二年（西元 927 年）

蘇將軍廟

二十四畫

靈芝寺　後周・廣順元年（西元 951 年）

靈峰院　後晉・開運元年（西元 944 年）

靈芝崇福寺　宋・太平興國元年（西元 976 年）

靈泉廣福院　後晉・開運三年（西元 946 年）

靈鷲興聖寺　後晉・開運二年（西元 945 年）

二十五畫

顯聖院　後晉・天福四年（西元 939 年）

顯嚴院　宋・開寶五年（西元 972 年）

顯親多福院　後晉・天福五年（西元 940 年）

觀音法濟院　後晉・天福四年（西元 939 年）

第四章　釋氏考

第一節　吳越釋氏傳略考

〈僧楚南傳〉（見《宋高僧傳》（以下簡稱《宋》）卷十七、《景德傳燈錄》（以
下簡稱《景》）卷十二、《六學僧傳》）

本姓：張氏。

僧名：楚南。

籍貫：閩人。

師承：黃蘗（一）、曇藹（二）。

交遊：芙蓉（三）、裴休（四）、周慎嗣（五）、徐正元（六）、饒京（七）、
武肅王。

住持：開元寺、姑蘇報恩寺、寶林寺、千頃慈雲院。

功德：《般若經品頌記》一卷、《破邪論》一卷。

生卒年月：唐憲宋・元和八年（西元 813 年）生，唐・僖宗文德元年（西
元 888 年）卒，世壽七十六、僧臘五十六。

簡譜：

　813 唐・憲宗元和八年　師生。

　820 唐・憲宗元和十五年　師八歲，投開元寺曇藹師出家。

　832 唐・文宗大和六年　師二十歲，受具。就趙郡學《相部律》；往上都
學《淨名經》。

848 唐·宣宗大中二年　師三十六歲，隨黃蘗禪師至宛陵，寓開元寺。

877 唐·僖宗乾符四年　師六十五歲，蘇州太守周愼嗣請住寶林院。

878 唐·僖宗乾符五年　師六十六歲，徐正元、饒京請住千頃慈雲院。

888 唐·僖宗光啓三年　師七十六歲，武肅王請下山施供。其年二月示寂。

（九）

考釋：

一、黃蘗，即希運和尙。《宋》卷二十、《景》卷九有《傳》，略謂：「洪州黃蘗希運禪師，閩人也。幼於本州黃蘗山出家……及薄遊京闕，分衛及一家門，屛樹之後聞一姥曰……勸師可往尋百丈禪師所，惜巍巍乎堂堂乎眞大乘器也……乃往參百丈……後居洪州大安寺，海眾奔湊。裴相國休鎭宛陵，建大禪苑，請師說法，以師酷愛舊山，還以黃蘗名之。」

二、曇藹，待考。

三、芙蓉，就是福州芙蓉山靈訓禪師，他是廬山歸宗寺法常禪師的法嗣，《景》卷十有〈傳〉，記其與歸宗的機緣法語，很平易。如：「初參歸宗，問如何是佛？宗曰：我爲汝道，汝還信否？師曰：和尙發言，何敢不信？宗曰：即汝便是。師曰：如何保任？宗曰：一翳在眼，空華亂墜。（原注：法眼云：歸宗若無後語，有什麼歸宗也？）師辭歸宗。宗問：子什麼處去？師曰：歸嶺中去。宗曰：子在此多年，裝束了，卻來爲子說一上佛法。師結束了上堂。宗曰：近前來。師乃近前。宗曰：時寒，途中善爲。師聆此一言，頓忘前解。後歸寂，諡弘照大師，塔曰圓相。」

四、裴休，《新唐書》卷一八二、《舊唐書》卷一七七有〈傳〉：「休，字公美，河內濟源人也。祖宣、父肅……肅生三子：儔、休、俅，皆登進士第……虞人有以鹿贄儔者，儔、俅炰之，召休食。休曰：我等窮生，菜食不充；今日食肉，翌日何繼？無宜改饌。獨不食……咸通初，入爲戶部尙書，累遷吏部尙書、太子少師卒。休，性寬惠，爲官不尙皦察，而吏民畏服。善爲文，長於書翰，自成筆法。家世奉佛，休尤深於釋典。太原、鳳翔近名山，多僧寺，視事之隙，遊戲山林，與義學僧講求佛理。中年後不食葷血，常齋戒，屛嗜慾，香爐貝典不離。齋中詠歎贊唄，以爲法樂。與尙書紇干臮皆以法號相字，時人重其高潔而鄙其太過，多以詞語嘲之，休不以爲忤。」

五、周愼嗣，乾符四年（西元 877 年）蘇州太守，嚮慕楚南和尙，請居寶林院，又請居支硎山。餘待考。

六、徐正元，乾符五年（西元 878 年）昌化縣令。

七、饒京，紫溪戍將，與前條徐氏皆篤信佛法，而請楚南和尚住持千頃慈雲院的。餘待考。

八、師從黃蘗至宛陵，寓開元寺的事體，是因爲《本傳》上說：「大中興教，出遇昇平相裴公休出撫宛陵，請黃蘗出山，南隨侍。」考裴林有《黃蘗希運禪師傳法心要集》，他在《序》文上說：「……予會昌二年（西元 842 年）廉于鍾陵，自山迎至州，憩龍興寺，且夕問道。大中二年（西元 848 年）廉于宛陵，復禮迎至所部，寓開元寺，且夕受法。」（《景》卷九）所以定在這一年。

九、光啓三年，就是文德元年，因爲它是「二月改」的。但是，《疑年錄》說：「《宋僧傳》、《六學僧傳》均作文德六年（西元 893 年）卒，年七十。《四部叢刊本》《景德錄》亦作文德六年卒，今據頻伽本《景德錄》卷十二」本論文亦從之。

〈文喜傳〉（見《宋》卷十二、《武林西湖高僧事略》第十二、《十國春秋》八十九，以下簡稱：《武》、《十》。）

本姓：朱氏。

僧名：文喜。

賜號：無著。

籍貫：嘉禾、禦兒（一）。

師承：於本邑常樂寺僧清國（二）下出家，後往越州開元寺學《法華經》，又往趙郡圓登處習《四分律》，又禮大慈山性空禪師（三），乃於豫章觀音院參仰山而有省。

住寺：常樂寺、開元寺、鹽官齊豐寺、觀音院、浙右十頓山、龍泉古城院、湖州仁王院、龍泉寺（即慈光院）。

功德：肉身不壞，如入禪定。

生卒年月：唐・穆宗長慶元年（西元 821 年，案，以下但書年數，不標「西元」字）生，紹宗光化三年（西元 900 年）卒，世壽八十，僧臘六十。

葬地：塔在靈隱山西塢。

簡譜：（阿拉伯數目字是西元紀年，後不另註。）

821 唐・穆宗長慶元年　禪師生。

827 唐‧文宗太和元年　師七歲，詣本邑常樂寺僧清國出家。

839 唐‧文宗太和元年　年二十，受具足戒。

847-856 唐宣宗大中元年～九年　師年二十八至三十七歲，在鹽官齊豐寺講經，後禮大慈山性空禪師。

862 唐‧憲宗咸通三年　師四十二歲，至豫章官音院參仰山而言下大悟。

866 唐‧憲宗咸通七年　師四十六歲，回浙右千頃山築室居焉。

869 唐‧憲宗咸通十年　師四十九歲，居龍泉古城院。

879 唐‧僖宗乾符六年　師五十九歲，避黃巢之亂，至湖州餘不亭，刺史杜孺休請居仁王院。

880 唐‧僖宗廣明元年　師六十歲，居霅川為地方驅蝗害。

888 唐‧僖宗光啟三年　師六十八歲，武肅王請住持龍泉寺（即慈光院）。

890 唐‧昭宗大順元年　師七十歲，賜紫衣。

897 唐‧昭宗乾寧四年　師七十七歲，賜號「無著」。

900 唐‧昭宗光化三年　師八十歲，十月二十七日示寂，十一月二十二日遷塔于靈隱山西塢。

902 唐‧昭宗天復二年　田頵叛（五），發其塔，見肉身不壞，武肅王重瘞之。

考釋：

一、《武》本「禦」做「語」，《十》《傳》做「嘉興義和鎮」。

二、僧清國，待考。

三、性空禪師，就是僧寰中，《宋》卷十二有〈傳〉：「釋寰中，姓盧氏，河東蒲阪人也……往百丈山，深得玄旨。後隱南嶽常樂寺……後之杭浙江之北有山號大慈，居未久，檀信爰臻，旋成巨院……乾符丁酉年（西元 877 年）勅謚大師號性空，塔名定慧。」又見《武》第六本傳及《武林金石記》卷九《唐杭州大慈山中禪師跡》。

四、仰山，就是僧慧寂，《宋》卷十二也有〈傳〉：「俗姓葉，韶州須昌人也……依南華寺通禪師剃染……先見耽源，良有所得。後參大溈山禪師，提誘哀之，棲泊十四、五年而足跛，時號『跛腳驅烏』……時韋冑就寂請伽陀，乃將紙畫規圓相，圓圈下注云：思而知之，落第二頭；云不思而知，落第三首。及封呈達，自爾有若干劫以示學人，謂之仰山門風也……後勅追謚大師曰智通，塔號妙光矣。今傳《仰山法示成圖相》行于代。」

　　五、《宋傳》做：「宣城帥田頵應杭將計思叛渙。」《大正藏》校注，說「計」或做「許」。《十傳》則寫做：「徐綰之叛田頵，縱兵大掠。」案，《十》卷七十七《武肅王世家》上載：「天復二年、秋、七月，王親巡衣錦城，治溝洫。八月、丙戌、將還府城，親饗將校。武勇右都指揮使徐綰謀爲不利，辭以疾。王惡之，命綰先還，次日，王發自衣錦城；綰還作亂，武勇左都指揮使許再思以兵迎綰同叛……九月，徐綰召田頵攻杭州，頵引兵赴……」全書卷八十八《徐綰傳》寫得較明白：「徐綰，故孫儒將也。儒死，綰率士卒來奔，武肅王愛其驍勇，以其兵爲中軍，號武勇都……天復二年，武肅王命綰帥眾治溝洫，副使成及頵聞士卒怨言……已而，武肅王臨饗諸將，綰謀於坐中作亂；不果，稱疾先出，武肅王怗之。居數日，命綰將所部先歸杭州，及外城，綰縱兵焚掠，而左都指揮使許再思以迎候兵應之……綰召田頵于宣州，會吳武帝趣頵還……綰與再思皆隨頵至宣州。後，頵敗，吳獲綰，載以檻車歸浙，武肅王剖其心祭高渭。」這樣看來，應該從《十》《世家》及《徐綰》傳，就清楚明白了；否則《傳》文也應改作：「宣城帥田頵應杭將徐綰、許再思之叛，縱兵大掠。」

〈僧洪諲傳〉(《宋》卷十二、《景》卷十一、《佛祖綱目》、《宗統編年》)

　　本姓：吳氏。

　　僧名：洪諲。

　　賜號：法濟大師。

　　師承：無上大師（一）、雲嶽、潙山。

　　交遊：武肅王、羅晏。

　　住寺：開元寺、會善寺。

　　法嗣：廬山棲賢寺寂公、臨川義直、功臣院令達。

　　生卒年月：唐‧昭宗光化四年（西元 901 年）卒（二）。

　　考釋：

　　一、無上大師，即鑒宗和尚，《宋》卷十二、《西天目山志》二有〈傳〉，略謂：「杭州徑山院釋鑒宗，湖州長城人也。姓錢氏，即禮部侍郎徽之孫。父晟有疾，宗割股肉饋啖之……時州開元寺有上都臨壇十望大德內供奉高閑……宗誓禮爲師……倏往謁鹽官悟空大師，隨眾參請，頓徹心源……遂止天目東峰徑山焉……至（咸通）七年（西元 866 年）丙戌、閏三月五日示滅……梁‧乾化五年（西元 915 年）吳越國王尙父錢氏表請追諡大師曰無上，祖門

傳號爲徑山第二祖。」以上是根據《宋》，而沒有記載他的卒時年歲；《西天目山志》則寫明是「七十四歲」，那麼，他是唐德宗貞元二年（西元 793 年）生的了。

二、和尚的卒年，據《佛祖綱目》、《宗統編年》作「乾寧二年」（西元 776 年）；《宋》、《景》做「光化四年」，但是「光化四年四月改元天復，諡卒於九月，當云天復元年也」以上據陳援菴先生《釋氏疑年錄語》。

〈僧彥稱傳〉（《宋卷》十六）

本姓：龔氏。

僧名：彥偁。

籍貫：吳郡常熟。

師承：繼宗記主。

交遊：武肅王、朱德（二）。

住寺：蘇州破山興福寺。

生卒年月：唐・憲宗長慶二年（西元 822 年）生，後梁・末帝貞明六年（西元 920 年）卒，世壽九十九。

考釋：

一、繼宗記主，待考。

二、朱德，當時一獵人耳。

〈僧昭傳〉（見《十》卷八十九）

僧名：僧昭。

賜號：國師。

交遊：武肅王。

〈僧貫休傳〉（見《宋》卷三十、《唐才子傳》卷十、《唐詩紀事》卷七十五、《全唐詩》卷八二六、《四庫提要》卷一五一）

本姓：姜氏。

僧名：貫休、字德隱。

賜號：禪月大師、得得來和尚。

籍貫：金華蘭溪登高。

師承：和安寺圓貞禪師（一）。

交遊：處默、王愔（二）、蔣瓌（三）、吳越武肅王、唐安寺蘭闍梨（四）、
　　　成汭（五）、吳融、蜀王王氏、韋藹（六）、棲隱（七）、脩睦（八）、
　　　王鍇（九）。

法嗣：曇域。

功德：書法號「姜體」、《禪月集》。

生卒年月：唐・文宗太和二年（西元 832 年）生，後梁・太祖乾化二年（西
　　　　　元 912 年）卒，世壽八十一。

葬地：蜀城都北門外，塔號白蓮。

簡譜：

　832 唐・文宗太和二年　師正。

　838 唐・文宗開成三年　師七歲、禮本縣安和寺圓貞禪師出家為童侍。

　851 唐・宣宗大宗五年　師二十歲、受具戒。

　880 唐僖宗廣明元年　師四十九歲、至江東、作《陽春曲》，有「何不辭
　　　卻上帝下下土，忍見蒼生苦苦苦。」句，則具見和尚之慈悲云。

　863 唐・懿宗咸通四年　師三十二歲，在鍾陵作〈山居詩〉二十四章。

　881 唐・僖宗中和元年　師五十歲，避寇山寺，重改〈山居詩〉二十四首。

　888 唐・僖宗文德元年　師五十七歲，與荊師成汭論書法。師曰：此事須
　　　登壇而授，詎可草草言之。成怒，遞放黔中。因有〈病鶴詩〉曰：「見
　　　說氣清邪不入，不知爾病自何來？」

　896 唐・昭宗乾寧三年　吳內翰融謫官，與師往來論詩道，因為師詩文集
　　　作序。時師六十五歲。

　897 唐・昭宗乾寧四年　師六十六歲，投詩謁武肅王（十）。乃入蜀，以
　　　詩入見孟知祥（十一）。

　903 唐・昭宗天復三年　師七十二歲，作〈蜀王入大慈寺聽講〉，〈蜀王登
　　　福感寺塔〉等各三首。

　907 唐・昭宗天復七年　師七十六歲，蜀帝王建遊龍華寺，召休，令誦近
　　　詩，因作〈公子行〉（十二）。

　908 前蜀・王建武成元年　師七十七歲，作〈壽春節進〉，殆賀蜀王壽誕也。

　912 後梁・太祖乾化二年　師八十一歲，示寂。

考釋：

一、圓貞禪師，金華蘭溪登高和安寺住持，貫休和尚之出家師。

二、王愃，金華太守。《全唐詩》多有師送王氏之作，如：〈避地毗陵寒月上孫徽使君兼寄東陽王使君三首〉、〈東陽罹亂後懷王愃使君五首〉（以上卷十一），〈酬王相公見贈〉（卷十），〈懷薛尚書兼呈王使君〉（卷九），〈寄柱杖上王使君〉、〈避地毗陵上王愃使君〉（原注：時黃賊陷東陽，公避地於浙右）（以上卷七），〈聞王愃常侍卒三首〉（卷六），〈秋居寄王相公三首〉（卷四），〈聞前王使君在澤潞居〉（卷三），〈循吏曲上王仗君〉（卷二）。師有集凡十二卷，觀上所錄，幾乎無卷無懷王愃之作，則彼此交情可見了。

三、蔣瓌，繼王愃之後的金華太守。

四、蘭闍梨，待考。

五、成汭，《舊五代史卷》十七、《新唐書卷》一九〇皆有《傳》，略謂：「成汭，淮西人。少年任俠，乘醉殺人，為官家所捕，因落髮為僧，冒姓郭氏。亡匿久之，及貴方復本姓。唐·僖宗朝為蔡州軍校，領本部兵戍〈荊南〉；帥以其凶暴，欲害之，遂棄本軍奔于秭歸。一夕，巨蛇繞其身，幾至于殞，乃祝曰：苟有所負，死生惟命。逡巡蛇亦解去，後據歸州，招集流亡，練士伍，得兵千餘人，沿流以襲荊南，遂據其地，朝廷即以旌鉞受之……」考《讀史方輿紀要》卷六〈荊南條〉說：「治荊州，至德二載（西元757年）置，初領十州……乾符以後寇亂相繼。文德初成汭據荊南，復兼有黔中地。」案，文德是唐·僖宗的最後一個年號，第二年便是昭宗的龍紀元年（西元889年）。所以成汭據荊南，當在文德元年（西元888年），而與貫休和尚問書法事，或者可以定在這一年吧？

六、韋藹，史無《傳》，待考。但是，《全唐詩》卷八三一貫休詩之六有《和韋相公見示閒臥》說：「……當懸金粟像（自注：相公常供養維摩居士），門枕御溝泉……僧交似大顛（自注：韓吏部重大顛禪師），常知生似幻……」可知韋藹或者嘗為蜀相，信佛，和貫休交好的吧！

七、棲隱，《宋》卷三十有〈傳〉。略謂：「釋棲隱，字巨徵，姓徐氏……廣明中，避巢寇，入廬山折桂峰，實嘉遯也。然多於花朝月夕，晚照高秋，練句成聯，合篇為集，往往遒健瀏亮，散在人口……得歸宗禪旨，與同舉揚，且無宏法……後唐天成中卒。詩弟子應之攜隱之詩計百許首，投仲甫為集序，今所行者號《桂峰集》是也。」

八、修睦，《全唐詩卷》八四九有〈傳〉，略謂：「修睦，光化中（西元898

年～西元 900 年）爲洪州僧正，與貫休、處默、棲隱爲詩友。」今收其詩二十首。

九、王鍇，蜀相，餘待考。

十、《宋》說他投詩謁武肅王，頗受禮遇，云：「乾寧初，賫志謁武肅王錢氏，因獻詩五章，章八句，甚愜旨，遺贈亦豐。王立去僞功，朝廷旌爲功臣。乃別樹堂立碑，記同力平越將校姓名，遂刊休詩于碑陰，見重如此。」但是，此事若果屬實，休何必急急赴蜀？《全唐詩》、《唐詩紀事》、《唐才子傳》等卻不如是說，而是：「錢鏐自稱吳越國王，休以詩投之，曰：貴逼身來不自由，幾年勤苦蹈林丘；滿堂花醉三千客，一劍霜寒十四州。萊子衣裳宮錦窄，謝公篇詠綺霞羞；他年名上凌煙閣，豈羨當時萬戶侯？鏐諭改爲四十州，乃可相見。曰：州亦難添，詩亦難改。然閒雲孤鶴，何天不可飛？遂入蜀。」我想或許較合貫休和尚的行誼，應該比較可信吧。

十一、孟知祥，《舊五代史》卷一三六、《新五代史》卷三六皆有〈傳〉，略謂：「孟知祥，字保裔，邢州龍岡人……後唐・同光三年（西元 925 年）授西川節度副大使、知節度事……應順元年（西元 934 年）以劍南、東兩川節度使。蜀王稱帝于蜀，改元明德（西元 934 年），七月卒，年六十一。」

十二、其詩云：「錦衣鮮華手擎鶻，閑行氣貌多輕忽；稼穡艱難總不知，五帝三皇是何物？」

〈僧慧則傳〉（見《宋》卷十六、《六學僧傳》卷二十）

本姓：糜氏。

僧名：慧則。

籍貫：吳郡崑山。

師承：法寶大師。

交遊：高駢、刺史楊公、武肅王。

住寺：西明寺、崇聖寺、祖院、法雲寺、天台國清寺、明州育王寺。

法嗣：希覺、八戒弟子刺史黃晟。

功德：撰《塔記》一卷、《出集要記》十二卷。

生卒年月：唐・文宗太和九年（西元 835 年）生，後梁・太祖開平二年（西元 908 年）卒，世壽七十四、僧臘五十四。

葬地：貿山之崗。

簡譜：

835 唐・文宗太和九年　師生。

853 唐・宣宗大中七年　師十九歲，就京西明寺出家。

855 唐・宣宗大中九年　師二十一歲，受具得度。

860 唐・懿宗咸通元年　師二十六歲，棲法寶大師講席覆講。

862 唐・懿宗咸通三年　師二十八歲，就崇聖寺講《俱舍論》、《喪服儀》、《出三界圖》一卷。

866 唐・懿宗咸通七年　師三十二歲，於祖院代暢師講。

874 唐・僖宗乾符元年　師四十歲，敕署臨壇正員。

880 唐・僖宗廣明元年　師四十六歲，避黃巢之亂於華州下邽。

882 唐・僖宗中和元年　師四十八歲，至淮南，高駢召於法雲寺講；還吳，遊天台山國清寺。

894 唐・昭宗乾寧元年　師六十歲，至明州育王寺，撰《塔記》一卷，《出集要記》十二卷。武肅王命於越州臨壇。

908 後梁・太祖開平二年　師七十四歲，示寂。

考釋：

一、法寶大師，即玄暢，《宋》卷十七有《傳》，略謂：「釋玄暢字申之，俗姓陳氏，宣城人也……年九歲，於涇邑水西寺出家，年十九削髮，二十歲往福州兜率戒壇受具足戒……仰京室西明寺有宣律師舊院，多藏毗尼兜教，因棲惠正律師法席……撰《顯正記》一十卷、《科六帖名義圖》二卷、《三寶五運》三卷……乾符中懿宗簡自上心，特賜師號曰法寶。二年（西元 875 年）三月二十一日示滅，俗齡七十九、僧臘五十九。」云云。

二、高駢，《舊唐書》卷一八二、《新唐書》卷二二四有〈傳〉。略謂：「駢，字千里，南平郡王・崇文孫也……党項叛，率禁兵萬人戍長武。是時諸將無功，唯駢數用奇，殺獲甚多，懿宗嘉之，徙屯秦州，即拜刺史，兼防禦使……咸通中，帝將復安南，拜駢為節度，兼諸道行營招討使，始築安南城。由安南至廣州，江漕梗險多巨石，駢募工劚治，由是丹檝安行，儲餉畢給……僖宗立，即其軍加同中書門下平章事。南詔寇嶲州，掠成都，徙駢劍南西川節度……王仙芝之敗，殘黨過江……駢遣將張璘與（梁）纘分兵窮討，降其驍將畢師鐸，數十人敗走嶺表。帝美其功，加諸道行營都統，鹽鐵轉運等使……黃巢南陷廣州……乃傳檄召天下兵共討賊，威震一時，天子倚以為重……賊

北趨河洛，天子遣使者促駢討賊，冠蓋相望也。俄而兩京陷……帝知駢無出兵意，天下益殆，乃以王鐸代爲都統……駢失兵柄利權，攘袂大詬……部下多叛去，鬱鬱無聊，乃篤意求神仙……有女巫王奉仙謂師鐸曰：揚州災，有大人死，可以厭。彥曰：非高公邪？命左右陳賞等往殺之。侍者白有賊，駢曰：此必秦彥來。正色須之……駢未暇答，仰首如有所伺，即斬之。」以此看來，駢之與慧則交，或者是在任安南節度時候吧？

三、刺史楊公，或爲楊譔？《十》卷八十五《黃晟傳》說楊譔嘗權知州，並且召黃晟署爲平嘉浦將。

四、黃晟，《十》卷八十五有《傳》，略謂：「晟，明州鄞人也。初應募于望海鎮……乃隸鎮都虞侯林謦。已而潛還本鄉，募眾據平嘉隸……居頃之，餘姚鎮將相嘉侵越州，董昌禦之，不利，明州刺史鍾季文檄晟統兵攻嘉殺之。昌以平賊功，奏授晟左散騎常侍、充浙東道東西副指揮使；季文卒，晟遂爲本州刺史……」云云。

〈僧幼璋傳〉（見《十》卷八十九、《咸淳臨安志》，卷七十、《禪林僧寶傳》卷十、《補續高僧傳》卷六（以下簡稱「《咸》《禪》《補》《景》」、《景德傳燈錄》卷二十））

本姓：夏侯氏。

僧名：幼璋。

賜號：志德大師。

籍貫：譙郡。

家世：唐宰相夏侯孜之猶子（一）。

師承：依慧照寺慧遠禪師剃法，謁署山二大老，見騰騰、憨憨二和尚，高安白水（二）。

交遊：雪峰禪師（三）、武肅王。

住寺：慧照、福唐院、隱龍院、瑞龍寺。

功德：大興禪法。

生卒年月：唐・武宗會昌元年（西元 841 年）生，後唐・天成二年（西元 927 年）卒，世壽八十七，僧臘七十。

葬地：塔在西關。

簡譜：

841 唐・武宗會昌元年　師生。

847 唐・宣宗大中元年　師七歲，依慧照寺慧遠禪師剃染。

856 宣・宗大中十年　師十七歲，受具戒。

864 唐・懿宗咸通五年　師二十五歲，遊方至高安，見白水；又謁署山二
　　　大老。

872 唐・懿宗咸通十三年　師三十三歲，於江陵見騰騰、憨憨二和尚。

884 唐・僖宗中和四年　師四十五歲，浙東饑疫，師於溫、台、明三郡收
　　　瘞遺骸數千具，時號「悲增大士」。

896 唐・昭宗乾寧三年　師五十七歲，雪峰以櫻櫚拂子授師而去。

906 唐・昭宗天祐三年　師六十六歲，武肅王使童建延師至府，署曰「志
　　　德大師」。因建瑞龍寺於域中。

927 後唐・明宗天成二年　師八十七歲，安坐而化，僧臘七十。

考釋：

一、夏侯孜，《兩唐書》有〈傳〉，《合鈔》二二八《本傳》說：「夏侯孜，字好學，本譙人，父審封。孜寶曆二年（826A.D.）登進士第……懿宗即位，以本官同平章事，領使如故，累加左僕射、門下侍郎，封譙郡侯……」無「大中初年出鎮廣陵」事，則可以補正史之闕。

二、慧遠、署山二大老、騰騰、憨憨等，俱待考。

三、雪峰禪師，見前考。

四、高安白水，即本仁禪師。《景》卷十七有〈傳〉：「禪師自洞山受記。唐・天復中遷止洪井高安白水院，眾盈三百，玄言流播，因設洞山忌齋……師將順世，四眾俱集，營齋聲鐘，焚香白眾曰：香煙絕處，是吾涅槃時也。言訖，跏趺而坐，息隨煙滅。」《宋》卷十三附見於《光仁傳》而較略。

〈僧從禮傳〉（見《宋》卷十六）

僧名：從禮。

籍貫：襄陽。

交遊：武肅王。

住寺：天台平田精舍，金光明道場。

生卒年月：唐・玄宗天寶六年（西元 747 年）生，唐・莊宗同光二年（西元 825 年）卒，世壽七十九，僧臘五十二。

簡譜：

　847 唐・宣宗大中元年　師生。

　847 唐・僖宗乾符元年　師二十七歲，出家。

　911 後梁・太祖乾化二年　師六十五歲，遊天台，掛錫平田精舍。

　925 後唐・莊宗同光三年　師七十九歲，示寂。

〈僧貞峻傳〉（見《宋》卷十六）

本姓：張氏。

僧名：貞峻。

籍貫：鄭州新鄭。

家世：唐・張果（一）先生之裔孫。

師承：歸正律師（三）、慧雲禪師（三）。

住寺：封禪寺（四）。

生卒年月：唐・宣宗大中元年（西元 847 年）生，後唐・莊宗同光二年（西
　　　　元 924 年）卒，世壽七十八，僧臘五十八。

葬地：寺莊、祔慧雲禪師塔。

簡譜：

　847 唐・宣宗大中元年　師生。

　861 唐・懿宗咸通二年　師十四歲，毅然出家。

　865 唐・懿宗咸通六年　師十八歲，升論座。

　867 唐・懿宗咸通八年　師二十歲，於嵩山會善寺戒壇院受具。

　870 唐・懿宗咸通十一年　師二十三歲，策名講授。

　891 唐・昭宗大順元年　師四十五歲，相國寺災，都爲煨燼。

　907 後梁・太祖開平元年　師六十一歲，度僧尼三千眾。

　911 後梁・太祖乾化元年　師六十五歲，重建相國寺成，臨壇秉法。

　924 後唐・莊宗同光二年　師七十八歲，示寂。

考釋：

　　一、張果，《舊唐書》卷一九一有〈傳〉：「張果者，不知何許人也。則天
時隱於中條山，往來汾、晉間，時人傳其有長年祕術，自云年數百歲矣。嘗
著《陰符經玄解》，盡其玄理……玄宗好神仙，而欲果尚（玉眞）公主……果
大笑，竟不奉詔……封銀青光祿大夫，號曰通玄先生……爲造棲霞觀於隱所

在蒲吾縣，後改爲平山縣。」（《新唐書》卷二〇四同）

　　二、歸正律師，待考。

　　三、慧雲禪師，《宋》卷二十六有〈傳〉：「釋慧雲，姓姚氏，湖湘人也……高宗・麟德元年（西元 664 年），正十歲，邈然有出塵之志……父哀其所願，從往南岳初祖禪師稟承慈訓……自專護戒，且善毗尼……睿宗敕改建國之牓爲相國（寺）……時號造寺祖師。」

　　四、封禪寺，宋時改名開寶律院。

〈無作傳〉（見《宋》卷三十、《十》卷八十九）

本姓：司馬氏。

僧名：無作，字不用。

自號：逍遙子。

籍貫：姑蘇（一）。

家世：父陳，宛丘縣尉；母戴氏。

師承：參雪峰存禪師（二）。

交遊：處士奉化樂安孫郃（三）、進士楊弇（四）。

住寺：流水寺。

功德：善草、隸，述諸色禮懺文數十本，注道安《六時禮佛文》一卷、并
　　　詩歌。

生卒年月：梁・開平中卒于四明，春秋五十六。

簡譜：

　　853 唐・宣宗大中六年　師生於姑蘇。

　　857 唐・宣宗大中十年　師四歲，母戴氏教習之。

　　872 唐・懿宗咸通十三年　師二十歲，受具戒。

　　908 梁・太祖開平二年　師卒於四明，世壽五十六。

考釋：

　　一、《十・本傳》做「蘇州」。

　　二、雪峰存禪師，就是僧義存，《宋》卷十二有〈傳〉：「釋義存，長慶二年壬寅（西元 822 年）生于泉州南安縣曾氏……受具足戒於幽州寶刹寺……爰及武陵，一面德山，止於珍重而出……大師亦自溈山擁徒至于怡山王眞君上昇之地……府之西二百里有山焉……名其山曰雪峰，以其多雪夏寒，取鷲嶺猴江之

義……僖宗皇帝聞之，於是乃錫『眞覺大師』之號……辛亥歲朔（西元 891 年）東浮于丹丘四明……戊辰年（西元 908 年）春、三月，示疾……其庶幾者，一曰師備，擁徒于玄沙；次曰可休，擁徒于越州洞巖；次曰智孚，擁徒于信州鵝湖；其四曰惠稜，擁徒于泉州昭慶；其五曰神晏，住福州之鼓山。分燈化物，皆膺聖獎……今江表多尚斯學……雪峰化眾，切乎杜墨禪坐，知戒急也。」

三、孫郃，《乾道四明圖經》卷三、《寶慶四明志》卷八都有記載，而後者較詳：「孫郃，奉化人。《四明才名記》云：孫郃博學高才，唐末授左拾遺，淨惠院即其故宅，載于舊志。《唐文粹》有《古意效陳拾遺》、有《哭糸英方干先生詩》，有卜世論、《春秋無賢臣論》，皆郃之作也。其遠孫曰沔，字元規。皇朝（案，即宋）官至監察御史裏行……」於此知郃有處士之性，故能捨宅爲院。

四、楊弇，待考。

〈僧虛受傳〉（見《宋》卷七）

僧名：虛受。

籍貫：嘉禾禦兒。

交遊：武肅王（一）。

僧官：左街鑒義、監壇選練。

功德：撰《涅槃》、《維摩》二經《義評鈔》十四卷、《文集》數卷、《述義章》（二）三十餘卷。

生卒年月：後唐・莊宗同光三年（西元 925 年）卒。

簡譜：

864-868 唐・懿宗咸通五～八年　師累應奉聖節充左街鑒義。

880 唐・僖宗廣明元年　師避盜亂，抵越大善寺。

905-906 唐・昭宗天祐二～三年　師講《涅槃》、《維摩》二經。

913 後梁・末帝乾化三年　師於會稽開元寺度戒，充監壇選練，吳會間行此戰者，自師始。

924 後唐・莊宗同光二年　師撰《涅槃》、《維摩》二經《義評鈔》十四卷竟。

925 後唐・莊宗同光三年　師示寂。

考釋：

一、虛受之見武肅王，〈傳〉說是在「屬武肅王按部至越」的時候。考其時正是唐・昭宗乾寧三年（西元 896 年），《十》卷七十七《武肅王世家》上

說：「乾寧三年……乙未，董昌猶據牙賊拒我兵。王始云：奉詔令大王致仕歸臨安。昌乃送牌印出，居清道坊。全武使上武勇都監仗吳璋執昌至而斬之，越州平。王命賞府庫金帛以賞將士，開倉廩以賑貧乏……唐帝勅改越州威勝軍爲鎭東軍，授王鎭海、鎭東等軍節度使……乾寧四年（西元 897 年）秋、七月、庚寅，王至自越州，還治錢塘，號越州爲東府……」可證。

二、《述義章》，殆指《法華》、《百法》、《唯識》等而言。

三、《傳》中之時期往往未明言，多舉大略曰「某某中」，所以只得取中間數，如咸通有十四年之久，姑取五到八年，實在不是確數。以下類此。

又，師或是一長壽僧，因爲從示寂到爲左街鑒義，已經六十二個年頭了；那麼，在做左街鑒義的時候，至少也在二十歲以上。這樣推算起來，師之世壽或在九十餘以上吧？

〈僧可周傳〉（見《宋》卷七）

本姓：傅氏。

僧名：可周。

賜號：精志通明。

籍貫：晉陵。

師承：雲表法師（一）。

交遊：武肅王。

住寺：台州松山寺、杭州龍興寺。

功德：撰《法相大疏評經鈔》五卷、《音訓》五帖，解宣律師《法華序鈔》
　　　一卷。

生卒年月：後唐・天成元年（西元 926 年）卒。

簡譜：

897 唐・昭宗乾寧四年　師泣止台州松山寺講《疏》，撰《評經鈔》、《音
　　訓》、《法華序鈔》等。

912 後梁・太祖乾化二年　師於杭州龍興寺開講。武肅王又命於天寶堂夜
　　爲冥司講經。

926 後唐・明宗天成元年　示寂於觀音堂。

考釋：

一、雲表法師，待考。

〈僧貫光傳〉（見《宋》卷三十）

本姓：吳氏。

僧名：貫光。字登封。

賜號：廣利。

籍貫；永嘉。

家世：唐史官左庶子兢之裔孫（一）。

交遊：陸希聲（二）、韓建（三）、武肅王、吳融（四）、羅隱、仰詮（五）。

法嗣：從瓌、智琮。

住寺：明州國寧寺。

生卒年月：後唐・明宗天成四年（西元 929 年）卒。

考釋：

　　一、吳兢，《新》、《舊唐書》有〈傳〉，今據《合鈔》卷一五三，略謂：「吳兢，汴州浚儀人也。勵志勤學，博通經史，宋州人魏元忠、亳州人朱敬則深器重之，及居相輔，薦兢有史材，堪居近侍，因令直史館，修國史。累月拜右拾遺、內供奉；神龍中遷右補闕與韋承慶、崔融、劉子元撰《則天實錄》，成，轉起居郎……世謂今董狐云……丁憂還鄉里。開元三年（西元 715 年）服闋，抗疏言曰：臣修史已成數十卷，自停職還家，匪忘紙札，乞終餘功。乃拜諫議大夫，依前修史。俄兼修文館學士，歷衛尉少卿、右庶子。居職三十年，敘事簡要，人用稱之，末年傷於太簡……兢雖衰耗，猶希史職；而行步傴僂，李林甫以其年老不用。天寶八載（西元 749 年）卒於家，時年八十餘。兢卒後，其子進兢所撰《唐史》八十餘卷，事多紕繆，不逮壯年。兢聚書頗多，嘗目錄其卷第，號《吳氏西齋書目》。」但是他的《貞觀政要》，卻是士人所必讀的。

　　二、陸希聲，《宣和書譜》卷四有〈傳〉，略謂：「陸希聲，吳人也，官至左僕射。家世有書名，其六世伯父柬之以草書高天下……四世祖景融又以博學工書擅名。疊疊相繼，至希聲出，遂能復振家法，為佳子弟。」這裏說他「復振家法，為佳子弟」，是說他能傳書法之名；不過，《宣和書譜》說的是工於「正書」，和「貫光傳」說的不同。〈光傳〉說：「聞陸希聲謫宦於豫章，光往謁之。陸恬靜而傲氣，居于舟中；凡多迴投刺，且不之許接。一日設方計干謁，與語數四，苦祈其草法。而授其『五指撥鐙訣』。」這是說光得的是他的「草法」，又說光去進謁希聲，希聲傲氣十足地，並不許接。這說法恰和

《書譜》的相反，《書譜》說：「錢若水常言古之善書，鮮有得筆法者，唐陸希聲得之，凡五字：擫、押、鈎、格、抵，自言出自二王，斯與陽冰得之。希聲後授之辯光，辯光入長安爲翰林供奉，而希聲尚未達。以詩寄之，云：筆下龍蛇似有神，天池雷雨變逡巡；寄言昔日不龜手，應念江頭洴澼人。」這反而是警醒辯光，不好做負義忘恩漢了呢！又，辯光嘗做翰林供奉的官，倒可補《僧傳》的不足。

三、韓建，歐陽修《五代史記》卷四十有〈傳〉。略謂：「韓建，字佐時，許州長社人也。少爲蔡州軍校……乃以麾下兵西迎僖宗於蜀，所過攻劫……奔于蜀，拜金吾衛將軍……建初不知書，乃使人題其所服器皿床榻，爲其名目以視之，久乃漸通文字。見《玉篇》，喜曰：吾以類求之，何所不得也。因以通音韻聲，偶暇則課學書史……」因爲他課學書史，才能欣賞辯光，也才能有所交遊。

四、吳融，《宣和書譜》卷十有〈傳〉。略謂：「吳融，字子華，越州山陰人。官至翰林承旨……融力學，能世其家。文辭贍麗，以進士登科弟。昭宗時指授作詔，多多益辨，悉當帝意，爲之咨賞。求其作《草書歌》，痛論古人筆意，至於行書字畫稱是，則知其留心翰墨間復不淺耳。觀其書，自可以意得也。」

五、仰詮，當是「仰仁詮」之誤。《十》卷八十六有〈傳〉，略謂：「仁詮，湖州人也。事文穆三爲牙將，以練達稱……建州刺史王延政與閩主相攻，乞師于杭，仁詮奉命往救。師久不旋，隨爲延政所敗。及忠獻王立，納仁詮女爲元妃。累官寧國軍節度使，同參相府事，未幾卒。」

案，從上所「考釋」，辯光和尚所往來者，殆多書法大家，就是武肅王吧，《宣和書譜》也盛讚他，說：「方其與群英爭逐，橫槊馬上，何暇議文墨耶？然而喜作正書，好吟詠，通圖緯學。晚歲復降己下士，幕客羅隱好譏評，雖及鏐微時事，怡然不怒，人以大度稱之。狀貌凜凜，亦人間一英物也。所書復剛勁結密，似非出用武手，殆未易以學者規矩一律擬議耳。」（卷五）今考《宣和書譜》，贈送辯光和尚的詩帖，正多著呢！略如：陸展《贈辯光草書歌》、李磎《送辯光詩》、陸希聲《贈辯光詩》、楊矩《贈辯光草書序》、崔遠《送辯光詩》、張顗《贈辯光詩》（以上卷四《正書》），薛貽矩贈《光草書序》（以上卷五《正書》）。盧汝弼《贈辯光詩》、（以上卷六《正書》），司空圖《贈辯光草書歌》、《贈辯光草書詩》（以上卷九《行書》），盧知猷《送辯光序》、吳融

《贈曇光送別詩》、《贈曇光草書歌二》（以上卷十行書）。以此考之，曇光大概擅長草書，《宣和書譜》卷十九，就說他：「潛心草字，名重一時……觀曇光墨跡，筆勢遒健，雖未足以與智永、懷素方駕，然亦自是一家法，為時所稱，豈一朝夕之力歟？」可證。

〈僧鴻楚傳〉（見《宋》卷二十五、《浙江通志》）

本姓：唐氏。

僧名：鴻楚。

籍貫：永嘉。

家世：「楚之外，昆弟皆出俗越之龍宮伽藍」（一）。

生卒年月：唐・宣宗大中十二年（西元 858 年）生，後唐・明宗長興三年
　　　　　（西元 932 年）卒，世壽七十五、僧臘五十二（二）。

交遊：朱褒（三）、武肅王、鄭說（四）、鴻靜。

住寺：龍宮寺、大雲寺、杭州龍興寺。

功德：重修大雲寺、刺血寫《法華經》。

簡譜：

　　858 唐・宣宗大中十二年　師生。

　　880 唐・僖宗廣明元年　師二十三歲，受具。

　　890 唐・昭宗大順元年　師三十三歲，重修大雲寺。

　　913 後梁・末帝乾化三年　師五十六歲，武肅王於杭州龍興寺開度弁壇，
　　　　召楚以足臨壇員數。

　　932 後唐・明宗長興三年　師七十五歲，示寂。

考釋：

　　一、《本傳》雖說他的「昆弟皆出俗」，卻未明說有幾位昆弟。今考《宋》全卷，他的〈傳〉後緊接〈鴻莒傳〉，且明言：「有弟鴻楚並高行，為時所重。」那是可以確定的一位了。而鴻靜或者也是昆弟之一，因為〈楚傳〉說：「時詩人鄭說南遊，訪鴻靜法師，邂逅與楚會。」那是說鄭說之所以能得見鴻楚，是因為「邂逅」了鴻靜的原因。他所以能和鴻靜去邂逅鴻楚，那是因為他們兄弟常在一起研究經典的關係。〈楚傳〉說：「楚之外，昆弟皆出俗越之龍宮伽藍。遂祈二親，亦願隨住。網疏魚脫，籠揭鶴飛；杜若植於蘭州，新繪染于絳色。互相切直，誦習彌通。」可以為證。另外，《宋》裏還有幾位法號「鴻」

字頭的，如：鴻遠大師，那是無跡和尚的賜號（卷三十），當然不算。卷十六〈法相傳〉有鴻啓者，我頗懷疑也是昆弟之一，因爲：法相之卒在唐‧武宗會昌元年（西元 841 年），下傳到他的法孫玄杲（《傳》說：「高弟子公靜、靜弟子行蘊、蘊弟子仁表、表弟子玄杲。」）已經是第四代了，其時間或者恰與鴻楚同時，這是一端。法相「三峽句誦通《法華》全部」，鴻楚也是「所講《法華經》計五十許座」；和他「互相切直」的昆弟，想必也特重本經，尤其是都在龍宮寺出家，學脈應是一致的。而作爲法相的徒孫的玄杲，其先也必是精通《法華》的，也才能夠和鴻啓合得來。這是第二端。鴻啓和玄杲一同重修靈光寺，是不是受了鴻楚之重修大雲寺的啓示呢？這是第三端。有以上三端，說鴻啓是鴻楚的「昆弟」之另一位，或許不誤吧！另外，《宋》卷二十三還有一位鴻休和尚。〈本傳〉說他：「不知何許人也。」又說他殉教償債於巢寇的時候，是在廣明之際，廣明只有一年，那是在西元八八○的時候，時間似乎略早了鴻楚等一些，所以大概不是昆弟之一。

從以上的推論，可以確定爲昆弟的，大概是：鴻莒、鴻楚、鴻靜、鴻啓了。

二、《浙江通志》把「長興」誤做「長慶」，這是很明顯的錯誤，不煩辯證。

三、朱褒，當時溫州守將，而護持佛法的居士。餘待考。

四、鄭說，楚傳只說：「時詩人鄭說南遊，訪鴻靜法師，邂逅與楚會。體知高行，杼詩贈楚云：架上紫衣閑不著，案頭金字坐長看。」而史書未載其名行。今考《全唐詩》卷七八九、七九四、七九五有他的聯句，如：《建元寺畫公與崔秀才見過聯句與鄭奉禮說同作》，聯句的人是：皇甫曾，畫公（即僧皎然），鄭說（原注：太常寺奉禮郎），崔子向等，他的詩句是：「……暮街縣兩足，寒吹繞松枝，理辯塵心妄，經分梵字疑……」又：《建元寺西院寄李員外縱聯句》，人員是：甫曾、崔子向、鄭說、畫公等。他的詩句是：「……夜色迷雙樹，鐘聲警四鄰（原注：說奉崔秀才）……盛名知獨擅，良會憶相親（原注：說奉崔十一）……」（以上卷七八九）又：建安寺夜會對雨懷皇甫侍御《曾聯句》，人員是：清畫、李縱、鄭說、王遘、崔子向、（齊翔）等。他的詩句是：「……夜長同歲月，地近極山河……」又：《冬日建安寺西院喜畫公自吳興至聯句一首》，人員是：王遘、李縱、鄭說、崔子向、齊翔等。他的句是：「……累積浮生裏，機慚半偈中……」（以上卷七九四）而卷七九五的

兩句詩，正是前引《宋》中的句子，題目是：《贈溫州大雲寺僧鴻楚》。從上所考，可知他曾任「太常奉禮郎」的官，又常與僧人、仕宦聯句，他則待考。

〈僧師郁傳〉（見《景》卷十八）

僧名：師郁。

籍貫：泉州。

師承：雪峰。

住寺：西興鎮化度院。

交遊：錢鏐。

賜號：悟眞大師。

〈僧自新傳〉（見《宋》卷三十、《十》卷八十九）

本姓：孫氏。

僧名：自新。

賜號：廣現大師（一）。

籍貫：臨淄。

師承：參膺禪師（二）。

交遊：武肅王、文穆王。

住寺：廣德山、瑞應院、寶塔寺。

生卒年月：天福中卒於寺，年八十餘。

葬地：影存冷水灣前小院。

簡譜：闕。

考釋：

一、封「廣現大師」是因文穆王的關係，見武肅王而有的。但師之所以能得文穆王的賞識，《宋傳》說是「躬征苑陵」之便；《十傳》就說得比較明白：「天寶間淮南將李濤將寇衣錦軍，文穆王奉命爲應援使，將兵禦敵，至其地。」考李濤寇衣錦軍事，是在天寶六年，這一個「天寶」是後梁的。《十》《吳越‧武肅王》、《文穆王世家》都說：「三月、吳行營招討使李濤率兵三萬、自千秋嶺寇我衣錦軍。王命子湖州刺史傳瓘（案，即文穆王）爲北面應援使救之……夏、四月、傳瓘伐木遮斷吳兵，遂擊之，生擒李濤等八千餘人。」

二、膺禪師，即道膺，《宋》卷十二有〈傳〉：「釋道膺，姓王氏、薊門玉

田人也……年偶蹉跎，二十五方於范陽延壽寺受具足戒……未幾、有僧自豫章至，盛稱洞上禪師言要。膺感動神機，遂專造焉。如是洞上垂接、復能領會……初住三峰、後就雲居提仁……以天復元年辛酉秋示疾，至明年「九〇二」正月三日而化焉……膺出世度人，滿足三十年，遺愛可知也」又見《禪》卷六。

〈僧希覺傳〉（見《宋》卷十六）

本姓：商氏。

僧名：希覺。

賜號：文光大師。

籍貫：世居晉陵，而生於溧陽。

師承：西明寺慧則律師。

交遊：羅隱（二）、錢鏐、文穆王、贊寧。

住寺：溫州開元寺、杭大錢寺、釋氏西齋（一）。

功德：撰《增暉錄》二十卷、《會釋記》二十卷、《讒書》五卷、《雜詩賦》十五卷、注林鼎（三）《金陵懷古百韻詩、雜體》四十章。

生卒年月：唐·懿宗咸通四年（西元 864 年）生，後漢高祖乾祐元年（西元 948 年）卒，世壽八十五（四）。

簡譜：

864 唐·懿宗咸通四年　師生。

888 唐·僖宗文德元年　師二十五歲，出家于溫州開元寺。

894 唐·昭宗乾寧元年　師三十一歲，從慧則律師學（五）。

908 後梁·太祖開平二年　師四十五歲，講訓于永嘉。

916 後梁·末帝貞明二年　帥五十三歲，深為錢鏐禮重；尋為愚僧所誣愬，徙於杭大錢寺。

944 後晉·出帝開運元年　師八十一歲，猶抄書不倦。

948 後漢·高祖乾祐元年　師八十五歲，示寂。

考釋：

一、釋氏西齋，希覺所居，〈傳〉說：「慕吳兢之蘊積編簡焉。」

二、羅隱，希覺嘗編書于其家，隱說：「毗陵商家兒，何至於此！」那是讚美希覺才學的話，所以〈傳〉說：「歎息再三，多與雇直，勸歸鄉修學。」

餘見《宗季傳》考。

　　三、林鼎，《十》卷八十六有〈傳〉。略謂：「鼎，字漁文，侯官人。父無隱，有詩名，流寓明州，刺史王晟頗好禮士，無隱依之。鼎生于明州之大隱村……性謹正而強記能書，得歐、虞筆法。比中年，讀書必達曙，所聚圖籍，悉手鈔數過。即殘編斷簡，亦校讐補綴，無所厭倦。國建，命掌教令，尋拜丞相……開運元年（西元 944 年）卒，年五十四，諡曰貞獻。有《吳江應用集》二十卷。

　　四、《本傳》沒有明載生卒年月，只說：「至年二十五，歎曰：時不我與。或服冕乘軒，皆一期爾。忽求出家于溫州開元寺，文德元年（西元 888 年）也。」由此推算來的。

　　五、慧則廣明中避黃巢之亂，來華州下邽；廣明才一年，當西元八八〇年，那時希覺還沒出家，未必會受學慧則。所以定為慧明在四明阿育王寺弘律的這一年較妥。

　　六、錢鏷事，見《皓端傳》考。

〈僧道怤傳〉（見《宋》卷十二、《十》卷八十九、《景》卷十八）

本姓：陳氏。
僧名：道怤（一）。
賜號：順德大師。別號「小怤布衲」（二）。
籍貫：永嘉。
師承：雪峰、曹山寂和尚（三）。
交遊：皮光業（四）、武肅王、文穆王。
住寺：杭州開元寺、越州鏡清禪苑、天龍寺、龍冊寺。
功德：由是吳越盛於玄學（五）。
生卒年月：唐‧僖宗咸通九年（西元 868 年）生，後晉‧天福二年（西元 937 年）卒，世壽七十（六）。
徒弟：越州清化山師訥禪師、衢州南禪遇緣禪師、復州資福智遠禪師、筠州洞山龜端禪師、溫州景豐禪師。
簡譜：
　868 唐‧僖宗咸通九年　師生。
　873 唐‧僖宗咸通十四年　六歲，於開元寺薙髮。

887 唐‧僖宗光啓三年　二十歲，受具戒，遂參曹山寂公。

937 後晉‧高祖天福二年　師七十歲，示寂。

考釋：

一、《十》本傳做「字順德」，爲他書所無。

二、「小恣布衲」，《宋傳》的解釋是：「時太原同名，年臘之高故」。

三、寂和尚，就是撫州曹山本寂禪師，他是洞山良价和尚的法嗣，《宋》卷十三、《景》卷十七都有〈傳〉。略云：「釋本寂，姓黃氏，泉州蒲田人也……年十九出家，入福州福唐縣靈石山；二十五登戒……及受洞山五位銓量，特爲叢林標準……天復辛酉（西元 901 年）季夏，六月十六辰時告寂，壽六十有二，臘三十有一。門人奉眞骨樹塔，勅諡『元澄大師』，塔曰福圓。」案，以上是就兩《傳》抄略的。

四、皮光業，《十》卷八十六有〈傳〉：「字文通，世爲襄陽竟陵人……光業生於姑蘇。十歲能屬文，及長，以所業謁武肅王，與沈崧、林鼎同辟幕府……天福二年（西元 937 年）國建，拜光業丞相……傳《皮氏見聞錄》十三卷行世……」另《全唐文》收有他的《武肅王》、《屠將軍墓誌》二篇。

五、《宋傳》是說：「吳越禪學自此而興。」

六、《景》做「七十四」。

〈僧靈照傳〉（見《宋》卷十三、《景》卷十八、《十》卷八十九）

僧名：靈照。

賜號：眞覺大師。別號「照布衲」。

籍貫：高麗。

師承：雪峰。

交遊：溥上座、湖州太守錢公、皮光業、忠獻王。

住寺：婺州齊雲山、越州輕鏡院、報慈院、龍華寺。

生卒年月：唐‧懿宗咸通十一年（西元 870 年）生，後漢‧高祖天福十二
　　　　　年（西元 947 年），卒，世壽七十八。

葬地：大慈山。

簡譜：

870 唐‧懿宗咸通十一年　師生。

944 後晉‧出帝開運元年　師七十五歲，住持龍華寺。

947 後漢‧高祖天福十二年 閏七月二十六日示寂，壽七十八。

考釋：

一、溥上座，即道溥和尚。《景》卷十九本傳云：「泉州睡龍山道溥，號弘教大師，福州福唐人也，姓鄭氏。寶林院業，自雪峰印心，住五峰。上堂曰：莫道空山無祇待。便歸方丈。僧問：凡有言句，不出大千頂。未審頂外事如何？師曰：凡有言句，不出大千頂。曰：如何是大千頂？師曰：摩醯首羅天猶是小千界。問：初心後學，近入叢林，方便門中，乞師指示。師敲門枋。僧曰：向上還有事也無？師曰：有。曰：如何是向上事？師再敲門枋。」他和靈照禪師同是雪峰的法嗣；但其悟道，似在照師之後，因為照師的《傳》裏，有一段是這樣寫的：「一夕（照師）指半月問溥上座：那一片是什麼處去？溥曰：莫妄想。師曰：失卻一片也。眾雖歎美，而恬澹自持。」（《景》卷十八）可證。

二、湖州太守錢公。

〈僧宗端傳〉（見《景》卷十九）

僧名：宗靖。

籍貫：台州。

師承：雪峰。

交遊：錢弘俶。

住寺：杭州龍興寺。

生卒年月：唐‧懿宗咸通十二年（西元 871 年）生，後周‧太祖顯德元年（西元 954 年）示寂。世壽八十四。

簡譜：

871 唐‧懿宗咸通十二年 師生。

951 後周‧太祖廣順元年 師八十一歲，錢王請於寺之大殿演無上乘，黑白駢擁。

954 後周‧太祖顯德元年 師八十四歲，示寂。

考釋：

一、《景》卷十九云：「初參雪峰，密承宗印，乃自誓充飯頭，服勞逾十載。嘗於眾堂中祖一膊釘簾。雪峰而記曰：汝向後住持有千僧，其中無一人衲子也。」或是因此而無法嗣吧？

二、仝前：「師悔過辭歸故鄉，住六通院，錢王命居龍興寺。

〈僧儀晏傳〉（見《十》卷八十九）

本姓：許氏。

僧名：儀晏。

賜號：開明禪師。

籍貫；湖州。

家世：鎮將子。

師承：括蒼德嚴和尙（一）。

交遊：守榮和尙（二）、衢州太守愼知禮（三）、忠懿王。

法嗣：慧興。

生卒年月：唐・僖宗乾符三年（西元 876 年）生，宋・太宗淳化元年（西
　　　元 990 年）卒，世壽百一十五歲（四）。

簡譜：

　876 唐・僖宗乾符三年　師生。

　887 唐・僖宗光啓二年　師十二歲，隨父鎮信安，強爲娶婦，不從，遂遊
　　　歷四方。見凜禪師（五）像而初次入定。

　945 後晉・出帝開運二年　師七十歲，於江郎巖，入石龕中修定經年。

　978 宋・太宗太平興國三年　師百○三歲，衢州太守愼知禮命僧守榮詰其
　　　定相，師不辨。

　990 采太宗淳化元年　師百一十五歲，示寂。

考釋：

　一、德嚴，待考。

　二、守榮，待考。

　三、愼知禮，《宋史》卷二七七卷有《傳》。略云：「愼知禮，衢州信安人。
父溫其，有詞學，仕錢俶，終元帥府判官。知禮幼好學，年十八，獻書于俶，
署校書郎。未幾，命爲掌書記。宋初，介俶子惟濟入覲，歸署營田副使。太
平興國三年（西元 978 年）從俶歸朝，授鴻臚卿，歷知陳州興元府⋯⋯」

　四、《十・傳》說是「百五十歲」，以其生卒年月計算，實爲《十・傳》
之誤。

　五、凜禪師，殆筠州洞山的凜禪師吧？《景》卷二十三說是韶州雲門山

文偃禪師的法嗣，但因「無機緣語句，不錄」，其〈傳〉也就不可的考了。

〈僧師會傳〉（見《宋》卷二十八）

本姓：巨氏。

僧名：師會。

賜號：法相。

籍貫：薊門。

家世：漢荊州刺史武之後，考諱知古（一）、母趙氏。

師承：薊州溫泉院道丕（二）、漢南觀音院巖俊（三）、大同。

交遊：志修（五）、吳藹（六）、張袞（七）、邊歸讜（八）。

住寺：薊州溫泉院、金臺寶刹寺、漢南觀音院、寶積坊羅漢院、漢東京天
　　　壽禪院。

生卒年月：唐・僖宗廣明元年（西元880年）生，後晉・出帝開運三年（西
　　　元946年）年，世壽六十七、僧臘四十八。

簡譜：

　880 唐・僖宗廣明元年　師生。

　899 唐・昭宗光化二年　師二十歲，受具於金臺寶刹寺。

　909 後梁・太祖開平三年　師三十歲，抵漢南觀音院遇巖俊禪師。參大同
　　　禪師。

　912 後梁・太祖乾化二年　師三十三歲，還依巖俊禪師。

　914 後梁・末帝乾化四年　師三十五歲，住持寶積坊羅漢院。

　942 後晉・高祖天福七年　師六十三歲，勅賜紫衣。

　944 後晉・出帝開運元年　師六十五歲，賜號法相、額曰天壽。

　946 後晉・出帝開運三年　師六十七歲，示寂。塔於東郊汴陽鄉。

考釋：

　一、巨武、巨知古，史皆無傳，此可補史闕。

　二、道丕，《宋》卷十七有傳，略謂：「釋道丕，長安貴胄里人也。唐之
宗室，父從晏，襄宗沿堂五院之首。母許氏……天祐三年（西元907年）丙
寅，濟陰王賜紫衣。後唐・莊宗署大師曰廣智……及晉遷都會東京、天福三
年（西元938年）詔入梁苑，副錄左街僧事……開運甲辰歲（西元944年）
為左街僧錄……廣順元年（西元951年）勅召為左街僧祿，不容陳讓，還赴

東京，居于僧任……世宗尹鼇府政，嫌空門繁雜，欲奏沙汰，召丕同議……毀教不深，乃丕之力也。以顯德二年（西元 955 年）乙卯六月八日微疾……」。

三、嚴俊，《宋》卷二十八、《景》卷十五皆有〈傳〉。略謂：「東京觀音院嚴俊禪師，邢臺人也，姓廉氏……有少保李資，即河陽節度使罕之兄也。雅信內典，尤重於師，因捨宅建院，曰觀音明聖，請師居之。周高祖、世宗二帝潛隱時，每登方丈，必施跪禮。及即位，特賜紫，號淨戒大師。眾常數百。乾德丙寅（西元 966 年）三月示疾，垂誡門人訖，怡顏合掌而滅，壽八十五、臘六十五。其年四月八日塔於東郊豐臺村。」他是前舒州投子山大同禪師的法嗣。

四、大同，即京兆翠微無學禪師的法嗣，《景》卷十五、《宋》卷十三都有傳。略謂：「釋大同，姓劉氏，舒州懷寧人也……投洛下保唐滿禪師出家，初習安般觀……復負錫謁翠微山法會，同伏牛元通禪俱請益，大明祖意。由是放蕩周遊，還歸故土，隱投子山……以梁・乾化四年甲戌（西元 914 年）四月六日跏趺坐亡，春秋九十六，法臘四十六。」

五、志修，後梁寶積坊羅漢院住持，後請師會住持該院者。餘待考。

六、吳藹，後梁尚書左丞。

七、張袞，後梁兵部侍郎。

八、邊歸讜，《宋》謂是刑部侍郎，考《宋史》卷二六二本傳，則謂：「邊歸讜，字安正，幽州薊人；父退思，檀州刺史。歸讜弱冠以儒學名，後唐末客邠、并，晉祖鎮太原，召置門方……漢初歷禮部、刑部二侍郎……周・廣順初，遷兵部、戶部二侍郎。世宗聞其亮直，擢為尚書右丞、樞密直學士，已備顧問，就轉左丞……宋初遷刑部尚書。建隆三年（西元 962 年）告老，拜戶部尚書致仕。乾德二年（西元 964 年）卒，年五十七。」那麼，邊歸讜撰《師會碑》，應該是在後漢為刑部侍郎時候的事了。

〈僧全付傳〉（見《宋》卷十三、《十》卷八十九、《五燈會元》卷九，以下 簡稱「《五》」。）

僧名：全付。

賜號：純一禪師。

籍貫：吳郡崑山。

家世：估客。

師承：江夏清平大師（三）、宜春仰山之南塔涌禪師（四）。

交友：安福縣宰楊公（五）、文穆王、忠獻王。

住寺：應國禪院、鵠湖山清化禪院、雲峰山清化禪院。

徒弟：應清。

生卒年月：唐・僖宗中和元年（西元 881 年）生，後晉・出帝開運四年（西元 947 年）卒。世壽六十六、僧臘四十五。

簡譜：

　881 唐・僖宗中和元年　　師生。

　901 唐・昭宗天復元年　　師受具足戒、時二十一歲。

　937 後晉・高祖天福二年　　師五十七歲，錢城戍將闢雲峰山，建清化禪院。

　941 後晉・高祖天福六年　　師六十一歲，忠獻王賜號「純一禪師」（六）。

　947 後晉・出帝開運四年　　師六十六歲，示寂。

考釋：

　一、「付」《五燈會元》卷九做「忩」。

　二、《十・傳》做「會稽」。

　三、清平大師，待考。

　四、涌禪師，即光涌，《禪》卷八做「光湧」。它說：「禪師名光湧，豫章豐城章氏子……時仰山寂禪師住南昌之石亭寺，湧父事之，得度。十九詣襄州壽山寺載律師，受滿分戒。北游謁臨濟，臨濟曰：汝師明眼，乃不事之，遠游何爲？因南歸，執勤累歲。石亭歿，湧然第三指以報法，又然第二指以報親……遂嗣石亭法席，學者歸之如雲。十四年秋，還仰山。僞唐・昇元二年（西元 938 年）夏，無疾而化，閱世八十有九，坐七十夏。」

　五、安福縣宰楊公，待考。

　六、忠獻王賜號之所以訂在這一年，是因爲忠獻稱王之數年，建了幾所寺廟，如：天福八年（西元 943 年）的報國千佛院，又賜晉郭文祠曰碧沼寺；開運元年（西元 944 年）捨瑞萼內園建龍華寶乘院，乃造傅大士塔，又建寶相寺，華藏園予國城；二年（西元 945 年）建鷲峰禪院于國城之北山，原注說：「延伏虎光禪師居之」；三年（西元 946 年）八月，重建天寵堂；四年（西元 947 年）建寶勝院于北山。這樣看來，直到他下位——是年薨——那是無時不在建寺院了（此可參閱本論文的《寺院考》）；而他的即位，是在天福六年，《十・忠獻王世家》說他：「辛未，王遷于思政堂，命境內給復一年，諸關梁禁制悉從除減；又命田園有隸道宮、佛寺，比入賦稅者，悉免之。」崇

佛的熱誠由是可見，所以訂在是年。且和付師的年歲，也相彷彿。（因為諸師受賜號，除早逝而追諡者外，多在晚年也。）

〈僧鴻莒傳〉（見《宋》卷二十五）

本姓：唐氏。

僧名：鴻莒。

籍貫：永嘉。

住寺：龍宮寺、崇聖寺。

交遊：鴻楚。

生卒年月：後唐‧明宗長興四年（西元933年）卒。

簡譜：

928 後唐‧明宗天成三年　水潦，盜亂，師為賣粥布施而釋之。

933 後唐‧明宗長興四年　師示寂。

考釋：

一、鴻楚，詳見前考。

〈僧光嗣傳〉（見《宋》卷二十八）

本姓：李氏。

僧名：光嗣。

賜號：超化。

師承：真容院浩威（二）。

交遊：閩王王氏（三）、武肅王錢氏、降龍大師（四）。

僧職：都綱。

生卒年月：高祖‧天福元年（西元936年）卒（五）。

籍貫：太原文水。

考釋：

一、《廣清涼傳》下，「光」做「匡」。

二、浩威，光嗣和尚之剃度師，五臺山真容院住持。

三、原做「忠懿王王氏」顯然錯誤，因為上文明說，「越重湖，登閩嶺，盛談文殊世界」，既「登閩嶺」，當不會是吳越忠懿王了。再說，忠懿王是武肅王之子，怎會是在武肅之前「大施香茗，遣使送山寺焉」。所以《廣清涼傳》

做「閩王王氏」，很是。此閩王是指的王審知，因爲後文說：「癸酉歲，至兩浙，謁武肅王錢氏厚禮遇之。」癸酉歲，是後梁‧郢王鳳歷元年（西元 913 年），也就是王審知即閩王位的第十五年。《五代史記》卷六十八《閩世家》說：「王審知，字信通，光州固始人也。父恁，世爲農；兄潮，爲縣史。唐末群盜起，王緒攻陷固始；緒聞潮兄弟材勇，召置軍中，以潮爲軍校……緒性猜忌，部將有才能者多因事殺之。潮頗自懼……乃選壯士數千人伏篁竹間伺緒至，躍出擒之……乃推潮爲主。是時泉州刺史廖彥若爲政貪暴，泉州人苦之……光啓二年（西元 886 年）福建觀察史陳巖表潮泉州刺史。景福元年（西元 892 年）巖卒，其婿范暉自稱留後；潮遣審知攻暉……唐即以潮爲福建觀察史，潮以審知爲副使。審知爲人壯貌雄武，隆準方口，常乘白馬，軍中號白馬三郎。乾寧四年（西元 897 年）潮卒，審知代立，唐以福州爲威武軍，拜審知節度使。唐亡，梁太祖加拜審知中書令，封閩王……審知同光三年（西元 925 年）卒，年六十四，謚曰忠懿。子延翰立。」可證這一個「忠懿王」是閩王王審知，而不是吳越錢鏐之孫錢弘俶的「忠懿王」了。

四、降龍大師，即誠慧和尚，《宋》卷二十七有〈傳〉。略謂：「……恆轉《華嚴經》，數盈百部……武皇中流失，創痛楚難任，思憶慧師，翹想焚香，痛苦乃息……同光三年乙酉歲（西元 925 年）十二月，右脅而終也。俗齡五十、僧臘三十……謚曰法雨，塔曰慈雲也。」（案，和尚事功又見《清涼傳》。）

五、《清涼傳》下做「天福九年甲辰歲（西元 944 年）九月搆疾」，今據《宋》載。

〈僧志通傳〉（見《宋》卷二十三、《淨土往生傳》卷下）

本姓：張氏。

僧名：志通。

籍貫：扶風。

師承：囈日囉。

交遊：文穆王。

住寺：眞身塔寺。

簡譜：

939 後晉‧高祖天福四年　師至錢塘，文穆王迎之居眞身塔寺。

941 後晉‧高祖天福六年　遊越州法華山。

942 後晉・高祖天福七年　示寂。

考釋：

一、囀日囉，行瑜伽法，殆密教學者，且授志通和尚梵文的。餘待考。

二、本《簡譜》所載，多據《淨土往生傳》。

〈僧宗季傳〉（見《宋卷》七）

本姓：俞氏。

僧名：宗季。

籍貫：臨安。

師承：巨信論師（一）。

交遊：蘊讓（二）、閭丘方遠（三）、羅隱（四）。

住寺：杭州龍興寺。

功德：撰《永新鈔》，釋《般若心經》、《暉理鈔》，解《上生經》、《彌勒成
佛經疏鈔》、《補猷鈔闕》等。

生卒年月：漢・乾祐元年（西元 948 年）卒。

考釋：

一、巨信論師，待考。

二、蘊讓，吳越・武肅王時的僧正，《宗季傳》說：「時僧正蘊讓給慧縱
橫，兩面之敵也……見而申問，季作二百語訓之，讓正賞歎。」可見蘊讓和
尚是一大肚能容的了。

三、閭丘方遠，《十》卷八十九有〈傳〉，略謂：「閭丘方遠，舒州人也（原
注：一云青州）。生州之天柱山下，幼辨慧。年二十九，師香林左元澤、廬山陳
玄悟，傳法籙于天台葉藏質，皆曉暢大義，甚得真傳。方遠故精黃老術，而又
酷喜儒業，博學多聞，常詮《太平經》十二篇行世……遍遊名山，至餘杭天柱
異而止焉。武肅王厚加禮遇……重建太極宮居之，賜號洞玄先生（原注：又云
妙有大師）……先是羅隱就方遠授子書，方遠必瞑目而授，餘無他論。」云云。

四、羅隱，《五代史》卷二十四、《十》卷八十四俱有〈傳〉，略謂：「羅
隱，字昭諫，新城人也……少能詩，與族人虯、鄴齊稱，時人謂之「三羅」……
自號江東生。尋為唐相鄭畋、李蔚所知。臥病長安，會天旱，詔大京兆祈雨
作法；隱上疏切諫，詞涉規諷，竟不用。已而遇羅尊者以相術勸東歸霸圖……
累官錢塘縣令，授鎮海軍掌書記、節度判官、鹽鐵發運副使，除著作佐郎、

司勳郎中，歷遷諫議大夫、給事中、發運使，賜金紫。天寶三年（西元 910 年）十一月卒，年七十有七，葬新登縣界……有《吳越掌記集》三卷、《江南甲乙集》十卷、《江東後集》三卷、《湘南應用》三卷、《靈璧子兩同書》十篇，又有《讒書》五卷、《淮海寓言》七卷，多散失不傳。」

〈僧彥求傳〉（見《宋卷》二十八）

本姓：葉氏。

僧名：彥求。（一）

籍貫：縉雲。

師承：景霄、長慶禪師。（二）

交遊：漢南國王錢氏。（三）

住寺：丹丘六通院、杭州龍華寺。

生卒年月：宋・太祖建隆中卒。（四）

考釋：

一、《景》卷二十一做「彥球」，是長慶的法嗣。

二、長慶禪師，就是慧稜和尚。《宋》卷十三、《景》卷十八皆有〈傳〉。略謂：「福州長慶慧稜禪師，杭州鹽官（案，《宋》做「海鹽」）人也，姓孫氏。幼歲稟性淳澹，年十三，於蘇州通玄寺出家登戒，歷參禪肆。唐・乾符五年（西元 878 年）入閩中，謁西院，訪靈雲，尚有凝滯；後之雪峰，疑情冰釋……師來往雪峰二十九載，至天祐三年（西元 906 年）受泉州刺史王延彬請，住昭慶……後閩帥請居長樂府之西院，奏額曰長慶，號超覺大師……化行閩越二十七載。後唐・長興三年壬辰（西元 932 年）五月十七日歸寂，壽七十有九，臘六十。王氏建塔。」

三、當指錢弘俶而言。

四、案，建隆才二年，相當於西元 960～961。

〈僧皓端傳〉（見《宋》卷七）

本姓：張氏。

僧名：皓端。

賜號：崇法大德。

籍貫：嘉禾。

師承：希覺（一）、雲法師（二）、玄燭（三）。

交遊：武肅王、忠獻王、錢昱（四）。

住寺：羅漢寺、眞身塔寺。

生卒年月：唐・昭宗大順元年（西元 890 年）生，宋・太祖建隆二年（西元 961 年）卒，世壽七十二、僧臘五十二。

功德：撰《金光明經隨文釋》十卷、《傳錄記讚》七十許卷。

簡譜：

890 唐・昭宗大順元年　師生。

890 唐・昭宗光化元年　師九歲，捨家入靈光精舍受經法。

909 後梁・太祖開平三年　師二十歲，受具。

916 後梁・末帝貞明二年　師二十七歲，于四明阿育王寺遇希覺律師盛揚南山律（六），乃從學焉。

948 後漢・高祖乾祐二年。師五十九歲，秀州刺史錢昱嘗禮之（五）。蓋此時師於羅漢寺、眞身塔寺宏法也。

961 宋・太祖建隆二年　師七十二，示寂。

考釋：

一、希覺，〈傳〉見《宋》卷十六，殆慧則律師入室弟子（見全書全卷《慧則傳》）。其他詳後考。

二、雲法師，或者就是雲表法師？因爲《本傳》說：「（皓端）尋投金華雲法師學名數一支并《法華經》」而全卷《可周傳》有「周感其開導，挈囊達彼，遇雲表法師盛集，窮《法華》、慈恩《大疏》，日就月將，斡運深趣。」可見雲法師殆即雲表法師，是《法華》、慈恩《大疏》（所謂「名數一支」即法相之因明）的一代宗師。

三、玄燭，〈傳〉中說他是天台教的第十祖，餘待考。

四、錢昱，宋秘書監，後改工部侍郎，歷典、泗、宿三州。《宋史》卷四八〇有〈傳〉，略謂：「昱，字就之，忠獻王佐之長子。佐薨，昱尚幼，國人立倧，遂以昱爲咸寧、大安二宮使……好學多書，喜吟詠，多與中朝卿大夫唱酬。嘗與沙門贊寧談竹事，迭錄所記，昱得百餘條，因集爲《竹譜》三卷，俄獻《太平興國錄》……咸平二年（西元 999 年）卒，年五十七。」

五、錢昱爲秀州刺使，是在弘俶爲吳越王時（此見《十》、《吳越備史》、《宋史》）。考弘俶稱制，是在後漢・高祖乾祐二年（西元 948 年），所以定其

「躬赤觀端之標格」《宋》語）在這一年。

六、希覺律師在四明阿育王寺弘傳南山律，定在這一年，那是因為〈本傳〉（《宋》卷十六）說：「武肅王錢氏季弟鏵牧是郡，深禮重焉。」考《佛》卷四十二梁‧太祖貞明二年（西元 916 年）條，有：「吳越王鏐遣沙門清外，同弟錢鏵往四明阿育王山迎釋迦舍利塔。船泊西陵，塔夜放光，浙江如畫。王躬迎至羅漢寺，廣陳供養。」又《皓端傳》說「武肅王錢氏召（皓端）於王府羅漢寺演訓，復令於真身塔寺宣導」或者都在這一個時候吧？

〈僧從襲傳〉（見《景》卷十九）

僧名：從襲。

師承：雪峰。

交遊：錢鏐（一）。

住寺：餘杭大錢山。

考釋：

一、《景》卷十九本傳說師是「雪峰之上足也。自本師印解，洞曉宗要……後入浙中謁錢王。」案，雪峰示寂在後晉‧莊宗天祐五年（西元 908 年）；師從印解，當在此年以前，那麼，錢王應該是鏐了。

〈僧重機傳〉（見《景》卷二十一）

僧名：重機。

籍貫：台州黃巖。

賜號：明真大師。

師承：師備。

交遊：武肅王。

住寺：杭州天龍寺。

〈僧行脩傳〉（見《宋卷》三十、十卷八十九）

本姓：陳氏。

僧名：行脩。

賜號：宗慧大師。杭人號「長耳和尚」（一）。

籍貫：泉州。

師承：雪峰存禪師。

住寺：北巖院、長樂府、西關。

交遊：永明延壽（二）、忠懿王。

生卒年月：乾祐三年庚戌歲（西元 950 年）坐終。

簡譜：

少投北巖院出家。

十三削髮，往長樂府受上品律儀。

十八參雪峰存禪師。

後唐天成二年丁亥歲（西元 927 年）入浙中。

後漢乾祐三年庚戌歲（西元 950 年）坐亡。

考釋：

一、長耳，《十·本傳》說是生而長耳，《宋·傳》則說是雪峰拉長的。

二、延壽，見後文。

〈僧道潛傳〉（見《宋》卷十三、《十》卷八十九、《通》卷二十五、《景》卷二十五）

本姓：武氏。

僧名：道潛。

賜號：慈化定慧禪師。

籍貫：河中府（一）。

師承：眞寂（二）、文益。

交遊：忠懿王。

住寺：大通禪院、崇壽寺、衢州古寺、慧日永明寺。

法嗣：杭州千光王瓌省、衢州鎮境志澄、明州崇福慶祥等三禪師（三）。

簡譜：

954 後周·太祖顯德元年　忠懿王建慧日永明寺請師居之（四）。

961 宋·太祖建隆二年　示寂。

考釋：

一、《宋·本傳》做「蒲津」。

二、眞寂，就是存壽和尚，《宋》卷十三、《景》卷十六等多有〈傳〉，他

是潭州石霜慶諸禪師的法嗣，略謂：「禪師，不知何許人也。姓梅氏，初講經論，後入石霜之室。隨緣誘化，抵於蒲板⋯⋯終壽九十有三，謚眞寂大師。」

三、見《景》卷二十六各〈傳〉。

四、據《十》卷八十一〈忠懿王世家〉。

〈僧王羅漢傳〉（見《宋卷》二十二）

僧名：王羅漢。

賜號：密修神化尊者。

交遊：贊寧、漢南國王錢氏。

生卒年月：開寶初（西元 968 年～西元 970 年）六月內坐終。

〈僧令參傳〉（見《景》卷十八）

僧名：令參。

籍貫：湖州。

師承：雪峰。

交遊：錢鏐。惠明（一）。

住寺：籠冊寺。

法嗣：延壽（二）。

考釋：

一、《宋》卷二十三惠明傳云：「漢・乾祐中（西元 948 年～西元 950 年）自山出，時翠嚴參公率諸禪伯於僧主思憲院，定其臧否。明之口給，無能挫衂。」以口給禦人，顯然是朋輩行也。

二、全書卷二十八《延壽傳》：「屬翠嚴參公盛化，壽捨妻孥，削染登戒。」則是傳法弟子行也；但是，《景》卻是參禪師有法嗣二人；子興、知默。而延壽則是德昭的法嗣。

〈僧德韶傳〉（見《宋》卷十三、《十》卷八十九、《景》卷二十五、《禪》卷七）

本姓：陳氏。

僧名：德韶。

賜號：天台國師、「大和尚」。

籍貫：處州龍泉。

師承：本州龍歸寺剃髮、信州開元寺受戒、於投子山見大同師（一），次謁
　　　龍牙遁和尚（二），又見踈山矮師叔（三）。最後至臨川淨慧禪師處悟
　　　道（四）。

交遊：義寂禪師（五）、忠懿王、蘇州節使錢仁奉。

法嗣：杭州永明寺延壽禪師、溫州大寧可弘禪師、蘇州長壽明彥大師、杭
　　　州五雲山志逢大師、杭州報恩法端禪師、杭州報恩紹安禪師、福州廣
　　　平守威禪師、杭州報恩永安禪師、廣州光聖師護禪師、杭州奉先清昱
　　　禪師、天台普聞智勤禪師、溫州雁蕩願濟禪師、杭州普門希辯禪師、
　　　杭州光慶遇安禪師、天台般若友蟾禪師、婺州智者全肯禪師、福州玉
　　　泉義隆禪師、杭州龍冊曉榮禪師、杭州功臣慶蕭禪師、越州稱心敬璜
　　　禪師、福州嚴峰師朮禪師、潞州華嚴慧達禪師、越州清泰道圓禪師、
　　　杭州九曲慶祥禪師、杭州開化行明大師、越州開善義圓禪師、溫州瑞
　　　鹿遇安禪師、杭州龍華慧居禪師、婺州齊雲遇臻禪師、溫州瑞鹿寺本
　　　先禪師。（以上據《景》卷二十六所載，凡三十人；另十九人因無機
　　　緣語句而不錄，此亦不載其名諱。）

住寺：龍歸寺、開元寺、建天台道場十數。

功德：重興天台智顗禪師教法。

生卒年月：唐昭宗大宗順二年（西元 891 年）生，宋・太祖開寶五年（西
　　　元 972 年）卒，世壽八十二、僧臘六十四。

簡譜：

　　891 唐・昭宗大順二年　師生。

　　905 唐・哀帝天祐二年　師十五歲，有梵僧拊其背，曰：汝當出家，塵中
　　　　無置汝所。

　　907 哀・帝天祐四年　師年十七，依處州龍歸寺剃染。

　　908 後梁・開平二年　師十八歲，受具足戒於信州開元寺。

　　924 後唐・同光二年　師三十四歲，謁舒州投子庵大同禪師，不契；又造
　　　　龍牙遁禪師、踈山矮師叔。

　　947 後晉・開運四年　師五十七歲，時忠懿王以國子刺台州，下車數月，
　　　　師語王曰：此地非君爲治之所，當歸國城；不然，將不利王矣。果有

胡進思之變，王乃立，而尊師爲國師，乃符淨慧禪師之懸記：「汝向後當爲國王所師，致祖道光大焉（六）。」

948 後漢・乾祐元年　師五十八歲，忠懿王遣使迎之，申弟子禮。

972 宋・太祖開寶四年　師八十二歲，示寂。

考釋：

一、大同禪師，《宋》卷十三有〈傳〉：「舒州桐城投子山釋大同，姓劉氏，舒州懷寧人也……投洛下保唐滿禪師出俗，初習安般觀，業垂成，遂求華嚴性海。復負錫謁翠微山法會，同伏牛元通激發請益，大明祖意……還歸故土，隱投子山……以梁・乾化四年（西元 914 年）甲戌四月六日，跏趺坐亡，春秋九十六，法臘四十六。」（見《智閑傳附》）

二、龍牙遁和尚，即釋居遁，亦見《宋》卷十三光仁傳附：「姓郭氏，臨川南城人也……出家于盧陵漢田寺……參翠微禪會，迷復未歸，莫知投詣。聞洞上玄言格峻，而躬造之……於言下體解玄微……居龍牙山妙濟禪院，侁侁徒侶，常聚半千……詔賜紫袈裟并師號證空焉，則梁・貞明初也……至龍德三年癸未歲（西元 923 年）八月遘疾……」（又見《景》卷十七）

三、踈山矮師叔，即撫州踈山釋光仁，《宋》卷十三本傳說：「不知何許人也。其形矬而么麼，幼則氣概凌物，精爽殆與常不同。早參洞山，深入玄奧，其辯給又多於人也……後居臨川踈山……」（又見《景》卷十七）

四、淨慧禪師，即文益和尚，《宋》卷十三、《景》卷二十四、《禪》卷四皆有傳。略云：「禪師諱文益，餘杭魯氏子。七齡秀發，依新定全偉律師落髮，詣越州開元希覺律師受具足戒……初謁長慶稜道者，無所契悟。與善脩、洪進參宣法大師（案，即道琛和尚）……江南國主李氏始祖知重，迎住報恩禪院，署號淨慧……以周・顯德五年戊午歲（西元 958 年）秋七月十七日有恙，俗年七十四，臘五十五。私諡曰大法眼，塔號無相。」

五、義寂禪師，《宋》卷十三《本傳》做「義」，並謂勸韶師補闕智顗文集，是從新羅而非日本。詳見後考。

六、事見《吳越備史》（以下簡稱「《備》」）及《十》，而前者較詳。且《十》做「德俶」，當誤。

〈僧行瑫傳〉（《宋卷》二十五）

本性：陳氏。

僧名：行瑫（一）。

籍貫：湖州長城。

師承：光遠師（二）、智新（三）。

功得：撰《大藏經音疏》五百許卷。

生卒年月：唐・昭宗乾寧二年（西元 895 年）生，周・太祖顯德三年（西
　　　　元 956 年）卒，世壽六十二，僧臘四十四。

簡譜：

　895 唐・昭宗乾寧二年　師生。

　905 唐・哀帝天祐二年　師十一歲，依光遠師剃染。

　906 唐・哀帝天祐三年　師十二歲，誦《法華經》而通利；又誦《維摩經》
　　　盡。

　928 後唐・明宗天成三年　師三十四歲，寓越之若耶山，披覽《大藏經》。

　956 周・太祖顯德三年　師六十二歲，示寂。

考釋：

　一、《景》卷十八有〈福州僊院仁慧大師行瑫傳〉：「泉州人也，姓王氏。
本州開元寺受業，預雪峰禪會，聲聞四遠，閩帥請轉法輪。」云云，實與本
〈傳〉之行瑫不類，應該是另外一位。

　二、光遠師，行瑫和尚的剃染師，餘待考。

　三、智新，金華雙林寺僧，傳南山《律鈔者》，行瑫和尚即從之受學。餘
待考。

〈僧紹巖傳〉（《宋》卷二十三、《景》卷二十五）

本姓：劉氏。

僧名：紹巖。

賜號：了空大智常照禪師。

籍貫：雍州。

師承：高安、懷暉（一）、文益。

交遊：德韶、忠懿王。

住寺：上方淨院、水心寺。

生卒年月：唐・昭宋光仁二年（西元 899 年）生，宋・太祖開寶四年（西
　　　　元 971 年）卒，世壽七十三，僧臘五十五。

葬地：龍井山。

簡譜：

899 唐・昭宋光仁二年　師生。

905 唐・哀帝天佑二年　師七歲，依高安禪師出家。

916 後梁・末帝貞明二年　師十八歲，進具於懷暉律師。

924 後唐・莊宗同光二年　師二十六歲，與德韶禪師共決疑滯於臨川益公。

961 宋・太祖建隆二年　師六十三歲，欲焚身供佛，爲忠懿王苦勸而止；又赴江飼魚，不沉而罷（二）。

972 宋・太祖開寶四年　師七十三歲，示寂。

考釋：

一、懷暉，《宋》卷十有傳，殆非爲紹巖受具足戒之人。因爲此地之懷暉是大寂禪師的門下，不專在「律」，《景》卷七也有他的傳。而且他是生於唐玄宗天寶十一年（西元 751 年），卒於憲宗元和十年（西元 815 年）和紹巖之受具恰恰早了百年，所以應當不是同一人。再者，《宋》卷九唐南嶽觀音臺懷讓傳說：「元和中，寬、暉至京師，揚其本宗，法門大啓，傳百千燈。」又全書卷十一唐常州芙蓉山太毓傳也說：「毓與大徹禪師、大宣教禪師（即懷暉）、大智禪師，皆昆仲也。」可證不是「律師」的懷暉、但其生平卒不可考。

二、《景》卷二十五《本傳》沒有這一段話，只這樣記載「師開寶四年七月示疾。謂門弟子曰：諸行無常，即常住相。言訖，跏趺而逝，壽七十三、臘五十五。」頗有「禪師」的當行本色，因此我又懷疑紹巖和釋岩是兩個人，贊寧把他們誤成一人了。

〈僧普光傳〉（見《兩浙金石志》卷四——以下簡稱「《兩》」）

本姓：錢氏。

僧名：令因。

賜號：法相大師、慧因普光大師。

籍貫：杭州臨安。

家世：武肅王第十九子（一）。

住寺：安國羅漢寺、眞寶塔寺。

法嗣：省緣、省善、省勸、省貞、省超、省希。

功德：兩浙僧統、吳越僧統。

生卒年月：唐・昭宗天復元年（西元 901 年）生，吳越・寶大元年（西元 924 年）卒世壽二十四、僧臘四十一（二）。

葬地：錦里功臣山。

簡譜：

901 唐・昭宗天復元年　師生。

913 梁・末帝乾化三年　師十三歲，於安國羅漢寺披剃。

914 梁・末帝乾化四年　師十四歲，講《妙法蓮華經》。

915 梁・末帝貞明元年　師十五歲，上元夜，於功臣堂講《七寶陀羅尼經》。

916 梁・末帝貞明二年　師十六歲，加法戒都監選練。

917 梁・末帝貞明三年　師十七歲，授真身寶塔寺主。

920 梁・末帝貞明六年　師二十歲，任兩浙僧統。

923 梁・末帝龍德三年　師二十三歲，改授吳越僧統，賜號慧因普光大師。

924 後唐・莊宗同光二年　師二十四歲，示寂。

考釋：

一、據《十》，武肅王凡三十八子，沒有說到「第十九子」，也沒有說有子出家的，此可補史闕。其他請參閱本書《吳越錢氏世系考》。

二、師世壽才二十四歲，他十三歲出家，僧臘應該是十一年；但是梁帝恩賜了三十年的僧臘，這是帝制時代的怪現象，所以合計是四十一僧臘。

〈僧延壽傳〉（見《宋卷》二十八、《十卷》八十九、《禪》卷九、《景》卷二十六、《佛》、《通》皆在卷二十六有傳。）

本姓：王氏，字仲立（一）。

僧名：延壽。

賜號：智覺禪師。卒諡永明宗照大師。

籍貫：餘杭。

師承：翠嵒永明禪師岑公（二）、韶國師。

交遊：文穆王、忠懿王。

法嗣：高麗國王、杭州富陽子蒙禪師、杭州朝明院津禪師。

生卒年月：唐・昭宗天祐元年（西元 904 年）生，宋太祖開寶八年（西元 975 年）卒，世壽七十二、僧臘三十七（三）。

功德：淨土宗六祖，著《宗鏡錄》百卷、註《心賦》一卷、《抱一子》若干

卷、《萬善同歸集》。

簡譜：

904 唐・昭宗天祐元年　師生。

910 後梁・太祖開平四年　師七歲，誦《法華經》七行俱下，感群羊跪聽。

919 後梁・末帝貞明五年　師十六歲，時文穆王鎮餘杭，師獻〈齊天賦〉，
　　眾咸欲官之。

931 後唐・明宗長興二年　師二十八歲，為華亭鎮將，以官錢放生，坐死，
　　文穆王赦之，聽其出家。因投四明翠岩岑禪師。

960 宋・太祖建隆元年　師五十七歲，忠懿王重剏靈隱寺，命師主其事。

961 宋・太祖建隆二年　師五十八歲，遷永明道場。

974 宋・太祖開寶七年　師七十一歲，入天台山度戒萬餘人。

975 宋・太祖開寶八年　師七十二歲，十二月二十六日、辰時，焚香告眾，
　　跏趺而逝。

考釋：

一、《十》本傳「仲」做「沖」，當誤。

二、岑公，恐怕是「令參」之誤。《景》卷十八說他是雪峰義存禪師的法
嗣，而本傳略云：「明州翠永明大師令參，湖州人也，自雪峰受記，止於翠嵓，
大張法席……錢王嚮師道風，請居龍冊寺終焉。」這就是〈延壽傳〉上說的：
「投翠嵓永明禪師岑公學出世法，會岑遷止龍冊寺。」一段。他的法嗣有二：
一是杭州龍冊寺子興禪師，一是溫州佛嶼知默禪師。

三、《禪》做「僧臘四十二」，今案，延壽禪師二十八歲投翠嵓出家，則
其僧臘當是四十五；若隔一年受滿戒，也應該是四十四。因此做「三十七」
或「四十二」的，都誤。

〈僧志逢傳〉（見《十》卷八十九、《景》卷二十六、五卷）

僧名：志逢。

賜號：普覺大師（一）。

籍貫：餘杭。

師承：德韶。

交遊：忠懿王、凌超（二）。

住寺：餘杭東山朗瞻院、雲居道場、臨安功臣院、五雲山華嚴道場。

生卒年月：後梁‧太祖開平二年（西元 908 年）生，宋‧太宗雍熙（西元
　　　　985 年）卒，世壽七十七，僧臘五十八。

簡譜：

　　908 後梁‧太祖開平二年　師生。

　　927 後唐‧明宗天成二年　師二十歲，受具於朗瞻院。

　　940 後晉‧高祖天福五年　師三十三歲，參韶國師。

　　955 後周‧世宗顯德二年　師四十八歲，結第五雲山。

　　965 宋‧太祖乾德三年　師五十八歲，忠懿王慕其風，召賜紫，署普覺大
　　　　師。

　　971 宋‧太祖開寶四年　師六十四歲，大將凌超於五雲山華嚴道場為終老
　　　　之所。

　　985 宋太宗雍熙二年　師七十七歲，示寂，塔曰寶峰常照。臘五十八。

考釋：

　　一、別號伏虎禪師，大扇和尚，因為他出入常大扇自隨，而化緣買肉飼
虎，虎馴狎常為騎乘故。

　　二、凌超，史無其傳，是不是「陸超」之誤呢？《十》卷八十七有〈陸
超傳〉，但是殘缺殊甚，僅以下寥寥幾個字：「陸超，錢塘人（原注：闕）。王
時以功衢州刺史，有惠政，衢人多稱之。」實在無從考訂是否。姑闕於此。

　　三、天福五年，顯德二年，是取其「中」數，因為傳文本來如此。

〈僧永安傳〉（見《十》八十九、《景》卷二十六、《宋》卷二十八）

　本姓：翁氏。

　僧名：永安。

　賜號：正覺空慧禪師。

　籍貫：溫州永嘉。

　師承：彙征、惠明、德韶。

　交遊：忠懿王。

　住寺：越州清泰院、杭州報恩光敏寺。

　生卒年月：後梁‧太祖乾化元年（西元 911 年）生，宋‧太祖開寶七年（西
　　　　元 974 年）卒，世壽六十四，僧臘四十四。

　簡譜：

911 後梁・太祖乾化元年　師生。

927 後唐・明宗天成二年　師十七歲，隨師彙征入吳越國。

930 後唐・明宗長興元年　師二十歲，受具足戒。

957 後周・世宗顯德四年　師四十七歲，惠明禪師卒，師親爲荼毗，獲舍利。

974 宋・太祖開寶七年　師六十四歲，示寂。

〈僧法齊傳〉（見《景卷》二十六）

本姓：丁氏。

僧名：法齊。

籍貫：婺州。

師承：朋彥。

交遊：錢仁奉。（詳下文考）

住寺：蘇州長寺院。

生卒年月：後梁・太祖乾化二年（西元 912 年）生，宋・眞宗咸平三年（西元 1000 年）卒，世壽八十九、僧臘七十二。

簡譜：

912 後梁・太祖乾化二年　師生。

929 後唐・明宗天成四年　四十八歲，受具戒。

961 宋・太祖建隆二年　師五十歲，受廣法朋彥大師付法。

978 宋・太宗太平興國三年　師六十七歲，捨眾就本院創別室宴居。

1000 宋・眞宗咸平三年　師八十九歲，示寂。

〈僧朋彥傳〉（見《景》卷二十六）

本性：秦氏。

僧名：朋彥。

賜號：廣法大師。

籍貫：永嘉。

師承：寶資（一）、慧明。

交遊：錢仁奉（二）。

法嗣：法齊。

住寺：蘇州安國長壽院。

生卒年月：後梁末帝乾化三年（西元 913 年）生，宋太組建隆二年（西元
　　　　　961 年）卒，世壽四十九，僧臘三十五。

簡譜：

　　913 後梁騖帝乾化三年　師生。

　　928 後唐明宗天成三年　師十五歲，受具。

　　961 宋太祖建隆二年　師四十九歲，示寂。

考釋：

　　一、傳見《景》卷二十一，略謂：「婺州金鱗報思院寶資曉悟大師」，是
福州長慶慧稜禪師的法嗣。

　　二、錢仁奉，《宋》卷十三〈德韶傳〉有：「蘇州節使錢仁奉有疾，遣人
賫香往（案，德韶）乞願焉。乃題疏云：令公八十一。仁奉得之甚喜曰：我
壽八十一也，其年八月十一日卒焉。」又《景》卷二十六《法齊傳》，說仁奉
嘗請法齊宣揚佛理。

〈僧羲寂傳〉（見《宋》卷七、《十》卷八十九、《佛》卷八）

本姓：胡氏。

僧名：羲寂（一），字常照。

賜號：淨光大師。

籍貫：溫州永嘉。

交遊：德韶、諦觀（二）、忠懿王。

住寺：開元伽藍、會稽、天台山、佛隴道場、國清寺、光明寺。

法嗣：澄或、寶翔、義通（三）。

功德：重興天台智顗大師教法。

生卒年月：後梁・末帝貞明四年（西元 918 年）生，宋・太宗雍熙四年（西
　　　　　元 987 年）卒，世壽六十九、臘五十（四）。

簡譜：

　　918 後梁・末帝貞明四年　師生。

　　936 後晉・高祖天福元年　師十九歲，受具足戒。

　　960 宋・太祖建隆元年　師四十三歲忠懿王遣使高麗求天台遺教。

　　961 宋・太祖建隆二年　師四十四歲高麗遣諦觀齎遺教來。

980 宋・太宗太平興國五年　師六十三歲，入治佛寺。

984 宋・太宗雍熙元年　師六十七歲，於永安縣光明寺授戒。

987 宋・太宗雍熙四年　師六十九歲，示寂。

考釋：

一、《宋》傳「羲」做「義」。

二、諦觀，《佛》卷十有傳，略謂：「法師諦觀，高麗國人……吳越王遣使致書，以五十種寶往高麗求之（案，即天台智者大師之教義）。其國令諦觀來奉教乘，而《智論疏》、《仁王疏》、《華嚴骨目》等禁不令傳；且戒觀師，於中國求師問難，若不能答，則奪教文以回。觀師既至，聞螺溪善講授，即往參謁，一見心服，遂禮為師。嘗以所製《四教儀》藏於篋，人無知者。師留螺溪十年，一日坐亡，後人見故篋放光，開視之，唯此書而已。由是盛傳諸方，大為初學發蒙之助。」

三、義通，《佛》卷八有傳，甚悉，今編為簡譜於后：

927 後唐・明宗天成二年　師生於高麗國，姓尹氏。幼從龜山院釋宗為師。

966 宋・太祖乾德四年　師四十歲。於天台雲居韶國師所忽有契悟，及謁螺溪聞一心三觀之旨而大悟。至此年下四明，為郡守太師錢惟治所留，因止。

968 宋・太祖開寶元年　師四十三歲，漕使顧承徽捨宅為傳教院，請師居之。

979 宋・太宗太平興國四年　師五十三歲，收法智為徒。

981 宋・太宗太平興國六年　師五十五歲，弟子延德詣京乞寺額，賜號寶雲。

984 宋・太宗雍熙元年　五十八歲，慈雲始從學。

988 宋・太宗端拱元年　師六十二歲，右脅而化，葬阿育王寺之西北隅。

案，除澄或、寶翔、義通外，《佛》又載有「淨光旁出世家」，略有：慧光宗昱（國清）、石壁行靖、行紹（錢塘）、勝光瑞先（天台）、通鑑知廉、崇法願齊、常寧契能（原注：以下十師嗣昱師）、通照覺明、安國至臻、寶山懷慶、明教曉乘、寶藏悟真、頂山懷至、靈鷲志倫、安國肅閑、慈惠慶文等。

四、《佛》卷八做「貞明五年生，雍熙五年卒。」

〈僧曉榮傳〉（《景》卷二十六）

本姓：鄧氏。

僧名：曉榮。

籍貫：溫州白鹿。

師承：德韶。

住寺：瑞鹿寺、杭州富陽淨福院、龍冊寺。

法嗣：慧文。

生卒年月：淳化元年庚寅（西元 990 年）示寂，世壽七十一，僧臘五十六。

簡譜：

　　920 梁・貞明六年　師生。

　　935 後唐・清泰二年　師十六歲，出家。

　　990 宋・淳化元年　師於秀州靈光寺淨土院示寂，壽七十一歲。

〈僧希辨傳〉（《十》卷八十九，五卷，《景》卷二十六）

本姓：錢氏（一）。

僧名：希辨（二）。

賜號：慧智禪師、慧明大師。

籍貫：蘇州常熟。

師承：啓祥（三）、德韶。

住寺：越州清泰院、普門寺。

交遊：忠懿王、僧贊寧。

法嗣：高麗慧洪、越州上林胡智（四）。

生卒年月：後梁・末帝龍德元年（西元 921 年）生，宋・太宗至道三年（西元 997 年）卒，壽七十七，臘六十三。

簡譜：

　　921 後梁・末帝龍德元年　師生。

　　935 後唐・末帝清泰二年　師十五歲，禮本邑延福院啓祥禪師落髮具戒。

　　964 宋・太祖乾德二年　師四十四歲，忠懿王命住越州清泰院，署慧智禪師。

　　972 宋・太祖開寶五年　師五十二歲，復命居普門寺。上堂作開示。

　　978 宋・太宗太平興國三年　師五十八歲，從忠懿王奉寶塔歸守。召見滋福殿，賜紫，號慧明大師。

　　989 宋・太宗端拱二年　師六十九歲，乞還故里，詔從之。忠懿王施金創塼浮圖七級。

　　997 宋太宗至道三年，師七十七歲，示寂。

考釋：

一、諸本多不著其姓氏，而《十》自注說：「一曰忠懿王子，疑非。」考見後文。

二、「辨」，《景》、《五》皆做「辯」。

三、啓祥，待考。

四、其法嗣見《景》卷二十六載，但因「無機緣語句，故不錄」，所以無傳。

〈僧支蟾傳〉（見《十》卷八十九、《景》卷二十六）

僧名：支蟾（一）。

籍貫：錢塘臨安。

賜號：慈悟禪師。

師承：德韶。

交遊：忠懿王。

法嗣：隆一（二）。

住寺：雲居普賢院、天台山般若寺。

生卒年月：宋・太宗乾化初（西元990年～西元992年）示寂（三）。

考釋：

一、支蟾，《十》做「友蟾」。

二、隆一，待考。

三、雍熙三年（西元986年）已付法隆一。

〈僧遇安傳〉（《咸淳臨安志》——以下簡稱「《咸》」，卷七十、《景》二十六）

僧名：遇安（一）。

籍貫：杭。

賜號：善智禪師。

師承：天台重簫、韶國師。

交遊：忠懿王、安僖王（二）。

住寺：北關傾心院、天龍寺、光慶寺。

生卒年月：宋・太宗淳化初（西元909年～西元994年）示寂。

考釋：

一、全書全卷猶有溫州瑞鹿寺上方遇安禪師，也是韶師的法嗣。他是福州人，時稱「安楞嚴」。示滅於至道元年（西元 995 年）。

二、安僖王，或者是宋·太宗次子昭成太子元僖。《宋》史卷二四五本傳說：「元僖初名德明……淳化三年（西元 992 年）十一月己亥，元僖入朝，方坐殿廬中，覺體中不佳，往歸府。車駕遽臨視疾，己亟，上呼之猶能應；少頃，遂薨。上哭之慟，廢朝五日……元僖爲嬖妾張氏所惑……於都城西佛寺招魂葬其父母……」案，張氏既佞佛，則元僖之召遇安和尙居光慶寺（事在開寶七年～西元 974 年），當是情理中事。

〈僧守威傳〉（《景》卷二十六）

僧名：守威。

籍貫：福州侯官。

賜號：宗一禪師（一）。

師承：西峰山（二）、德韶國師。

交遊：忠懿王。

考釋：

一、案，此宗一禪師的賜號，不是玄沙師備。《宋》卷十三〈桂琛傳〉說：「得旨於宗一，明暗色空，廓然無惑。」全書卷二十三〈文輦傳〉說：「末遇天台德韶禪翁唱宗一之道，輦復諦受無疑。」可證後者輩分、時代在其前。

二、傳說師從「西峰山受業」，沒有明言西峰的指誰何？根據《宋》卷十二《洪諲傳》，說：「大中初，除滅法之律，乃復厥議，還故鄉西峰院。」那麼，是石霜慶諸的法系吧？

〈僧行明傳〉（《咸》卷七十、《景》卷二十六）

本姓：于氏。

僧名：行明（一）。

賜號：開化禪師。

交遊：忠懿王。

住寺：能仁寺、大和寺。

生卒年月：宋·眞宗咸平四年（西元 1001 年）示叔。

師承：雪竇山智覺禪師。

考釋：

一、行明，《宋》卷二十三有傳，但疑非同一人。因爲：（一）贊寧和尙的本傳標題是：《唐南嶽蘭若行明傳》，不是住在六合寺的。（二）《宋》說他和「玄泰布維爲交契」，並說他捨身飼虎以後，還是「泰公收其殘骼焚之，而獲舍利。乃擷花酌水，爲文祭之。」考玄泰《宋》卷十七、《景》卷十六都有傳，但都說它「不知何許人也」。不過，他「始見德山鑒禪師，陞於堂矣；後謁石霜普會禪師，遂入室焉。」（《景》語）這樣看來，他——行明——的時代應早於六合寺釋行明很多吧？

〈僧慶祥傳〉（見《咸》卷七十景卷、《景》卷二十六）

本姓：沈氏。

僧名：慶祥（一）。

賜號：九曲禪師。

籍貫：杭。

考釋：

一、天台門下推爲傑出，則師爲天台宗乘可知。

〈僧本先傳〉（《景》卷二十六）

本姓：鄭氏。

僧名：本先。

籍貫：溫州永嘉。

住寺：溫州集慶院、天台國清寺、瑞塵寺。

功德：《竹林集》十卷。

生卒年月：晉・天福七年（西元 942 年）生，宋・大中祥符元年（西元 1008 年）示寂，世壽六十七、僧臘四十二。

簡譜：

942 晉・天福七年　師生。

967 宋・乾德五年　師二十五歲，受具於天台國清寺。

1008 宋・大中祥符元年　師六十七歲，示寂。

〈僧彌洪傳〉（見《十》八十九）

僧名：彌洪。

交遊：忠懿王。

簡譜：

994 後晉・出帝開運元年　師結庵於杭州煙霞洞口。

〈僧清聳傳〉（見《十》卷八十、《景》卷二十五）

僧名：清聳。

賜號：了悟禪師。

籍貫：福州福清縣。

師承：文益和尚（一）。

交遊：錢弘億（二）、忠懿王。

住寺：靈隱上寺。

法嗣：杭州功臣院道慈、秀州羅漢願昭、處州報恩師智、衢州灙寧可先、
　　　杭州光孝道端、杭州保清遇寧、福州支提辯隆、杭州瑞龍希圓，及無
　　　機緣語句故無傳的杭州國泰德文等禪師，凡九人（二）。

簡譜：

949 後漢・隱帝乾祐二年　師卓錫明州四明山，爲刺史錢弘億所師事。

871 宋・太祖開寶四年　師受忠懿王請，於閩之支提山得《華嚴經》八十
　　　二本。

考釋：

一、文益，見《德昭傳・考釋四》。

二、錢弘億，忠懿王弘俶弟，爲相國；因牽連斜滔事，在乾祐二年（西
元 949 年）出爲明州刺史。見《十》卷八十三《本傳》及卷八十一《忠懿王
世家上》。

三、清聳法嗣具見《景》卷二十六本傳。

〈僧契盈傳〉（見《十》卷八十九、《景》卷二十一）

僧名：契盈。

賜號：廣辨周智禪師。

籍貫：閩。

師承：福州黃蘗山受業（一）、長慶領旨（二）。

交遊：忠懿王。

住寺：杭州龍華寺。

簡譜：

　　952　後周‧太祖廣順二年　師住杭州龍華寺（三）。

　　953　後周‧太祖廣順三年　忠懿王遊碧波（四），時潮水初滿，舟楫輻湊，
　　　　望之不見其首尾。王喜曰：吳越國去京師三千里，誰知一水之利如此邪？
　　　　師答曰：可謂三千里外一條水，十二時中兩度潮。時人稱為駢切（五）。

考釋：

　　一、福州黃蘗山，「福州」字或誤，殆是「筠州」？《景》卷二十有〈筠
州黃蘗慧禪師傳〉，略謂：「師洛陽人也。少出家，業經論學，因增受菩薩戒
而嘆曰……欲以身捐於水中，飼鱗甲之類。念已將行，偶二禪者接之款活，
謂南方頗多知識，師何滯於一隅也？師從此回意參尋……直造踈山……言下
頓省。住黃蘗山聚眾開法，終於本山。」

　　二、長慶，即福州長慶慧稜禪師，它是雪峰的法嗣，《景》卷十八有傳。
略云：「師杭州鹽官人也，姓孫氏。年十三，於蘇州通玄寺出家登戒。唐‧乾
符五年（西元 878 年）入閩中……後之雪峰，疑情冰釋……天祐三年（西元
906 年）受泉州刺史王延彬請住招慶……後閩帥請居長樂府之西院，奏額曰長
慶，號超覺大師……行話閩、越二十七載。後唐‧長興三年、壬辰（西元 932
年）、五月十七日歸寂，壽七十有九，臘六十。王氏建塔。」

　　三、〈傳〉中謂「廣順中來居杭」，案，廣順前後只有三年，謂是「中」，
所以姑取「二年」為據。

　　四、遊碧波亭，所以訂在「三年」，那是因為《十》卷八十一〈忠懿王世
家〉在〈廣順三年條〉有云：「冬、十月，大閱馬步軍、艛艦於碧波亭。」他
處皆無此亭之記載故。

　　五、〈傳〉中說忠懿王所以有此喜，師所以有此對，那是因為「時江南未
通，兩浙貢賦率由海達青州故。」案，江南要通，是在李煜投降以後。考李
之降在開寶八年（西元 975 年）。

〈僧願齊傳〉（見《十》卷八十九，《景》卷二十六，《佛》卷十）

本姓：江氏。

僧名：願齊（一）。

賜號：崇法。

籍貫：錢唐。

師承：紹巖（二），德韶。

交遊：漢南王。（三）

住寺：普照道場。

生卒年月：宋・太宗太平興國中示寂。

簡譜：

一、周・顯德初受螺溪居民張彥安地，建道場。

二、宋・太祖開寶五年（西元 972 年）吳越・漢南王錢惟璿建光慶寺於西關，請師主之。

三、宋・太宗太平興國中示寂。

考釋：

一、《景》做「願濟」。

二、紹巖，《宋》卷二十三有〈傳〉，詳見後考。

三、《景》做「吳越王長子」，是也。《十》卷八十七有《傳》，見本論《錢氏世系考》。

〈僧德倫傳〉（見《十》卷八十九）

僧名：德倫。

賜號：錐刀尊者。

籍貫：永嘉。

〈釋岩傳〉（見《十》卷八十九）

僧名：釋岩（一）。

住寺：錢塘湖心寺。

交遊：忠懿王。

考釋：

一、案，此釋岩，即紹巖，見《宋》卷二十三大宋杭州真身寶塔寺紹巖傳，吳任臣氏把他誤為二人，故又在《僧志逢傳》末後說：「又有僧紹巖號了空大智常照禪師……餘不具述。」云云。又考《佛》卷二十七云：「紹岩居錢塘湖心寺，專誦《法華》，期滿萬部，得生淨土。一旦，有蓮華生於陸地，岩

誓焚身供養西方三聖，吳越王・俶力勸止之……」可以爲證。

《僧彙征傳》（見《十》八十九、《宋》卷二十八，《景》卷二十六）

僧名：彙征（一）。

賜號：光文大師。

籍貫：溫州永嘉（二）。

功德：僧正（三）。

考釋：

一、和尙之〈傳〉，僅見《十》之一行：「善詩文，有集七卷。忠懿王時命爲僧正，賜號光文大師」而已。

二、《宋》雖沒有彙征和尙的專傳，卻散見他處，譬如卷十三《晉會稽淸化院全付傳》、《後唐杭州龍冊寺道怤傳》都明載彙征爲他們立塔銘。而全書卷二十八大宋杭州報恩寺永安傳更藉寫永安，而點染出彙征的輪廓來。贊寧和尙說：「釋永安，姓翁氏、溫州永嘉人也。少歲淳厚，黃中通理。遇同郡彙征大師鳳鳴越嶠，玉瑩藍田。」《景・永安傳》也說永安「幼歲依本縣彙征大師出家」，所以知道彙征是溫州永嘉人。

三、《景》全前卷、前傳又說：「吳越・忠懿王命征爲僧正」，而《宋》也屢言「僧主彙征撰塔銘」等，所以知道他任過僧職。

綜觀彙征有關的文字，他或許是個秉性剛直，不好相處的人。永安傳說永安本來歸依彙征，但因「俄有從十二頭陀之意，潛逃欲登閩嶺，參問禪宗。屬封疆艱棘，卻迴結庵于天台。後遇韶禪師法集，頓遣羣疑，重來禮征。咄之曰：棄背孝養，爾自速辜，遺行于斯，還有裨補前咎計否？安跪對曰：從來無事，請用塞責。征肯頷之。」又卷十三道怤傳也透露了這一消息：「又光文大師彙征迥然肯重，自爲檀越。」夷考他的這一性格，恐怕是得之師傳吧？《宋・永安傳》說彙征是出於孫郃之門：「穠落文心，沈潛學奧，以其山樂安孫郃拾遺之門也。」孫郃的《傳》，見於《十》卷八十八：「孫郃，明州奉化人也。自幼負氣岸，博學高才，唐末爲左拾遺。朱全忠篡唐，著《春秋無賢人論》，即脫冠裳，服布衣，歸隱于奉化山。著書紀年，悉用甲子，以示不臣之義。

〈僧處默傳〉（見《十》卷八十九、《宋》卷三十）

僧名：處默（一）。

考釋：

一、其〈傳〉附見《十‧彙征傳》，僅一句：「吳越僧又有處默，能詩，多奇句。羅隱見其：到江吳地盡隔岸，越山多之聯。詫曰：此吾句也，乃爲師所得邪？」又附見《宋》卷三十貫休傳，也僅有一句而已：「（貫休）與處默同削染，鄰院而居，每隔籬論詩，互吟尋偶對。」其他則詳貫休考。

〈僧清昱傳〉（見《十》卷八十九、《景》卷二十六）

僧名：清昱。

籍貫：永嘉。

賜號：圓通妙覺禪師。

師承：德詔。

交遊：忠懿王、薛溫（一）。

住寺：奉先。

生卒年月：開寶中示寂。

考釋：

一、薛溫事見《十》卷八十六，蓋捍衛忠懿王之兄遜王，使全終考。累官鎮國都指揮使、睦州刺史；乾德三年（西元 965 年）捨地爲吉祥律寺。卒諡正顯（原注：一作正獻）。

《僧慧明傳》（見《十》卷八十九、《景》卷二十五、《宋》卷二十三）

本姓：蔣氏。

僧名：慧明。

賜號：圓通普照禪師。

籍貫：錢塘。

師承：文益。

交遊：忠懿王、明彥、天龍（一）。

住寺：鄞水大梅山庵、天台山白沙、資崇院。

生卒年月：顯德中卒。

考釋：

一、《景》說：「漢‧乾祐中（西元 948 年～西元 950 年）吳越忠懿王延入王府問法、命住資崇院……王因命翠巖。令參等諸禪匠及城下名公定其勝

負。天龍禪師問曰……」「慧明」《宋》做「惠明」。天龍禪師、即杭州天龍寺秀禪師、詳《景》卷二十四本傳。

《景》卷二十五慧明傳說當時吳越禪學雖盛，卻不是玄沙的正宗；直至師到極力倡之。那麼，師當是玄沙功臣了。

〈僧慧居傳〉（見《十》卷八十九、《景》卷二十六）

僧名：慧居。
籍貫：閩越。
師承：德韶。
交遊：忠懿王。
住寺：龍華寺。

〈僧師彥傳〉（見《宋》卷十三、《景》卷十七）

本姓：許氏。
僧名：師彥。
賜號：小彥長老。
籍貫：閩越。
師承：巖頭（一）、夾山會和尚（二）。
交遊：武肅王、道怤。
住寺：台州瑞巖山院。
考釋：

一、巖頭，即全豁禪師，《宋》卷二十三、《景》卷十六、《隆興通論》皆有傳。略謂：「師泉州人也，姓柯氏。少禮清原誼公落髮……優遊禪苑，與雪峰義存、欽山文邃爲友……謁仰山……後參德山……唐光啓之後，中原盜起，眾皆避地；師端居晏如也。一日賊至，責以無供饋，遂傳刃焉。師神色自若，大叫一聲而終，聲聞數十里。即光啓三年（西元 887 年）……壽六十（案，《隆興通論》做「六十一」）。僖宗謚清嚴大師，塔曰出塵。」師彥謁師，當在十七、八歲的時候，因爲豁傳說：「瑞巖問：如何是毗盧師？師曰：道什麼？瑞巖再問之，師曰：汝年十七、八，未問塵中如何辯主？」可以爲證。

二、夾山會和尚，即善會，《祖庭事苑》卷七，《景》卷十六有《傳》。略

謂：「師廣州峴亭人也，姓廖氏。九歲於潭州龍牙山出家……往湖中華亭縣參船子和尚……唐中和元年（西元 881 年）辛丑十一月七日……奄然而逝，壽七十七，臘五十七，敕諡傳明大師，塔曰永濟。」

〈僧景霄傳〉（見《宋》卷十六）

本姓：徐氏。

僧名：景霄。

籍貫：丹丘。

師承：表公（一）、守言（二）。

交遊：徽猷（三）、武肅王。

功德：《簡正》二十卷。

住寺：金華東白山、竹林寺、北塔寺。

葬地：大慈山塢。

考釋：

一、表公，據《宋》有三位，一是高麗國的元表，時期是唐玄宗天寶間到宣宗大中年間的人物；一是百濟國金山寺的真表；一是越州大善寺的元表。據其傳所載看來，這裏稱的「表公」，自以第三者為是。《傳》說：「元表者，貞諒之士也，言多峭直，好品藻人事，而高義解，從習毗尼，兼勤外學，書史方術，無不該覽。早預京師西明寺法寶大師講肆。迨廣明中（西元 880 年）神都版蕩，遂出江表，居越州大善寺，講《南山律鈔》……號鑑水闍梨。著《義記》五卷，亦號《鑑水》。出門人清福，冠其首焉。」其性格、學脈，景霄可說是得他的真傳啦！以上引言，見《宋》卷十六《慧則傳》的附傳。

二、守言，待考。

三、徽猷，江西律匠，著《龜鑑錄》，餘待考。

〈僧師簡傳〉（見宋卷二十二）

本姓：趙氏。

僧名：師簡。

籍貫：丹丘。

第二節　吳越釋氏長編

本長編凡例：

一、本《長編》是依據拙作《吳越釋氏考》的《釋氏考》一章作成的，所以資料的出處，概不加注明，因有原書可查故。

二、因為前述的原因，文字的記述乃力求簡省，而不作冗長的贅語。

三、本編是以五代時期的吳越一時一地的釋氏為考索的重點；但是條列之中往往有不是此地的僧人的，那是因為或有法系的傳承，或有與吳越錢氏交接的關係，所不敢輕棄。

四、錢鏐建國是在後梁‧太祖開平二年（西元 908 年）；錢弘俶歸宋，是在宋‧太宗太平興國三年（西元 978 年），他的死，是在太宗端拱元年（西元 988 年）。至少到此，吳越國應該正式結束了，但是本編竟從唐憲‧宗元和八年（西元 813 年）編載到宋‧真宗咸平四年（西元 1001 年），那理由也是同前所述。

五、掛一漏萬，或有未盡的地方，殊不能免。祈大雅方家教正。

813 唐‧憲宗元和八年

楚南生。

820 唐‧憲宗元和十五年

楚南八歲，投開元寺曇藹法師出家。

821 唐‧穆宗長慶元年

文喜生。

822 唐‧穆宗長慶二年

彥俦生。

825 唐‧敬宗寶曆元年

道樹九十二歲，示寂。

827 唐‧文宗太和元年

文喜七歲，詣嘉禾常樂寺清國法師出家。

832 唐文宗太和六年

楚南二十歲，受具。就趙郡學《相部律》，往上都學《淨名經》。

貫休生。

835 唐・文宗太和九年

慧則生。

838 唐・文宗開成三年

貫休七歲，禮和安寺圓貞禪師出家。

839 唐・文宗開成四年

文喜二十歲，受具。

841 唐・武宗會昌元年

幼璋生。

847 唐・宣宗大中元年

文喜二十八歲，在鹽官齊豐寺講經，後禮大慈山性空禪師。

幼璋七歲，依慧照寺慧遠禪師出家。

貞峻生。

從禮生。

848 唐・宣宗大中二年

楚南三十六歲，隨黃蘗禪師至宛陵，寓開元寺。

851 唐・宣宗大中五年

貫休二十歲，受具。

853 唐宣宗大中七年

慧則十九歲，就京西明寺出家。

無作生。

855 唐・宣宗大中九年

慧則二十一歲，受具。

856 唐・宣宗大中十年

幼璋十七歲，受具。

857 唐・宣宗大中十一年

無作四歲，母戴氏教習之。

858 唐・宣宗大中十二年

鴻楚生。

860 唐・懿宗咸通元年

　　慧則二十六歲，棲法寶寺，大師講序，則爲覆講。

861 唐・懿宗咸通二年

　　貞峻十四歲，出家。

862 唐・懿宗咸通三年

　　文喜四十二歲，至豫章觀音院參仰山，言下大悟。

　　慧則二十八歲，就崇聖寺講《俱舍論》、《喪服儀》、《出三界圖》。

863 唐・懿宗咸通四年

　　貫休三十二歲，在鐘陵作《山居詩》二十四章。

864 唐・懿宗咸通五年

　　幼璋二十五歲，遊方高安，見白水；又謁署山二大老。

　　希覺生。

865 唐・懿宗咸通六年

　　貞峻十八歲，升論座。

866 唐・懿宗咸通七年

　　文喜四十六歲，回浙右千頃山築室居焉。

　　慧則三十二歲，於祖院代暢師講。

　　虛受充左街鑒義。

867 唐・懿宗咸通八年

　　貞峻二十歲，於嵩山會善寺戒壇院受具。

868 唐・懿宗咸通九年

　　道怤生。

869 唐・懿咸通十年

　　文喜四十九歲，居龍泉古城院。

870 唐・懿宗咸通十一年

　　貞峻二十三歲，策名講授。

　　靈照生。

871 唐・懿宗咸通十二年

宗靖生。

872 唐・懿宗咸通十三年

幼璋三十三歲，於江陵見騰騰、憨憨二和尚。

無作二十歲，受具。

873 唐・懿宗咸通十四年

道怤六歲，於開元寺出家。

874 唐・僖宗乾符元年

慧則四十歲，署臨壇正員。

從禮二十七歲，出家。

876 唐・僖宗乾符三年

儀晏生。

877 唐・僖宗乾符四年

楚南六十五歲，蘇州太守周慎嗣請住寶林寺。

878 唐・僖宗乾符五年

楚南六十六歲，徐正元、饒京請住千頃慈雲院。

879 唐・僖宗乾符六年

文喜五十九歲，避黃巢之亂，至湖州餘不停，刺史杜孺休請居仁王院。

880 唐・僖宗廣明元年

文喜六十歲，居雪川，爲地方除蝗害。

貫休四十九歲，至浙東，作陽春曲。

慧則四十六歲，避黃巢之亂，至華州下邽。

虛受避盜亂，抵越大善寺。

鴻楚二十三歲，受具。

師會生。

881 唐・僖宗中和元年

貫休五十歲，避寇山寺，重改山居詩二十四章。

全付生。

882 唐・僖宗中和二年

慧則四十八歲，至淮南，高駢召於法雲寺講序，還吳、遊天台國清寺。

884 唐・僖宗中和四年

幼璋四十五歲，於溫、台、明三州收瘞饑骸數千具，時號「悲增大士」。

887 唐・僖宗光啟三年

道怤二十歲，受具，遂參曹山寂公。

儀晏十二歲，見凜禪師，初次入定。

888 唐・僖宗文德元年

楚南七十六歲，示寂。

文喜六十八歲，武肅王請住持龍泉寺（即慈光院）。

貫休五十七歲，與荊帥成汭論書法。

希覺二十五歲，於溫州開元寺出家。

890 唐・昭宗大順元年

文喜七十歲，賜紫衣。

鴻楚三十三歲，重修大雲寺。

皓端生。

891 唐・昭大順二年

貞峻四十五歲，相國寺煨爲灰燼。

德韶生。

894 唐・昭宗乾寧元年

慧則六十歲，至明州育王寺，撰《塔記》一卷、出《集要記》十二卷，武肅王命於越州臨壇。

希覺三十一歲，從慧則學律。

895 唐・昭宗乾寧二年

行瑫生。

896 唐・昭宗乾寧三年

貫休六十五歲，時吳融謫官，乃相與論詩，吳並爲休作《禪月集序》。

幼璋五十七歲，雪峰以櫻櫚拂子授師而去。

897 唐・昭宗乾寧四年

文喜七十七歲，賜號無著。

貫休六十六歲，投詩謁武肅王；又入蜀，以詩見孟知祥。

可周於台州松山寺講疏，撰《評經鈔》、《音訓》、《法華序鈔》。

898 唐・昭宗光化元年

皓端九歲，入靈光精舍受經法。

899 唐・昭宗光化二年

師會二十歲，於金臺寶利寺受具。

紹巖生。

900 唐・昭宗光化三年

文喜八十七歲，示寂。

901 唐・昭宗光化四年

洪諲示寂。

全付二十一歲，受具。

普光生。

902 唐・昭宗天復二年

田頵叛，發文喜塔，見肉身不壞；武肅王乃重瘞之。

903 唐・昭宗天復三年

貫休七十二歲，作《蜀王入大慈寺聽講》、《蜀王登福感寺塔》等各三首。

904 唐・昭宗天祐元年

延壽生。

905 唐・哀帝天祐二年

德韶十五歲，梵僧某預言其為龍象。

行瑫十一歲，依光遠出家。

紹巖七歲，依高安禪師出家。

906 唐・昭宗天祐三年

幼璋六十歲，武肅王署曰志德大師，因建瑞龍寺於城中。

虛受講《涅槃經》、《維摩經》。

行瑫十二歲，誦《法華》、《維摩》二經。

907 後梁‧太祖開平元年

貞峻六十一歲，度僧尼三千眾。

德韶十七歲，依處州龍歸寺剃染。

武肅王建法慧院；案，原名大中興慶寺。

九月、兩浙錢鏐奏鎮東軍神祠頗有靈驗，詔賜號崇福侯。

908 後梁‧太祖開平二年

貫休七十七歲，為前蜀王建作《壽春節進》。

慧則七十四歲，示寂。

無作五十六歲，示寂。

希覺四十五歲，講訓於永嘉。

德韶十八歲，受具於信州開元寺。

志逢生。

義存八十七歲，示寂。八月、兩浙錢鏐改管內紫極宮為眞聖觀。

師備七十四，示寂。

909 後梁‧太祖開平三年

行瑫於餘杭龍興寺受具，遂往金華雙林寺智新傳《南山律》。

師會三十歲，參嚴俊、大同禪師。

皓端二十歲，受具。

910 後梁‧太祖開平四年

延壽七歲，誦《法華經》，感群羊跪聽。

吳越王錢氏奏，令季男出家，法名令因（案，又名普光）。敕賜紫衣，號法相大師，加三十臘。

911 後梁‧太祖乾化元年

貞峻六十五歲，重建相國寺成。

永安生。

從禮六十五歲，遊天台，掛錫平田精舍。

武肅王於杭州龍興寺開度戒壇，召楚（南）足臨壇員數。

912 後梁‧太祖乾化二年

貫休八十一歲，示寂。

可周於杭州龍興寺開講，武肅王又命於天寶堂夜爲冥司講《經》。

師會三十三歲，還依嚴俊禪師。

法齊生。

兗州暇丘重置龍興寺。

913 後梁・末帝乾化三年

虛受於會稽開元寺度戒，充鹽壇選練。

朋彥生。

五臺山眞容院光嗣至兩浙，謁武肅王・錢氏厚禮遲之。

914 後梁・末帝乾化四年

師會三十五歲，住持寶積坊羅漢院。

令因十四歲，講《妙法蓮華經》。

915 後梁・末帝貞明元年

令因十五歲，講《七寶陀羅尼經》。

杭州徑山院鑒宗於是年始由吳越國王尙父錢氏表請追諡大師曰無上。祖門相傳，號爲徑山第二祖。

道丕二十七歲，曜州牧妻繼英招住洛陽福先彌勒院，即晉・道安翻經傳法之地也。

五台山眞容院光嶼受具後，誦《淨名經》。

916 後梁・末帝貞明二年

希覺五十三歲，深爲錢鏐所禮重；然尋爲愚僧所誣，徙杭州大錢寺。

皓端二十七歲，從希覺學《南山律》。

紹巖十八歲，受具於懷暉律師。

令因十六歲，爲法戒都監選練。

吳越王鏐遣沙門清外，同弟錢鏵，往四明山迎釋迦舍利塔。王躬迎至羅漢寺，廣陳供養。

靈州廣福寺無迹，中書令韓洙奏署師號曰鴻遠。

吳越王錢鏐立臨安縣梁新建功臣禪院記。

917 後梁・末帝貞明三年

令因十七歲，授眞身寶塔寺主。

918 後梁‧末帝貞明四年

義寂生。

919 後梁‧末帝貞明五年

延壽十六歲，獻〈齊天賦〉於文穆王。

錢王廣宗徹羅漢院爲安國羅漢寺。

920 後梁‧末帝貞明六年

彥偁九十九歲，示寂。

令因任兩浙僧統。

曉榮生。

921 後梁‧末帝龍德元年

希辨生。

賜吳越國徑山洪諲爲法濟大師。

不許僧妄求師號、紫衣。

宋州廣壽院智江於商丘開元寺請名數一支，因著《瑞應鈔》八卷。

922 後梁‧末帝龍德二年

吳越王錢氏尊道怤，請居天龍寺，又創龍冊寺以居之。

923 後梁‧末帝龍德三年

令因二十三歲，任吳越僧統。

924 後唐‧莊宗同光二年

貞峻七十八歲，示寂。

虛受撰《涅槃》、《維摩》二經《義評鈔》十四卷竟。

德韶三十四歲，造龍牙遁禪師、疎山矮師叔。

紹巖二十六歲，與德韶共決疑滯於臨川益公。

令因二十四歲，示寂。

敕三聖慧然禪師入內殿，諮問禪法。

925 後唐‧莊宗同光三年

虛受示寂。

從禮七十九歲，示寂。

五臺山王子寺誠慧五十歲，示寂。

創建錢唐孤山智果院。

926 後唐・莊宗天成元年

可周示寂觀音堂。

927 後唐・明宗天成二年

幼璋八十七歲，示寂。

行脩入浙中。

志逢二十歲，受具於朗瞻院。

永安十七歲，隨彙征入吳越國。

杭州眞身寶塔寺景宵，武肅王召於臨安故鄉，宰任竹林寺，未幾，赴北塔寺臨壇。

武肅王於瑪瑙坡建瑪瑙寺。

杭州建慧因禪寺。

928 後唐・明宗天成三年

鴻莒因水澇，爲盜賣粥布施而獲釋。

行瑤三十四歲，寓若耶山閱藏。

朋彥十五歲，受具。

929 後唐・明宗天成四年

瞽光示寂。

法齊十八歲，受具。

930 後唐・明宗長興元年

永安二十歲，受具。

天台山全宰，投徑山法濟大師；入天台山闇巖，宰之居也，二十餘年。至本年，徑山禪侶往迎，歸鎮國院居。

雲門文偃，幼依空王寺志澄律師出家。師不辭而就職焉。

931 後唐・明宗長興二年

延壽二十八歲，遇赦，投四明翠岩岑禪師。

吳越辛卯造《尊勝陀羅尼經幢》。

932 後唐・明宗長興三年

鴻楚七十五歲，示寂。

慧稜七十九歲，示寂。閩國王王氏私諡超覺大師。

933 後唐‧明宗長興四年

鴻莒示寂。

草書僧文英大師彥脩始在洛陽，後南居江陵西湖曾國寺。

934 後唐‧廢帝清泰元年

立〈吳越僧統普光〉（案、即令因）‧〈大師塔銘并序〉。

封吳嶽成德公爲靈應王，其年十一月、敕杭州護國寺封崇德王城隍神改封順義保寧王、銅官廟改封福善通靈王、湖州城隍神封阜裕安城王、越州城隍神改興德保闉王。以上蓋從兩浙節度使錢元瓘奏也。

935 後唐‧末帝清泰二年

希辨十五歲，禮啓祥禪師落髮受具。

錢元瓘建千春寺。

彙征撰〈吳越上天竺寺尊勝陀羅尼石幢記〉。

天台山平田寺道育遊石梁。

四明沙門子麟往高麗、百濟、日本諸國傳授天台教法，高麗遣使李仁日送麟還。

吳越王錢鏐令於郡城建院，以安其眾。

曉榮十六歲，出家。

936 後晉‧高祖天福元年

光嗣示寂。

義寂十九歲，受具。

錢塘慈光院文備受尸羅於本寺。

建錢塘菩提院。

937 後晉‧高祖天福二年

道怤七十歲，示寂。

全付五十七歲，住持清化禪院。

竦法師於國清爲義寂法師說止觀法門。

938 後晉‧高祖天福二年

道育示寂，殆八十餘歲。

光嶼戴《華嚴經》，遶菩薩殿，六時右旋禮佛。

939 後晉・高祖天福四年

志通至錢塘，文穆王迎居眞身塔寺。

自新示寂。武肅王嘗造應瑞院使居之，號廣現大師。

光嶼賜紫衣，號通悟。山門僧官及大眾堅命臨壇，告辭不允。

道翌造奇木觀音像。

940 後晉・高祖天福五年

志逢三十三歲，參詔國師。

四月癸卯，建金界寺於五台，立峻極院於嵩嶽。

941 後晉・高祖天福六年

志通上越州法華山。

全付六十一歲，忠獻王賜號純一禪師。

九月、吳越王命田圃有隸道宮、佛寺，比入賦稅者悉免。

942 後晉・高祖天福七年

志通示寂。

師會六十三歲，敕賜紫衣。

本先生。

943 後晉・高祖天福八年

昇州清涼院休復悟空禪師參尋宗匠，緣會地藏和尚，後繼法眼住撫州崇壽。此年示寂。

944 後晉・出帝開運元年

希覺八十一歲，猶抄書不倦。

靈照七十五歲，住持龍華寺。

師會六十五歲，賜號法相，額曰天壽。

彌洪結庵杭州煙霞洞。

六月、吳越王錢弘佐遣僧慧龜往雙林寺開善慧大士塔，奉迎至錢塘，安光冊殿供養，建龍華寺。

立〈錢塘縣石屋河瑞像保安禪院記碑〉。

945 後晉・出帝開運二年

儀晏七十歲，於江郎巖石龕中入定經年。

吳越胡進思造〈傅大士像塔記〉。

楊弼撰〈彌勒菩薩上生殿記〉。

946 後晉·出帝開運三年

師會六十七歲，示寂。

立〈西湖煙霞嶺西關淨化禪院碑〉；淨化院者，鑑諸道者之所建，通元大德遂徵書。

尼契雲掌香火于麗春院之佛堂。

947 後漢·高祖天福十二年

靈照七十八歲，示寂。

全付六十六歲，示寂。

德韶五十七歲，囑忠懿王歸國接王位。

948 後漢·高祖乾祐元年

希覺八十五，示寂。

宗季示寂。

皓端五十九歲，弘法於羅漢寺、真身塔寺。

德韶五十八歲，忠懿王遣使迎之，申弟子禮。

立〈石屋洞造像題名記〉。

又，秦彥韜〈杭州石屋洞造像記〉。

949 後漢·隱帝乾祐二年

清聳卓錫明州四明山。

雲門文偃禪師坐逝，塔全身於丈室。

950 後漢·隱帝乾祐三年

行脩示寂。

司徒誗嘗使于吳越，投佛經於海中為龍王之供養。

951 後周·太祖廣順元年

滕紹宗有〈杭州靈隱飛來峰造像題名〉。

錢塘慈光院文備值志因法師傳道是院，遂及其門，頗有著述。左街僧錄通慧大師贊寧在杭修史日，深貴其文。

宗靖八十一歲，於寺之大殿演《無上乘》。

契盈住杭州龍華寺。

953 後周・太祖廣順三年

契盈從忠懿王遊碧波亭。

二月、吳越王弘俶散香于資福寺。

四月、建報恩元教寺于城北。

貞峻述〈益都雲門山大雲寺重粧修壁龕功德記〉。

願昭鑴〈杭州石屋洞造像題名〉。

954 後周・世宗顯德元年

道潛居慧日永明寺。

宗靖八十四歲，示寂。

955 後周・世宗顯德二年

志逢四十八歲，結第五雲山。

願齊建道場於螺溪。

吳延爽請東陽善導和尙舍利，建九級寶塔於崇壽院塔後，並立記焉。又造〈石羅漢像記〉。

〈吳越國造塔記〉立於是年。

956 後周・世宗顯德三年

行瑫六十二歲，示寂。

慧明示寂。

957 後周・世宗顯德四年

永安四十七歲，惠明禪師示寂，師親爲茶毗，獲舍利無算。

七月、金陵清涼文益禪師示寂，江南唐後主待以師禮。及終，諡大法眼，學者號法眼宗。

958 後周・世宗顯德五年

智江七十四歲，示寂。

吳越王恭懿夫人弟吳延福造〈吳越蕭山縣崇化寺西塔基記〉。

杭州湖光院師簡懸言南塔被焚、果驗。

959 後周・世宗顯德六年

西明寺慧琳撰成《大藏音義》一百卷，顯德中遣使齎金入浙中求之，時無此本故闕如。

960 宋・太祖建隆元年

延壽五十七歲，住持靈隱寺。

義寂四十三歲，忠懿王爲之遣使高麗求天台遺教。

光嶼六十六歲，示寂。

961 宋・太祖建隆二年

彥求示寂。

皓端七十二歲，示寂。

紹巖六十三歲，欲舉身供佛，未果。

延壽五十八歲，遷永明道場。

法齊五十歲，受廣法朋彥付法。

朋彥四十九歲，示寂。

義寂四十四歲，高麗遣諦觀齎天台遺教來。

道潛示寂。

964 宋・太祖乾德二年

希辨四十四歲，住越州清泰院，署慧智禪師。

965 宋・太祖乾德二年

志逢五十八歲，忠懿王賜紫，署普覺大師。

967 宋・太祖乾德五年

本先二十五歲，受具。

968 宋・太祖開寶元年

明州乾符寺王羅漢示寂，僧正贊寧作碑紀異，漢南國王錢氏私易名爲密修神化尊者。

衡陽大聖寺守賢投身飼虎，報齡七十四。

971 宋・太祖開寶四年

志逢六十四歲，凌超於五雲山爲師建華嚴道場。

清聳戢藏八十二本《華嚴經》於閩之支提山。

清昱示寂。

972 宋・太祖開寶五年

德韶八十二歲，示寂。

紹巖七十三歲，示寂。

希辨五十二歲，居普門寺。

願齊住持光慶寺。

973 宋・太祖開寶六年

天台山般若寺師蘊年八十餘，示寂。

974 宋・太祖開寶七年

延壽七十一歲，入天台山度萬餘人。

永安六十四歲，示寂。

975 宋・太祖開寶八年

延壽七十二，示寂。

978 宋・太宗太平興國二年

儀晏一〇三歲，衢州太守愼知禮詰其定相。

法齊六十七歲，捨眾別居。

希辨五十八歲，從忠王奉寶塔歸宋，賜紫，號慧明大師。

天台山文輦八十四歲，示寂。

980 宋・太宗太平興國五年

羲寂六十三歲，入法佛寺。

願齊示寂。

984 宋・太宗雍熙元年

羲寂六十七歲，於永安縣光明寺授戒。

985 宋・太宗雍熙二年

志逢七十七歲，示寂。

986 宋・太宗雍熙三年

支（或做「友」）蟾付法隆一。

987 宋・太宗雍熙四年

羲寂六十九歲，示寂。

989 宋・太宗端拱二年

　　希辨六十九歲，還故里，忠懿王施金，爲建磚浮圖七級。

990 宋・太宗淳化元年

　　儀晏一一五歲，示寂。

　　遇安示寂。

　　曉榮七十一歲，示寂。

997 宋・太宗至道三年

　　希辨七十七歲，示寂。

1000 宋・真宗咸平二年

　　法齊八十九歲，示寂。

1001 宋・真宗咸平四年

　　行明示寂。

1008 宋真宗大中祥符元年

　　本先示寂，壽六十七歲。

第三節　法系考

　　作《法系考》之前，先來檢視《宋高僧傳》裏的篇目分類，那麼佛法在當時的發展情況，庶可瞭然。

　　篇目如下：

〈譯經篇〉

　　案，本篇凡三卷，譯經僧伽都是唐時候人，且沒有一位是吳越地方的人，可見譯經的事業，唐以後便浸然而衰了。雖然宋朝諸帝頗想振衰，無如大部份的、重要的經典都在其前譯就了，所以實是無從著力的。正如日本野上俊靜等氏的《中國佛教史概說》中所說的：「宋代譯經院的翻譯事業，極具規模，從印度或西域帶著梵本來華的僧人八十位；去印度求取到梵本者，百三十八人；在譯經道場參與筆受及潤文工作的梵學僧人，達七十九位；新譯出的經典，凡六百多卷。在此以國庫公費支持下所辦的組織完備的譯業，其梵文原本，大多是密教的經典，也就是印度佛教接近終局之世的東西；有的則爲以前已有譯本的重譯、拾遺及補足，故對革新中國佛教而言，幾乎沒有影

響。」（第十二章《北宋的佛教》）那是吳越的情況，便可想見了。

〈義解篇〉

案，本篇凡四卷，在吳的有十五人，多是講解經論的法師，但亦有所偏：如，習禪的有唐會稽山妙善寺的印宗和尚；發明天台教旨的，有唐處州法華寺的智威、台州國清寺的湛然、蘇州開元寺的元浩、五台山華嚴寺的志遠、宋秀州靈光寺皓端（師又傳《南山律》）、宋杭州慈光院的晤恩、天台山螺溪道場的義（羲）寂等和尚。其它則多講經注律。

〈習禪篇〉

案，本篇凡六卷，在吳越的有二十六人，都是禪學宗匠，其中有傳牛頭禪的，有傳仰山、潙山的，不一而足，這些考辯具詳後文。

〈明律篇〉

案，本篇凡三卷，在吳的有二十九人。其中有弘揚毗尼、南山、相部等宗的，可見吳越之地，也是律學的重鎮。

〈護法篇〉

案，本篇凡一卷，在吳越的有三人：唐潤州石圮山神悟和尚是觀念佛三昧而護法的；越州焦山大曆寺神邕和杭州千頃山楚南都是弘闡律宗的，不過前者兼習天台止觀法門。

〈感通篇〉

案，本篇凡五卷，在吳越有二十一人，除了後唐天台山全宰和尚說明「投徑山法濟大師削染及修禪觀，亭亭高鍊竦……迨乎諸方參請，得石霜禪師印證，密加保任」以外，竟不詳他們修習的法門，只得闕疑。

〈遺身篇〉

案，本篇凡一卷，在吳越的有八人，除了唐五台山善住閣院無染是「從中條山受業，講《四分律》、《涅槃經》、《因明》、《百法論》」並且「或遇禪宗，窮乎理性；或經法席，探彼玄微」以外，還有大宋杭州眞身寶塔寺的紹嚴是「與德韶禪師共決疑滯於臨川益公」天台山的文輦是「末遇德韶禪翁，唱宗一大師之道」，那是傳禪門法眼一系的了。其它都是不詳所習。

〈讀誦篇〉

案，本篇凡二卷，在吳越的有九人，除周會稽郡大善寺行瑫和尚是弘揚

《南山律》的以外，多是誦淨土經要的。

〈興福篇〉

　　案，本篇凡三卷，在吳越的有二十二人。此中僧伽修習最雜，有：修淨土的，如唐杭州華嚴寺玄覽；有習禪的，如唐明州慈溪香山寺惟實；有傳天台的，如唐東陽清泰寺玄朗；有守律的，如唐越州開元寺曇休。更有那不詳修學的，就只好闕疑了。

〈雜科聲德篇〉

　　案，本篇凡二卷，在吳越的有十三人，除未詳者以外，學禪、修止觀和弘揚律法的大略相等。

　　從以上的分析，佛教在吳越一地，其宗派的現象，大略有：淨土、律宗、天台、禪宗等其中尤以禪宗的發展最爲可觀。茲分論於下：

一、禪　宗

　　我國「禪」的興起，是在後漢安世高（時間是建和二年，西元 148 年）譯出了《禪行法想經》、《大安般守意經》、《陰持入經》等以後的事，但是學者多認爲這是小乘禪法。到了聰秦之際，有鳩摩羅什的譯出了《坐禪三昧經》、佛陀跋陀羅譯出了《達摩多羅經》，才傳揚了大乘佛法。

　　但是，禪宗的確立，卻是在菩提達摩東來以後。達摩的東來，傳說是在西元四七八年以前，他先到當時南朝宋的南越之地，也見過梁武帝；但是法緣未洽，便渡江北上，到了嵩山少林寺。於焉傳了二祖慧可，一直到四祖道信都是以《楞伽經》印心的；到了五祖弘忍專爲六祖慧能講了一部《金剛經》，從此便以爲師資。慧能在吳越枝派極多，考之如后

（一）洪州黃蘗山斷際希運法系考

　　六祖慧能入滅以後，大概分作二個系統，來宣揚曹溪的禪學：一是中原荷澤神會和尚的法系，一是江南弟子的法系。但是，神會以後，並沒有出類拔萃的禪師應世，就難免沒落；〔註1〕反倒是江南的一系，有青原行思和南嶽

〔註 1〕印順法師《中國禪宗史》第八章《曹溪禪之展開》第一節《曹溪流派》說：「神會的門下，在京洛一帶的，竟沒有卓越的禪師。在這政治中心地帶，與北宗尖銳的對立，『相見如仇』，結果是誰也沾不到便宜，僅留下『《壇經》傳宗』等口實。」（頁 319）

懷讓的發揚，竟成了曹溪禪學的正統。〔註2〕

希運和尚，正是南嶽懷讓的第三世法嗣，他是百丈懷海的傳法弟子。這一個系統圖，應該如是畫：

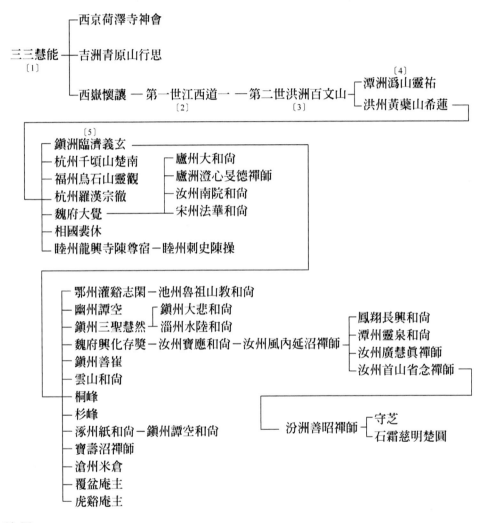

註釋：

〔1〕《景》卷五從印度禪宗初祖摩訶迦葉下數，到中華初祖菩提達磨是二十八祖，接下去是：二祖慧可、三祖僧璨、四祖道信、五祖弘忍，直至六祖慧能，恰是三十三祖。慧能的法嗣有四十三人，有機緣法語的，《景》錄出十九人；沒有的，只寫其名，凡二十四人。本系統圖只錄出和希運和尚比較有關係的三人。

〔註2〕引仝上：「青原行思與南嶽懷讓所傳出的法系，到十世紀，被認為曹溪禪門的正統。」（頁320）

〔2〕道一，就是俗稱的「馬祖」；不是民間信仰的湄州媽祖。傳見《景》卷六。

〔3〕百丈山懷海，傳全前。但是，他的法嗣有三十人，《景》卷九才錄了十三人。本系統圖只錄有大影響的二人，潭州潙山靈祐和洪州黃蘗山希運。

〔4〕〈希運傳〉見《景》卷九、《佛祖統紀》、《佛祖通載》等。他的法嗣見於《景》卷十二，有十三人，僅七人見錄，傳全上。另外沒有「機緣語句」，所以沒有傳的，分別是：揚州六合德元、土門讚禪師、吳門山弘宣、幽州超禪師、蘇州憲禪師、襄州政禪師等。

〔5〕義玄法嗣的傳，也見於《景》卷十二。他有傳法弟子二十一人，十五人見錄。其他分別是：齊聳大師、涿州秀禪師、浙西善權徹禪師、金沙禪師、允誠禪師、新羅國智異山和尚等。

　　〈希運〉的〈傳〉，見於《宋》卷二十、《景》卷九、《佛祖統紀》卷四十二、《佛祖通載》卷二十三。他是福建福唐人，曾在京闕受一老姥——慧忠國師的法嗣——的指引，而參百丈懷海禪師。據《景》說他也參過南泉，又和相國裴休交好。《宋》卷十二、十七說他：「釋義玄……因見黃蘗山運禪師，鳴啄同時，了然通徹……今恒陽號臨濟禪宗焉。」（《義玄傳》）又：「釋楚南……謁黃蘗山禪師，問答雖多，機宜頓了……」（《楚南傳》）那麼，他是臨濟宗的根原，臨濟便因此寖寖然而盛了。〔註3〕

　　義玄、楚南，容我留待本文之後再說，此地先談福州烏石山靈觀禪師等的事體。

　　靈觀禪師住福州烏石山薛老峰，又說是丁墓山。時人尊稱爲「老觀和尚」。《景》沒有說他的家世，也沒有說他的生卒年月，只記他和雪峰、西院安和尚、曹山、洞山有所袛對。考雪峰，是釋義存，《宋》卷十二有傳，說他生於唐・長慶二年（西元822年），示寂於後梁・開平二年（西元908年）。西院安和尚，是釋大安，傳也見於《宋》卷十二，生於唐・貞元九年（西元793年），示寂於唐・中和三年（西元883年）。曹山，是釋本寂，傳見於《宋》卷十三、《禪林僧寶傳》、《佛祖統紀》和《景》卷十七，他的生卒年月是：唐・開成五年（西元840年）到唐・天復元年（西元901年）。洞山，是釋良价，它的傳也見於《宋》卷十二和《祖庭事苑》卷七，他是唐・元和二年

〔註3〕參印順法師《中國禪宗史》第八章《曹溪禪之開展》：「道一的門下盛極了，稱『八十八位善知識』。如南泉普願（西元834年卒）、西堂智藏（西元814年卒），而百丈懷海（西元814年卒）最有名。懷海下出了潙山靈祐（西元835年卒）、黃蘗希運（西元856年頃卒），爲潙仰與臨濟二宗的根原。」

（西元 807 年）生，示寂於唐・咸通十年（西元 869 年）。這樣看來，靈觀禪師是貞元九年（西元 793 年）到唐・天復元年（西元 901 年）時候的人了。可惜他沒有法嗣，《景》說他：「尋常扃戶，人罕見之。唯一信士，每至食時送供方開。」當然沒有法嗣了！

杭州羅漢宗徹，姓吳氏，湖州吳興縣人。對機多好用「骨剉」語，所以人稱「骨剉和尚」。他少依黃蘗希運法席，深受器重。杭州牧劉彥慕其道，為立精舍於府西，號羅漢院。《景》說「梁・貞明五年（西元 919 年）錢王廣其院為安國羅漢寺，移師塔於大慈山塢。」那麼，他的示寂，當在此之前。也沒有法嗣。

魏府大覺禪師，《景》沒有他的傳；但是，《大正》藏的校釋，說他就是「魏府興化存獎禪師」，那是義玄的法嗣了，我也留待後文說他。

睦州龍興寺陳尊宿，常製草履密置道上，所以綽號叫「陳蒲鞋」。《景》卷十二本傳上說僧從江西來參他，陳尊宿說：「泐潭和尚在你背後，怕你亂道。見嗎？」案，泐潭在洪州；而據《景》所載，泐潭就有三位：一是法會禪師，一是惟建禪師（以上見卷六），一是常興禪師。尊宿所講，竟不知是那一位，但三位都是參馬祖，都是他的法嗣。〈尊宿傳〉又載西峰長老的祗對語，不知是不是西山亮座主？若是，則也是參馬祖的。這樣推算下來，陳尊宿應當也是同時代的人吧？他有兩位法嗣：一是睦州嚴陵釣臺和尚，《景》卷十二因沒有他的機緣語句，所以不錄他的傳。另一位是睦州刺史陳操，史傳不載，《景》卷十二也只有他的機緣語，大概總是唐朝中末葉時的人吧？

裴休，傳見《新唐書》卷一八二，《舊唐書》卷一七七。略謂：「休，字公美，孟州濟源人（《景》卷十二做『河東聞喜人』）也。祖宣、父肅……肅生三子，儔、休、俅，皆登進士第……兄弟同學於濟源別墅，休經年不出墅門，晝講經籍，夜課詩賦。虞人有人以鹿贄儔者，儔、俅炰之，召休食。休曰：我等窮生，食菜不充；今日食肉，翌日何繼？無宜改饌。獨不食。長慶中從鄉試登第……大中初，累官戶部侍郎，充諸道鹽鐵轉運史，轉兵部侍郎、兼御大夫領使如故。六年（西元 852 年）八月以本官同平章事、判使如故……休在相位五年。十年罷相，檢校戶部尚書、汴州刺史……潞、磁、邢、洺觀察史……太子少師卒……家世奉佛。休尤深於釋典，太原、鳳翔近名山，多僧寺，視事之際，遊踐山林，與義學僧講求佛理。中年之後不食葷血，常齋戒屏嗜慾，香爐具典不離齋中，詠歌讚唄以為法樂。與尚書紇干臮皆以法號

相字。時人重其高潔……」《景》說他嘗參圭峰，卻歸心黃蘗而傾竭服膺。後來重建龍興寺大佛殿，自撰碑銘，有發願文傳世。他也沒有法嗣。

　　魏府大覺禪師，不知何許人；《大正》藏以爲就是存獎禪師，但是，據《景》卷十二所載，卻不是。因爲其文曰：「魏府大覺禪師。興化存獎禪師爲院宰時，師一日問曰……」則是存獎是大覺之徒的語氣。又同卷之後，有存獎禪師的機緣語，明顯的是師徒之親，不是一人。《景》卷十二〈大覺傳〉卻說：「雖同嗣臨濟，而常以師（案，即存獎以大覺爲師之意）爲助發之友。」那是說他們在師友之間了。存獎是唐·莊宗師，諡號廣濟大師，塔叫通寂。也沒有法嗣。

　　杭州千頃山楚南，參本文考釋。

　　鎭州臨濟義玄，他是曹州南華人，俗姓邢氏。先參黃蘗，後參大愚。大愚問他：「你那裏來的？」師說：「從黃蘗處來。」愚問：「黃蘗沒教你什麼嗎？」師說：「我連問了三次祖師西來意，三次挨打，也不知自己錯在那裏？」愚說：「黃蘗眞是多事的老婆婆，爲你解圍，你還不知道感謝，卻還要挑毛病！」一語驚醒夢中人，從此大悟，乃敢忙還見黃蘗，又從他溫學。大愚，就是洪州高安大愚禪師。和黃蘗同時人，是廬山歸宗寺智常禪師的法嗣，算來也是馬祖的法系呢！義玄後來「俯徇趙之人請，住子城南臨濟禪苑，學侶奔湊」，於是開了「臨濟」一宗。此宗宗風鼎盛，《景》說他有法嗣二十二人，十六人見錄，〔註 4〕另六人因無機緣語句不錄，因之無傳。但是，根據義玄的〈本傳〉，他頗接引了樂普、木口和尚、麻谷（《景》原注還說他是義玄的第二世呢！〔註 5〕）等，似乎也應一並補上。又義玄的示寂，一般多說是唐咸通七年（西元 866 年）；但陳援菴氏《釋氏疑年錄》（以下簡稱「疑年錄」）卻根據《古尊宿語錄》所附延沼撰的塔記，定爲咸通八年（西元 867 年）。

　　他的法嗣如下：

　　灌谿志閑禪師，《景》卷十二有傳，他俗姓史，是魏府館陶人。幼從柏巖禪師披剃，《景》卷七有二位柏巖，一是定州的明哲禪師，他嘗參藥山和尚；一是台州常徹禪師，他沒有機緣語句，故無傳。志閑所從披剃的柏巖禪

〔註 4〕《景》說是十六人；實際上應是十五人，因爲「魏府大覺」是希運的法嗣，和義玄誼屬同輩。義玄傳上的大覺，應該是應化存獎禪師才對。參前考語。

〔註 5〕《景》卷十一有潭州麻谷山和尚的傳，說他是杭州鹽宗大師的法嗣，因無機緣語句，所以不錄。

師，竟不知是阿誰？不過兩位倒都是馬祖第二世的傳人。志閑也參過石霜，就是潭州信空禪師，是百丈懷海的法嗣。但是，志閑還是被臨濟揪住衣領而悟的，所以他告訴人說：「我見臨濟無言語，直至如今飽不饑。」《景》當然把他歸入義玄門下。唐・乾寧二年（西元 895 年）示寂。師除禪學之外，文辭也爛然爲時所稱，《宋》卷十〈靈默傳〉說：「高僧志閑道行峭拔，文辭婉麗，亦江左之英達，爲默行錄焉。」又全書全卷甄叔傳說：「上足任運者，命志閑爲碑紀述矣。」他有法嗣一人，即池州魯祖山教和尚，他的機緣語句也見於同書同卷。略有：「僧問：如何是學人著力處？師曰：春來草自青，月上天已明。如何是不著力處？師曰：崩山石頭落，平川燒火行。」但他的生平，卒不可之。

此外，義玄的其他法嗣如譚空、寶壽等等，除存獎知道是關里人，俗姓孔氏，示寂於唐・文德元年（西元 888 年）年五十九歲（案，這是根據《佛祖通載》、《文苑英華》卷八六八公乘億所傳的塔碑而來的）。以及虎谿庵主是隴西人（案，《景》卷十二，本傳有：「僧問：和尚何處人事？師曰：隴西人。」的對話而知道的）以外，都只記他們的機緣語句，其他生平事蹟則都付闕如。

至於他們的法嗣，則如下：

存獎禪師的法嗣只有一位汝州寶應和尚，《景》自注說是「亦曰南院第一世住顒禪師」，《大正藏》的校正說就是「顒禪師」。今《考宗統編年》、《釋氏通鑑》，知道師是河北人、全銜應是「汝州寶應南院慧顒禪師」。他在後周廣順二年（西元 952 年）示寂。

顒禪師的法嗣，是汝州風穴延沼禪師，《景》卷十三有傳。今據《古尊宿語錄》卷七、《補續高僧傳》卷六，略謂：「師，餘杭劉氏子，少魁壘有英氣，于書無所不窺，然無經世意。初祝髮業教義，久乃歸禪，發跡于鏡清恣公；鍼芥不投，乃北遊湘、沔，遇守廓上座（案，《景》沔誤做「守廊」），南院侍者也。乃密探南院宗旨，忻然赴之……敘師資禮，依止六年，辭去，至汝水，往風穴廢寺。日乞村落，夜燃松脂，單丁者七年；而後學徒麕至，開法嗣，南院法席冠天下……以宋・開寶六年（西元 973 年）癸酉、八月旦日，登座說偈，至十五日跏趺而化。閱世七十有八，坐五十九夏。」那麼，他是生在唐・昭宗乾寧六年（西元 896 年）了。他的傳人頗盛，且留待後講。

寶壽沼和尚的法嗣，是汝州西院思明禪師和第二世的寶壽和尚，都記機

緣語句，不見其生平。只知思明有個法嗣教從漪，思明傳說：「僧從漪到法席，旬日乃曰：莫道會佛法人，覓箇舉話底人也無！（沼）師聞而默之。漪異日上法堂次，師召從漪，漪舉首，師曰：錯。漪進三兩步，師又曰錯。從漪復近前，師曰：適來兩錯，是上座錯？是思明老錯？曰：是從漪錯。師曰：錯。又曰：上座且遮裏過夏，共汝商量遮兩錯。漪不肯便去。後往相州天平山，每舉前話，曰：我行腳時被惡風吹到汝州，有西院長老勘我，連下三箇錯，更待留我過夏商量，我不說恁麼時錯。我當時發足擬向南去，便知道錯了也。」可見從漪確是思明裁成的；可是《景》卷十三只記思明唯一的法嗣：郢州興陽歸靜禪師，是不周延的，應該補入從漪才是。

　　鎮州三聖慧然禪師的法嗣，是鎮州大悲和尚和淄州水陸和尚，他們也只有機緣語句而無傳。

　　魏府大覺禪師的法嗣，除宋州法華和尚沒有機緣語句而不錄外；其他三人（見前表）雖有，卻無生平記籍。並且他們四人都無法嗣。

　　以上是臨濟義玄的第二世法嗣，接著再看其第三世：志閑的魯祖山教和尚，存獎的汝州寶應和尚以及寶應的汝州風穴延沼禪師都考於其前。這裡先看汝州西院思明禪師的法嗣：

　　郢州興陽歸靜禪師，沒有記籍，也沒有法嗣。

　　以下是汝州風穴延沼禪師的法嗣：

　　一是汝州廣慧真禪師，只錄機緣語句。

　　一是汝州首山省念禪師，〈傳〉見《禪燈世譜》、《天聖錄》、《景》、《禪林僧寶傳》卷三：「師，萊州人也，姓狄氏。受業於本部南禪院，得法於風穴。蓋師為人簡重，有精識，專修頭陀行，誦《法華經》，叢林畏敬之，目以為念《法華》。至風穴，隨眾作止，無所參扣，然終疑教外有別傳之法，不言也。風穴每念大仰有讖：臨濟一宗，至風而止。懼當之，熟視座下堪任法道者，無如念者……自是，念名重諸方。首山在汝城之外荒遠處，而念居之，將終身焉。登其門者，皆叢林精練衲子，念必勘驗之，留者二十餘輩，然天下稱法席之冠，必指首山……師次住寶安山廣教院，亦第一世。後徇眾請，入城下寶應院（原注：即南院第三世）。三處法席，海眾常臻。淳化三年（西元 992 年）十二月四日午時，上法堂說偈示眾……至四年（西元 993 年）月日與時無爽前記……壽六十有八，闍維得五色舍利，塔於首山。嫡嗣昭禪師。」案，《世譜》作淳化三年，《天聖錄》作六十七。今據《景》和《僧

寶傳》，那麼，師當生於後唐・明宗天成元年（西元 926 年）。

汾州善昭禪師，俗姓俞氏，太原人。他十四歲，父母雙亡，乃厭倦世相，剃髮受具，最後至首山門百丈「卷簟意旨」而言下大悟。淳化四年（西元 993 年）首山歿，西河道俗協心削牘，遣少門契聰迎請住持汾州太平寺太子院。師既至，晏坐一榻，足不越閫者三十年。天下道俗慕仰，不敢名，同曰「汾州」。《禪林僧寶傳》卷三說他世壽七十八、僧臘六十五，卻沒有記他的生卒年月。陳援菴氏的《釋氏疑年錄卷》六有一段考證，說：「善昭卒年未見宋人著錄，《佛祖通載》作天聖二年甲子卒，《禪燈世譜》、《佛祖正傳》作天聖元年甲子；天聖元年非甲子，《五燈全書》作乾興元年壬戌卒，今定為天聖初。」案，乾興只有一年（西元 1022 年），是宋・真宗的最後一年；天聖元年是癸亥（西元 1033 年），二年恰是甲子（西元 1034 年），所以與其定為「天聖初」，何若從《通載》作「天聖二年甲子」？那麼，他當生於後周世宗顯德四年（西元 957 年）。

義玄禪師的臨濟宗，開創出一片璀璨的風光，傳到善昭禪師真是欣欣景象了。而昭禪師門下出了個楚圓禪師，其下又出黃龍慧南、楊岐、方會，法席更盛，與原來曹溪之下的「五宗」，分以為「二派」：黃龍、楊岐，世稱「五家七宗」。但那已在本論「《吳越釋氏》」的範圍之外了，所以姑置不論。〔註6〕

（二）溈仰宗法系考

所謂「溈仰宗」，就是潭州溈山靈祐禪師和他的上首弟子袁州仰山慧寂禪師弘揚的宗風。靈祐和希運一樣，同是百丈懷海的門下；但二人的手法不同，前者是「從尋思純熟，機緣湊泊而發，深得馬祖、百丈的『理事如如』之旨」；〔註7〕後者是「一日上堂，大眾雲集。乃曰：汝等諸人欲何所求？因以棒趁散，云：盡是喫酒糟漢，恁麼行腳，取笑於人。」又：「問如何是西來意？師便打。〔註8〕」於是開出了「棒喝」之法。關於希運的法系——即後來臨濟宗的根源，我另有專論在後，請參閱。

這裏先畫溈仰宗的法系圖如后：

〔註6〕據《嘉泰錄》卷二，楚圓示寂在宋・寶元二年（西元 1039 年），世壽五十四。則其生當在宋・太宗雍熙三年（西元 986 年），已是吳越亡後的第九年了，故不論。

〔註7〕這是根據《中國佛教總論》裏黃懺華氏的《溈仰宗》文引的。

〔註8〕參《景》卷九〈希運傳〉。

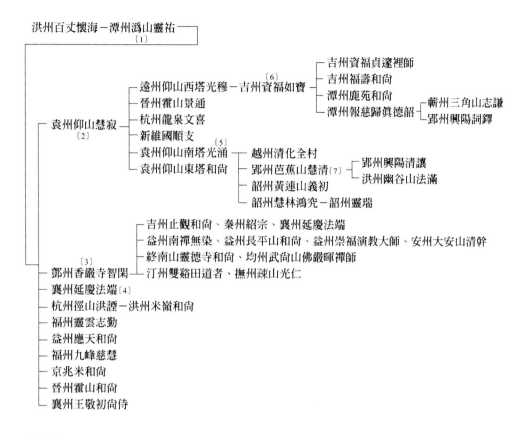

註解：
〔1〕《景》卷十，謂潙山靈祐禪師有法嗣四十三人，十人見錄如表載；其他三十三
　　　人，因無機緣語句不錄。本文因名繁，亦不錄，可參看《景》是卷之目錄也。
〔2〕《景》十二，謂仰山慧寂禪師法嗣一十人，見錄者六人，如表。
〔3〕仝前，智閑禪師法嗣一十二人，除益州覺照寺和尚、睦州東禪和尚沒有機緣語
　　　句不錄外，餘如前表。
〔4〕仝前，洪諲禪師法嗣四人，盧州棲賢寺寂禪師、臨川義直禪師、杭州功臣院令
　　　道禪師等無機緣語句不錄。
〔5〕仝前，光涌禪師法嗣五人，除洪州黃龍山忠和尚外，餘具前表。
〔6〕《景》卷十三，謂如寶禪師法嗣四人，除潭州報慈德韶大師外，餘如前表。但
　　　是，德韶卻有法嗣二人，故別錄之。
〔7〕仝前，慧清禪師法嗣四人，郢州興陽義深、芭蕉山第二世住遇無錄。

　　慧寂禪師〈傳〉，見《宋》卷十二，《隆興通論》、《釋氏通鑑》、《佛祖通
載》、《釋氏稽古略》、《祖庭事苑》卷七等多有。略謂：「師韶州懷化人也，

姓葉氏，年十五欲出家，父母不許，後二載，師斷手二指跪致父母前，誓求正法，以答劬勞。遂依南華寺通禪師落髮……初謁耽源，已悟玄旨，後參潙山，遂升堂奧……尋往江陵受戒，住夏探《律藏》，後參巖頭……師盤桓潙山前後十五載，〔註9〕凡有語句，學眾無不弭伏。既受潙山密印，領眾往王莽山；化緣未契，遷止仰山，學徒臻萃……師始自仰山，後遷觀音，接機利物，為禪宗標準。遷化前數年，有偈曰：『年滿七十七，老去是今日；任性自浮沉，兩手攀屈膝。』於韶州東平山示滅，年七十七，抱膝而逝。勅諡智通大師、妙光之塔，後遷塔於仰山。」案，通禪師的生平待考；但是，他既住持南華寺，南華寺是六祖慧能和尚的傳法所在。那麼，通禪師應該是曹溪的嫡系了。又，傳說寂禪師「初謁耽源」，耽源就是慧忠國師的法嗣——吉州耽源山真應禪師，他也直接親近過百丈海禪師，也參過麻谷和尚。《景》卷十三記他在慧忠國師忌日和某甲僧的對話，頗親切。僧曰：「國師還來否？」師曰：「未具他心。」曰：「又用設齋作麼？」師曰：「不斷世諦。」又，傳又說寂禪師「後參巖頭」，巖頭就是德山宣鑒禪師的法嗣——鄂州巖頭全豁禪師。這裏說寂禪師參他，應該不是師資的關係，是同道的切磋參訪而已。全豁傳說：「師泉州人也，姓柯氏。少禮清原誼公落髮，往長安寶壽寺稟戒，習經、律諸部，優遊禪苑，與雪峰義存、欽山文邃為友。自餘杭大慈山迤邐造于臨濟，屬臨濟歸寂，乃謁仰山。才入門，提起坐具，曰：和尚。仰山取拂子擬舉之。師曰：不妨好手。」〈慧寂傳〉也載這一段，說：「後參巖頭，巖頭舉起拂子。師展坐具，巖拈拂子置背後，師將坐具搭肩上而出。巖云：我不肯汝放，只肯汝收。」這是一事的兩般記法，實沒有師資傳授的意思在。所以全豁後在德山下領旨，慧寂則又參石室等。

慧寂禪師的卒年月日，陳援菴氏《釋氏疑年錄》考之云：「《宋僧傳》卷十二無卒年，《隆興通論》、《釋氏通鑑》、《佛祖統紀》作大順二年卒，《佛祖通載》作大順元年卒，《稽古略》作梁貞明二年卒，今據《陸希聲撰塔銘》及《祖庭事苑》七。」那麼，師是生在唐憲宗元和二年（西元 807 年），示寂於唐·僖宗中和三年（西元 883 年），世壽七十七。

《宋》卷十二《慧寂傳》說：「時韋胄就寂請伽陀，乃將紙畫規圓相，圓圈下注云：思而知之，落第二頭；云不思而知，落第三首。乃封呈達。自爾有若干勢以示人，謂之仰山門風也。海眾摳衣得道者，不可勝計。」後世

才有「溈仰宗」的法系。

《景》卷十一〈慧寂傳〉有：「師問香嚴：師弟近日見處如何？」又有：「師問：雙峰師弟近日見處如何？」云云，可見仰山是溈山的首座，所以講過仰山，接下講其師弟。

鄧州香嚴智閑禪師，《宋》卷十三、《景》卷十一有傳。略謂：「師青州人也。厭俗辭親，觀方慕道，依溈山禪會。祐和尚知其法器，欲激發智光，一日謂之曰：吾不問汝平生學解及經卷冊子上記得者。汝未出胞胎，未辨東西時本分事，試道一句來，吾要記汝。師懵然無對，沉吟久之……一日因山中芟草木，以瓦礫擊竹作聲，俄失笑間廓然憬悟，遽歸沐浴焚香，遙禮溈山。贊曰：和尚大悲思逾父母，當時若爲我說卻，何有今日事也？仍述一偈示：『一擊忘所知，更不假修治；動容揚古路，不墮悄然機。處處無蹤迹，聲香外威儀；諸方達道者，咸言上上機。』……僧問：不慕諸聖，不重己靈時如何？師曰：萬機休罷，千聖不攜。此時疎山在眾，作嘔聲……」案，智閑卒諡襲燈大師，他的生卒年月《宗統編年》作「光化元年（西元 898 年）」。又，疎山就是光仁。《宋》卷十三〈梁撫州疎山光仁傳〉說：「光仁，不知何許人也。其形矬而么麼，幼則氣概凌物，精爽殆與常不同。早參洞山，深入玄奧，其辯給又多於人也。嘗問香嚴禪師，答微有偏負，曰：某累繭重胝而至，得無勞乎？」光仁禪師的「參洞山，深入玄奧」，我以爲或者沒領悟其旨，這可從他參香嚴的情形看出。《景》卷十一智閑《傳》說：「僧問：不慕諸聖，不重己靈時如何？師曰：萬機休罷，千聖不攜。此時疎山在眾，作嘔聲曰：是何言歟？師問阿誰？眾曰：師叔。師曰：不諾老僧耶？疎山出曰：是。曰：汝莫道得麼？曰：道得。師曰：汝試道看。曰：若教某甲道，須還師資禮始得。師乃下坐禮拜，躡前語問之。疎山曰：何不道肯重不得全！師曰：饒汝恁麼，也須三十年倒屙。設住山無柴燒，近水無水吃。分明記取。」後來住在臨川疎山，果如師記，「至二十七年病愈。自云：香嚴師兄記我三十年倒痾，今少三年在。每至食畢，以手抉而吐之，以應前記。」（仝前）這樣看來，他是從香嚴得旨的了，〔註10〕所以應歸在仰山一系，而和香嚴是師友之間了。

〔註10〕仝前，《智閑傳原》注說：「疎山後問道怤長老：肯重不得全，汝作麼生會？怤云：全歸肯重。疎山云：不得全又作麼生？怤云：箇中無肯路。疎山云：始愜病僧意。」可以爲我證。

《景》卷十一襄州延慶山法瑞大師傳只記師一祇對語：「有人問：蚯蚓斬為兩段，兩頭俱動，佛性在阿那頭？師展兩手。師滅後，勅諡紹真大師，塔曰明金。」

全前，〈杭州徑山洪諲禪師傳〉，又見《宋》卷十二〈慶諸傳〉的附傳。略謂：「俗姓吳氏，吳興人也。年十九，禮開元寺無上大師落髮。」《景》原注：「無上大師嗣鹽官，後住徑山為第二世也。」案，鹽官就是齊安禪師，傳見《景》卷七，他是懷讓禪師第二世法嗣，由他而傳杭州徑山鑒宗禪師，就是無上大師。《景》卷十鑒宗傳說：「唐・咸通三年（西元 862 年）止徑山宣揚禪教，有小師洪諲（原注：諲即徑山第三世法濟大師），以講論自矜。師謂之曰：佛祖正法，直截亡詮，汝算海沙，於理何益？但能莫存知見，泯絕外緣，離一切心，即汝真性。諲聞茫然，禮辭遊方，至溈山方悟玄旨，乃師溈山。」其他請參閱《釋氏考》的《洪諲考》。

洪諲和尚的法嗣，《景》卷十二只錄洪州米嶺和尚的機緣語：「和尚尋常垂語曰：莫過於此。僧問：未審是什麼莫過於此？師曰：不出是。（原注：其僧後問長慶：為什麼不出是？慶云：汝擬喚作什麼？）」其他生平待考。

福州靈雲志勤禪師，長溪人，在溈山處因睹桃花而悟道。於是回閩川，玄徒臻集。後來雪峰有偈送雙峰出嶺，末句說：「雷罷不停聲」，志勤和尚知道後，把它改成「雷震不聞聲」。雪峰讚歎地說：「靈雲真是古月山頭見呀！」於是又來考他，說：「古人道前三三後三三，是什麼意思呢？」師曰：「水中魚，山中鳥。」雪峰更追問一句：「本意何在？」師說：「高可射兮深可釣。」那麼，志勤和尚和雪峰、雙峰是參訪的道友了。雙峰也是溈山的法嗣，因沒有機緣語句，所以《景》不錄他的傳。但是他卻有法嗣一人，那是福州雙峰古禪師。《景》卷十二有傳，略謂：「雙峰古禪師（原注：第二世）本業講經，因上雙峰禮謁。雙峰問：大德什麼處住？曰：城裏住。雙峰曰：尋常還思老僧否？曰：常思和尚，無由禮謁。雙峰曰：只這思底便是大德。師從此領旨，即歸本寺，捨所居，罷講入山，執侍數年。後到石霜，但隨眾而已，更不參請。眾僉謂古侍者曾受雙峰印記，往往聞於石霜。石霜欲詰其所悟……師應諾諾，即前邁。尋屬雙峰歸寂，師乃繼續住持。僧問：和尚當時祇對石霜，石霜恁麼道？意作麼生？師曰：只教我不著是非。」這樣看來，他是參過石霜的了。另外，雪峰義存禪師見本論他考。

至於應天和尚、福州九峰慈慧禪師，《景》卷十一但有機緣語句而已。

京兆米和尚、《景》原注說：「亦謂七師，作米七師。」他的傳文裏說到他和仰山、洞山相切磋的事體：「老宿曰：千年核桃。師令僧去問仰山云：今時還假悟也無？仰山云：悟即不無，爭奈落在第二頭！師深肯之。又令僧去問洞山云：那箇究竟作麼生？洞山云：卻須問他始得。師亦肯之。」仰山就是袁州慧寂和尚，已見前考。洞山，就是筠州良价禪師，他是吉州青原山行思禪師的法嗣，請詳另考。

晉州霍山和尚，《景》卷十一略謂：「仰山一僧到，自稱集雲峰下藤條天下大禪佛參（原注：校，參下元注云：大禪佛，即十二卷晉州霍山景通和尚也）。師乃喚維那搬柴著，大禪佛驟步而去。師聞祕魔巖和尚凡有僧到禮拜，以木叉叉住。師一日遂往訪之，纔見，不禮拜，便入祕魔懷裏。祕魔拊師背三下，師起拍手曰：師兄，我一千里地來，便回！」案，晉州霍山景通和尚是仰山慧寂禪師的法嗣，事情是這樣的：「師初參仰山，仰山閉目坐。師曰：如是，如是。西天二十八祖亦如是，中華六祖亦如是，和尚亦如是，景通亦如是。語訖，向右邊翹一足而立。仰山起來打四藤杖，師因此自稱集雲峰下四藤條天下大禪佛。後住霍山。」（《景》卷十二）又，祕魔巖和尚是荊州永泰寺靈湍禪師的法嗣，而靈湍是馬祖的法嗣。《景》卷十有祕魔的機緣語，說：「和尚常持一木叉，每見僧來禮拜，即叉卻頸，云：那箇魔魅教汝出家？那箇魔魅教汝行腳？道得也叉下死，道不得也叉下死。速道！學僧鮮有對者。」

襄州王敬初常侍，史無其傳，大概像裴休、白居易等，是公門中的修行人吧？《景》卷十一說他：「視事次，米和尚至。王公乃舉筆，米曰：還判得虛空否？公擲筆入廳，更不復出。米致疑，至明日，憑鼓山供養主入探其意，米亦隨至，潛在屏蔽間偵同。供養主纔坐，問云：昨日米和尚有什麼言句？便不得見。王公曰：師子咬人，韓獹逐塊。米師竊聞此語，即省前謬，遽出朗笑，曰：我會也，我會也。」那麼，米和尚（案，就是京兆米和尚，見前考）還是王公裁成的哩！

以上是溈山的第一世法嗣，接著考其二世，首先是慧寂的法嗣：

袁州仰山西塔光穆禪師，《景》卷十二只載他的機緣語而無傳；全書全卷有他的法嗣。吉州資福如寶禪師，雖然如寶也沒有傳，但法席甚盛，我們且放待本文之後詳考。

又，晉州霍山景通禪師已見前考。

又，杭州文喜禪師也已見前考。

又，新羅國五觀山順支，《景》卷十二說他在其本國，號「了悟大師」，也只有機緣語而無傳。

又，仰山南塔光涌禪師，《宋》卷十三〈全付傳〉說：「（全付）遂辭師而抵宜春之仰山，禮南塔涌禪師。應對言語，深認仰山之勢，頓了直下之心。」那是說光涌傳了全付的仰山門風了。

袁州仰山東塔和尚，只有機緣語，無傳。

以上是仰山的第二世法嗣，他的第三世系，就是從西塔光穆和南塔光涌等二支傳下的。先說前者。

西塔光穆傳吉州資福如寶禪師，如寶則傳了：

吉州資福貞邃禪師、吉州福壽和尚、潭州鹿苑和尚，他們都只錄機緣語而無傳。但從他們的機緣衹對裏，似乎可略見其宗風，譬如好用「展手」和「示圓相」來對應學人。譬如：僧問：和尚見古人得何意旨便歇去？（貞邃禪）師作圓相示之。問：如何是古人歌？師作圓相示之。僧問：餘國作佛還有異名也無？（潭州鹿苑和尚）師作圓相示之。僧問：祖意、教意同別？師乃展手。這一位「師」是指吉州福壽和尚而言。從以上的例子，可以應證吾言。另有一段饒有趣味的問題，就是「前三三後三三」的尋究，如：僧問貞邃禪師：百丈卷席意如何？師良久。問：古人道前三三後三三意如何？」案，這一個問題是雪峰問過志勤的話，而雪峰之有此一問，卻是從文喜禪師來的。《聖果寺志》說文喜在天台山嶺遇一老者，很受這老者的款待。文喜便問他說：「此地信佛的風氣如何？」老者說：「龍蛇雜處，凡聖相參。」又問：「這裏住的人有多少？」老者說：「前三三後三三」。文喜被回答得一頭霧水，抬頭之間，卻不見屋宇亭臺，卻見文殊菩薩騎著獅子駐立空中。若干年後，他參仰山有省，一日，在廚房作飯，掀起鍋蓋來，卻見文殊菩薩騎獅在飯氣蒸騰之中。文喜二話不說，拿起飯剗子就打，說：「文喜自文喜，文殊自文殊，這一下子才不受你騙了！」文殊菩薩哈哈大笑，唱偈道：「苦瓜連根苦，甜瓜徹蒂甜；修行三大劫，卻被這僧嫌。」文喜和雪峰是同時期的人，可見這「古人」字，指的是文殊菩薩了。而仰山的傳承脈絡，不都在這兒了嗎！

另外，如寶禪師還有一位潭州報慈寺的法嗣，叫德韶禪師的，因為沒有機緣語，所以《景》卷十三不錄他的傳。而宋、《禪林僧寶傳》、《祖庭事苑》等都有天台山德韶禪師的事體，那應是相異的二人了。詳參《釋氏考》。然

而，潭州的德韶卻有二位法嗣見於《景》卷十三，就是：鄞州三角山志謙禪師和郢州興陽詞鐸禪師，可惜也只有機緣語句而無傳。

再說後者，南塔光涌禪師的法嗣，第一位是越州清化全付禪師，已見《釋氏考》。第二位是郢州芭蕉山慧清禪師，他是新羅人，人家問他：「如何是芭蕉水？」他說：「冬溫夏涼。」又問：「如何是吹毛劍？」他說：「進前三步。」再問：「用了怎麼辦？」他說：「退後三步。」又是「前三後三」的句式，真是仰山的宗風呀。他有二位法嗣：郢州興陽山清讓禪師、洪州幽谷山法滿禪師，《景》卷十三都有它們的機緣語。

光涌的第三位法嗣，是韶州昌樂縣黃連山義初禪師，號明微大師。人問：「如何是佛？」師說：「胸題卍字，背負圓光。」又問：「如何是道？」師展兩手示之。「展手示」，真是仰山宗風！所以再問：「佛之與道相去幾何？」師說：「如水如波。」

第四位是韶州慧林鴻究，《景》卷十三有他的法嗣一人：韶州靈瑞和尚的機緣語。

以上是把仰山慧寂的法系作一釐清，接著我們再回頭詳考香嚴寺智閑禪師的法系。他在世時法席甚盛，《景》卷十二便一口氣錄了十位法嗣；但是從吉州止觀和尚到江西廬山雙谿田道者，竟都沒有傳承下去，可見他的法嗣是至此而絕了，到底不如仰山，所以同是出於靈祐之門，只好獨稱「溈仰」了。以上十位也無傳。說到「溈仰」宗風，黃懺華氏有一語，甚好。他說：「靈祐是頓悟得妙，慧寂是功行綿密，不是大根器不易傳承。此宗在禪宗五家中興起最先，衰亡也較早，〔註11〕殆即此。」

（三）南嶽石頭希遷法系考

六祖慧能大師門下分成三大系，一是西京荷澤寺神會和尚，一是南嶽懷讓和尚，一是吉州青原山行思和尚。這在前述的章節裡已經說過，此處特就吉州青原山行思和尚的法嗣作一考索。

行思的傳，見於《佛祖道影》、《宋》卷九〈義福傳〉的附錄、《景》卷五。師本姓劉氏，吉州安城人，幼歲出家，後參曹谿慧能祖師，能深器重之。一日，能大師告訴他說：「從上衣法雙行，師資遞授；衣以表信，法乃印信。吾今得人，何患不信？吾受衣以來，遭此多難，況乎後代？競爭必多！衣即

〔註11〕其傳承時間，約一百五十年。

留鎮山門，汝當分化一方，無令斷絕。」這是說行思得法而不得衣，本來不足以表信的；但是，六祖法衣的傳承，是個大謎樣，究竟誰得了去呢？所以行思雖不得衣，卻無礙其傳法。

六祖在世時有一沙彌希遷的，問祖說：「和尚百年以後，我要依誰求法？」祖說：「尋思去！」及祖示寂，希遷聽從其言，每在靜處端坐，寂若忘生。有僧問他：「師傅已逝，你空坐幹嘛？」他說：「我稟師訓，在此尋思。」僧說：「你有個師兄叫行思的，今住吉州弘法，你的因緣就在那兒。你師傅話說得那麼明白，是你自己迷了心竅呀！」希遷從此入了行思的門；僧傳上也只說能傳承行思之法的，就只有南嶽石頭的希遷了。

希遷的傳，見於《廣東通志》、《宋》卷九和《景》卷十四。他是端州高要人，不過，《宋》說是高安人，大概是手民筆誤。姓陳氏。《景》卷五〈行思傳〉有一段說他承當行思的法要，很精彩，大意是這樣的：「他日，師復問遷：汝什麼處來？曰：曹谿（案，關於曹谿去來的問答，師生之問已往返多次矣）。師乃舉拂子，曰：曹谿還有這箇麼？曰：非但曹谿，西天亦無。師曰：子莫曾到西天否？曰：若到即有也。師曰：未在，更道。曰：和尚也須道取一半，莫全靠學人。師曰：不辭向汝道，恐已後無人承當。師令希遷持書與南嶽讓和尚，曰：汝達書了速迴，吾有箇鈯斧子與汝住山。遷至彼，未呈書，便問：不慕諸聖，不重己靈時如何？讓曰：子問太高生，何不向下問？遷曰：寧可永劫沉淪，不慕諸聖解脫。讓便休。遷迴至靜居，師問曰：子去未久，送書達否？遷曰：信亦不通，書亦不答。師曰：作麼生？遷舉前話了，卻云：發時蒙和尚許鈯斧子，便請取。師垂一足，遷禮拜，尋辭往南嶽。」就這樣傳了副家當，便在衡山南寺之東的石臺結庵，時號石頭和尚。他生於周大足二年（西元 700 年），示寂於唐‧貞元六年（西元 790 年），世壽九十一。他的傳法弟子有二十一人，見錄於《景》卷十四的有十三人，其後八人因沒有機緣語句，所以不錄。附表於后：

```
                        ┌─ 荊山天皇寺道悟禪師
                        │  京兆尸利禪師
                        │  鄧州丹霞山天然禪師
                        │  潭州招提寺慧朗禪師
                        │  潭州大川和尚
                        │  分州石纙和尚
                        │  鳳翔法門寺佛陀和尚
                        │  潭州華林和尚
                        │  潮州大顛和尚
           南嶽石頭希遷 ─┤  潭州長髭曠禪師
                        │  水室和尚（以上十三人見錄）
                        │  寶通禪師
                        │  海陵大辯禪師
                        │  諸涇和尚
                        │  衡州道說禪說
                        │  漢州常清禪說
                        │  福州碎石和尚
                        │  商州商嶺和尚
                        └─ 常州義興和常
```

以上二十一人，除後面八人無傳，不知其法嗣以外；京兆尸利禪師、潭州招提寺慧朗禪師、長沙興國寺振朗禪師、潭州華林和尚、汾州石樓和尚、鳳翔法門寺佛陀和尚、水空和尚等，也都沒有法嗣，因此不贅，這裡只從有法嗣的加以考索。首先是石頭的上座弟子道悟。

道悟法系考

道悟的傳，見於《宋》卷十、《景》卷十四。略謂：「師，婺州東陽人也，姓張氏……年十四，懇求出家……依明州大德披削。二十五，杭州竹林寺具戒，精修梵行，推爲勇猛……一日，遊餘杭，首謁徑山國一禪師。悟禮足始畢，密受宗要，於語言處，識衣中珠……服勤五載，隨亦印可……乃轉遁於餘姚大梅山，是時大曆十一年（西元 876 年）也。層崖絕壑，天籟蕭瑟，敻無鄰落，七日不食……是以掃塵累遯巖藪，服形體遺晝夜，精嚴不息，趣無上道，其有旨哉。如是者三四年矣……諮訪，會其眞宗，建中初詣鍾陵馬大師；二年（西元 781 年）秋，謁石頭上士、始卜於灃陽，次居於漺口，終居于當陽柴紫山、有天皇寺者，據郡之左，標異他刹，號爲名藍、元和丁亥歲（西元 807 年），夏四月晦，奄然入滅，春秋六十，僧臘三十五。」道悟的法緣很殊勝，幾乎是弘揚

了石頭法席的上首，《宋》描寫其盛況，說：「屬及於虛落，錫及於都城，白黑為之步驟，幡幢為之輜輞，生難遭想，得未曾有，彼優波鞠多者，夫何足云。」並且說當時的禪和子，多稱禪師為「天皇門風」。但是，《覺夢堂重校五家宗派》卻把雲門歸屬到馬祖的法系之中，便大錯了；這錯了的原由是道原和尚在編纂《傳燈錄》及釋贊寧在寫《宋高僧傳》時，都把天王道悟和天皇道悟錯成一個人了。關於這一點，《覺夢堂重校五家宗派序》已經加以辨明了。序說：「景德間吳僧道原集《傳燈錄》三十卷，自曹谿以下列為兩派，一曰南岳讓，讓出馬大師；一曰青原思，思出石頭遷。自兩派下又分五宗，馬大師出八十四員善知識，內有百丈海，海出黃檗運、大溈祐二人。運下出臨濟玄，故號臨濟宗；祐下出仰山寂，故號溈仰宗。八十四人內，又有天王悟，悟得龍潭信，信得德山鑒，鑒得雪峰存，存下出雲門偃，號雲門宗。次玄沙備，備出地藏琛，琛出清涼益，號法眼宗。次石頭遷出藥山儼、天皇悟二人。悟下得慧真，真得幽閑（案，這原文是符載撰《唐荊州天皇寺道悟碑》末說：『比丘慧真、文賁等禪子幽閑，皆入室得悟之者』──見《宋》卷十〈道悟傳〉引──元雲霺和尚新修六學僧傳、黃宗羲、陳援庵等已辨明『幽閑』是形容詞，非人名）閑得文賁，三世使絕。唯藥山得雲巖晟，晟得洞山价，价得曹山章，是為曹洞宗。今《傳》燈卻收雲門、法眼歸石頭下，誤矣。緣同時道悟有兩人，一曰江陵城西天王寺道悟者，渚宮人也，崔子玉之後，嗣馬祖。元和十三年（西元 818 年）四月十三日化，正議大夫丘玄素撰塔銘。一曰江陵城東天皇寺道悟者，婺州東陽人也，姓張氏，嗣石頭。元和二年（西元 807 年）丁亥化，葉律郎符載撰塔銘。二碑所載生緣出處甚詳。」以上所引，見《景》卷十四〈道悟傳〉後附考。又，洪覺範林間錄也有所致辨，可以參閱。

道悟的法席很盛，已如前述；但是《景》卷十四上卻只載了一個傳法弟子──澧州龍潭崇信禪師，不過，崇信之後，法嗣極夥，真正弘揚了「天皇門風」。我這裡先製一表，俾顯眉目。

一世	二世	三世	四世	五世	六世	七世	八世	九世
崇信	宜鹽	全豁	師彥	橫龍				
				神祿				
			彥禪師	晦機	普沼			
				繼達	第二世黃龍和尚			

					棗樹第二世和尚				
					黑水和尚				
					智顥				
					達和尚				
					然和尚				
					悟海				
				柏谷					
				和龍					
				玄泉第二世和尚					
				玄密					
			慧宗						
			道閑	隱微					
				德謙	契從				
					瑜和尚				
					保初				
					究和尚				
					義和尚				
					調和尚				
				範禪師					
				紹孜					
				慧禪師					
				令弇					
				義證					
				惟曠					
				義昭					
				谷山					
				從盛					
				義因					
				靈巖					
				匡山					
				重滿					
				清進					

				延慧				
				鑒禪師				
				穆禪俤				
			從範					
			嚴禪師					
			海一					
			韶和尚					
			訥和尚					
		義存	師備	桂琛	文益	德韶	延壽	子蒙
								津禪師
							可弘	
							明彥	法齊
							志逢	
							法端	
							紹安	
							守威	
							永安	
							師護	
							清昱	
							智勤	
							願齊	
							希辯	慧洪
								胡智
							遇安	
							安蟾	
							全肯	
							義隆	
							曉榮	慧文
							慶蕭	
							敬璡	
							師术	
							慧達	
							道圓	
							慶祥	

	行明	
	義圓	
	遇安	蘊仁
	慧居	
	遇臻	
	本先	如晝
	德謙	
	處先	
	省義	
	安禪師	
	澤禪師	
	重曜	
	榮禪師	
	瓊禪師	
	紹光	
	紹巒	
	行新	
	默禪師	
	從堅	
	朗禪師	
	五峰	
	道孜	
	自廣	
	師逸	
	清表	
慧明	道誠	
智依		
匡逸		
文遂	慧禪師	
	祥禪師	
	眞禪師	
	茂禪師	
	獎禪師	
守仁		

						道潛	瓌省	
							志澄	
							慶祥	
						良匡		
						清聳	道慈	
							願昭	
							師智	
							可先	
							道端	
							遇寧	
							辯隆	
							希圓	
							德文	
						玄則		
						行言		
						智筠		
						慧炬		
						泰欽	道齊	
							慧聰	
						紹巖		
						法安	道堅	
							慧誠	
						清錫		
						道常		
						敬遵		
						策眞		
						紹顯		
						慧圓		
						從顯		
						延規	辯實	
							用清	
						希奉		
						棲倫		
						齊禪師		

						匡達		
						紹明		
						謹禪師		
						可勳		
						守訥		
						覆船和尚		
						法		
						慧朗		
						道鴻		
						靈鑒		
						上泉和尚		
						僧遁		
						緣勝		
						義柔		
						慧英		
						邁禪師		
						照禪師		
						師慧		
						省一		
						通性		
						夢欽		
						玄闡		
						明禪師		
						可莊		
						爽禪師		
						靈山和尚		
						因禪師		
						止和常		
						幽禪師		
						道達		
						道邁		
						德賓		
						仁禪師		
						道聳		

						洪進	從漪		
							緣德		
						休復	慧同		
							道習		
						紹修	廣原		
						秀禪師			
						傅殷			
						守安	善美		
							明禪師		
					慧球				
					重機	令光			
					契符	洞明			
						行欽			
					瑤禪師	寶勝			
					誠禪師				
					道希	玄目			
						清慕			
						志恩			
						玄亮			
						玄應	仁義		
					沖奧				
					睡龍山和尚				
					光緒				
					契如				
					祿和尚				
					師靜				
				慧稜	道匡				
					彥球				
					連禪師				
					光雲				
					紹宗				
					賈資	林澄			
					法瑤				

	洪儼			
	咸澤			
	彗朗			
	常慧			
	靜禪師			
	從欣	守眞		
	青換			
	契訥			
	弘辯			
	可隆			
	守玭			
	懷烈			
	令含			
	龜山			
	道殷			
	澄靜			
	明遠	通和尙		
	從瓌			
	契盈			
玄通				
道怤	師訥			
	遇緣			
	智遠			
	龜端			
	景豐			
皎然				
智孚	法進			
懷岳	師浩			
師郁				
神晏	子儀			
	智作			
	智嚴			
	智嵩			
	強禪師			

			文義				
			智嶽				
			定慧				
			清諤				
			沖煦				
			清護				
		紹卿					
		行瑫					
		從弇					
		靈照	師進				
			志球	俊禪師			
			歸禪師				
			道閑				
			照禪師				
			廼禪師				
		參禪師					
		弘瑫	師貴				
			義聰				
			從貴				
			藏用				
			彥端				
			志端				
			滿禪師				
			明禪師				
			祥和尙	大歷			
				寶華			
				月華			
				地藏			
				含匡			
				白雲			
		歸本					
		林泉					
		南院					
		可休					

行周					
通禪師					
從展	省僜				
	可儔	無逸	法騫		
	如新				
	慧廉				
	文欽				
	清運				
	熙禪師				
	從琛				
	贏和尙				
	守清				
	行琮				
	嶽麓				
	德海				
	慶和常				
	簡禪師				
	澄禪師				
	契穩				
	慧輪	道詮	義詮		
		裕禪師			
	琛禪師				
	柔禪師				
	枕峰				
	法操				
	鷲嶺				
	敬連				
	句禪師				
道溥	清豁				
宗靖					
契璠					
師鼐					
可觀	金輪				
玄訥					

				文偃	祥和尚				
					緣密	文襲			
						可瓊			
					道遵				
					竟欽				
					資福				
					元禪師				
					倫禪師				
					爽禪師				
					聞和尚				
					智寂				
					章和尚				
					滿禪師				
					顯鑒				
					慧慈				
					諲禪師				
					崇禪師				
					寶禪師				
					竟脫				
					慧禪師				
					韶和常				
					師寬				
					觀音				
					林泉				
					煦和尚				
					澄遠	羅漢和尚			
					啓柔				
					法濟				
					守初	道崧			
					耀和尚				
					豐禪師				
					匡果				
					璘和尚				
					清稟				

				寂和尚				
				道謙				
				永平				
				郎禪師				
				潭明				
				深禪師				
				乘和尚				
				臻禪師				
				封和尚				
				燈峰				
				圓和尚				
				圓光				
				雲震				
				清耀				
				清海				
				慈光				
				師密				
				融禪師				
				守賢				
				徽禪師				
				弘義				
				光禪師				
				廣慈				
				欽禪師				
				眞禪師				
				凜禪師				
				慧眞				
			仁禪師					
			東禪					
			從襲					
			永泰					
			守訥					
			夢筆					
			元儼如體					

			憩鶴山和尚				
			棲禪師				
			延宗				
			普明				
			永禪師	大通			
			超悟				
			孚上座				
			惟勁				
			審超				
			訥禪師				
			大無爲				
			玄暉				
			清淨				
			雪峰				
			德明				
			懷忠				
			懷果				
			行修				
			安德				
		慧恭	上足				
		瓦棺					
		簡禪師					
		賢國	志圓	智洪	景如		
					楚勛		
					從善		
				行矞	智倫		
				行沖			
				懷楚	匡祐		
					自南		
					繼勳		
				清皎			
				志操			

			眞鑒				
			興陽山和尚				
			玄偕				
			慧雲				
			玄諤				
			彥實				
		令參	子興				
			知默				
寶峰	紹						
	無垢						
	尉遲						

上面的表，有二點說明：

一、人名旁邊的號碼，如「一」、「二」、等是代表「世代」。「一」即道悟之後的一世，「二」即道悟之後的第二世，依此類推。

二、法嗣只有一人者，則直接寫在師承之下；如果是兩人以上，因爲篇幅不敷使用，只得另書，乃在其下做一「｜」等號以醒綱目而便索驥。

崇信〈傳〉見《景》卷十四、《宋》卷十，都沒有生卒年月；只說李翶曾經執疑他、激揚他。那麼應該是唐中葉的人了。《宋》卷十二〈宣鑒傳〉說崇信是石頭宗師之二葉，實際上是三葉，這可從表列上看出。同書卷十〈道悟傳〉所附〈信本傳〉說：「後德山鑑師（案，即宣鑒）出其門，宗風大盛。」實際上，崇信的法嗣除了宣鑒之外，還有一位寶峰和尙；不過，鑒師之後，倒眞是宗風大盛的。兩人的〈傳〉，都見於《景》卷十五；不過寶峰除了機緣語句外，沒有生平。

宣鑒除了《景》卷十五有傳之外，還有於《宋》卷十二、《祖庭事苑》卷七等。他生於唐・建中二年（西元782年），示寂於咸通六年（西元865年），世壽八十四。他門下弟子凡九人，全豁、義存、慧恭、資國等都有傳人。資國傳志圓，志圓的法席頗盛，弟子凡十三人；可惜其後的宗風並不能彰顯。

〈慧恭傳〉見於《佛祖綱目》（不過卻誤做「瑞恭」，陳援菴先生已辯之矣）、《景》卷十六、《宋》卷十二。《景》並沒有說他有法嗣，而《宋》也只說：「天復三年癸亥（西元903年）十二月午時命眾聲鐘，顧瞻左右，促言云去。加趺瞑目，儼然而化。春秋八十四、僧夏六十二。闡圓頓之宗，居道德

之最，沒有易名，塔無題榜，足見浮名爲桎梏耳。門人上足師遂植松負土，力崇塔廟。」上足師僧史無傳，故遂不知其後嗣如何。

全豁的弟子有九位，師彥、彥禪師、道閑也都有法嗣。彥禪師底下出了個晦機，他有法嗣九人，《景》卻無一載其生平，且除了繼達有第二世黃龍和尙的法嗣外，算是到此而息了。道閑的門風很盛，他的弟子多達十九位；卻是除了德謙以外，竟都無傳人。德謙的法嗣六人，也都無傳，不能詳考。

從上分析，宣鑒的弟子最能弘傳的，就只有義存了。〈義存傳〉見於《黃御史集》卷五黃滔所撰的碑銘，以及《宋》卷十二、《景》卷十六。他是泉州南安人，俗姓曾氏。十七落髮，後往幽州寶刹寺受具足戒，因見德山而受印記。唐·咸通六年（西元 865 年）登象骨山雪峰創院，徒侶翕然，懿宗賜號眞覺大師。他生於唐·長慶二年（西元 822 年），示寂於梁開平二年（西元 908 年）世壽八十七、僧臘五十九。《宋》說他「行化四十餘年，四方之僧爭趨法席者不可勝算」，卻說能傳其法的，只有：玄沙師備、洞巖可休、鵝湖智孚、招慶惠稜、鼓山神晏等五人。夷考《景》卷十八、十九、存禪師的法嗣凡五十六人；師備的傳法弟子十三人，惠（《景》做「慧」），稜的有二十六人，神晏的有十一人，智孚的僅一人，可休則沒得傳人；倒是道怤有五人，靈照有七人，弘有九人，從展有二十五人，文偃有六十一人。眞是猗歟盛哉了！不過，他們的法嗣雖多，大概多是即身而止，鮮有像師備的瓜瓞綿綿的。

〈師備傳〉見於《佛祖道影》、《隆興通論》、《釋氏通鑑》、《景》卷十八、《宋》卷十三。他是福州閩縣人，俗姓謝，生於唐〈太和九年（西元835年），示寂於梁〈開平二年（西元 908 年），世壽七十四，僧臘四十四。他其實是義存的師弟，《景》卷十八本傳說：「與雪峰義存本法門昆仲，而親近若師資。雪峰以其苦行，呼爲頭陀、暨登象骨山，乃與師同力締構，玄徒臻萃。」他演化三十年，禪侶七百多人，《景》、《宋》都說他：「至今（案，當指贊寧之時）浙之左右，山門盛傳此宗，法嗣繁衍矣。其於建立透過大乘初門，江表學人無不乘風偃草歟？」所謂「此宗」，《景》說是「致青原石頭之濬流，迨今不絕，轉導來際。」他的門下，有傳人的，僅桂琛、重機、契符、瑤禪師、道希；桂琛的門下出了個文益，而法席蒸然如熏籠之氣了。關於此點，留待後論。此地先看看義存法嗣裡，和吳越王錢氏有相過從的有幾人？其概數如下：

道怤，《景》卷十八說：「錢王欲廣府中禪會，命居天龍寺。始見師，乃曰：眞道人也。致禮勤厚，由是吳越盛於玄學，其後有創龍冊寺。」

　　師郁，《景》仝卷：「自得雪峰心印，化緣盛於杭越之間。後居西興鎮之化度院，法席大興、錢王欽其道德，奉紫衣師號。

　　靈照，仝書仝卷：「師，高麗人也。萍遊閩越，升雪峰之堂，冥符玄旨、錢王建龍華院，迎金華傅大士靈骨道具實焉，命師住持。」（又見宋卷十二）

　　令參，仝書仝卷：「錢王嚮師道風，請居龍冊寺終焉。」

　　宗靖，仝書卷十九：「錢王命居龍興寺，署六通大師。」

　　從襲，仝前：「入浙中謁錢王，王服道化，命居此山（案，即大錢山）而闡法焉。」

　　以上凡六人，其考據請詳《釋氏考》。

　　師備門下出了一個桂琛，很受用；但是，他是閩人，我們等到論及他的法嗣時再說。此地也先來看看師備的門下，與吳越王錢氏交往的情況，大概如下：

　　重機，錢武肅王請說法住持。（《景》卷二十一）

　　其他如天台雲峰光緒禪師、天台國清師靜上座或許和吳越王錢氏有所過從，然史未明文，不敢必定。

　　慧稜禪師的法嗣中，有和吳越王相交往的，略如下述：彥球，《宋》卷二十八「球」做「求」，並且說：「漢南國王錢氏欽其高行，合住功臣院，未歸州治龍華寺。」

　　其他如：杭州臨安縣保安連禪師、杭州傾心寺法宗一禪師、杭州靈隱山廣嚴院咸澤禪師、杭州報慈院從禪師、杭州龍華寺契盈廣辯周智大師或有過從，而史無明文。

　　道怤的法嗣，有越州清化山師訥禪師、衢州南禪遇緣禪師、復州資福院智遠禪師等，也都無明文言其與吳越王相交往的。

　　神晏的法嗣，杭州天竺山子儀心印水月大師，《景》卷二十一、《上天竺寺志》卷五都有傳。說：「錢忠懿王聆其道譽，命開法于羅漢、光福二道場。」

　　靈照禪師的法嗣，疑杭州雲龍院歸禪師、杭州餘杭功臣院道閑禪師多與吳越王有交涉；他則不知。

　　令參禪師的法嗣杭州龍冊寺子興明悟禪師，或者與吳越錢氏有所來往；此外，義存的法嗣，或他的再嗣，恐怕多布教在南唐、荊楚等地，這只好留待彼時再論。現在回來看桂琛禪師及其法嗣。

　　桂琛，常山人，姓李氏。先謁雪峰，猶未有見；謁了雪峰的法嗣玄沙師備，反倒廓然無惑，可見法緣不同，因機施教的重要了。《景》卷二十一本傳說他：

「玄沙每因誘迪學者流，出諸三昧，皆命師爲助發。」那是請師爲助教的意思；
都是，師卻能「處眾韜晦」。不過，不伐善、不施勞的眞珠，是不能掩其光蘊的，
最終還是讓漳州牧王公知道了，便在閩城西之石山建地藏精舍，請師住持。其
後，又遷止漳州羅漢院。師於後唐天成三年（西元 928 年）示寂，世壽六十三
（那麼，他是生在唐咸通八年（西元 867 年）了）。他的傳法弟子有七人，杭州
天龍寺秀禪師《景》卷二十四說他「本國署清慧大師」，那是得著吳越王錢氏的
尊禮了。至於其他弟子，則傳法諸方，而《宋》卷十三〈琛本傳〉說：「南北參
徒賣疑而往者，不可彌數。有角立者，撫州曹山文益、江州東禪休復，咸傳琛
旨，各爲一方法眼。」休復和文益都在江南宣教。復的法嗣二人，也都在江南；
益的法席卻大盛，《景》卷二十四益本傳說他「嗣子天台山德韶（自註：吳越國
師）、文遂（自註：江南國導師）、慧炬（自註：高麗國師）等一十四人，先出
世並爲王侯禮重。次龍光、泰欽等四十九人，後開法各化一方。」所以，此處
專論文益禪師的法嗣；又因德韶是吳越僧眾的巨擘，且留在後論，先論其他。

　　慧明，《景》卷二十五本傳說：「漢・乾祐中，吳越忠懿王延入王府問法。」
其他詳《釋氏考》。

　　道潛，仝前。《景》卷二十五本傳說他初謁淨慧，淨慧就是清涼文益禪師，
淨慧便許他入室，並說：「子向後有五百毳徒，而爲王侯所重。」果然忠懿王
錢氏命入府受菩薩戒，署慈化定慧禪師，建大伽藍，號慧日永明請居之。其
他詳《釋氏考》。

　　清聳，仝前：「承淨慧印可，迴止明州四明山卓庵，節度使錢億執師事之
禮，忠懿王命於臨安兩處開法。後居靈隱上寺，署了悟禪師。」

　　紹巖，仝前：「吳越王問師開法，署了空大智常照大師。」

　　紹明，全書卷二十六：「蘇州薦福院紹明禪師，州將錢仁奉請住持，乃問：
如何是和尚家風？師曰：一切處看取。」

　　另外，和吳越王交遊的，或者還有：杭州奉先寺法明普照禪師法瓌、杭
州慧日永明寺通辯禪師道鴻等。

　　以上是文益的其他法嗣，已經約略述過。此處回頭論德韶的傳法弟子，
但是先看文益其人。《宋》卷十三、《景》卷二十四〈益本傳〉都說他很受江
南國主李氏的知重，而迎住報恩寺，署號淨慧，私諡大法眼。但是，論及他
的出身，卻是吳越的淵源。《景》本傳說：「師，餘杭人也。姓魯氏。七歲依
新定智通院全偉禪師落髮，弱齡稟具於越州開元寺，屬律匠希覺師盛化于明

州鄮山育王寺、覺師目爲我門之游、夏也。」可見他雖是琛師的肌肉骸骨，而血脈卻是吳越的奔流！

德韶已見於《釋氏考》，他是法眼益禪師在吳越的傳法巨子，當初益師的懸記便說：「汝向後當爲國王所師，致祖道光大，吾不如也。」果如其言，而他確實也在吳越有了大貢獻。僧傳說：「有傳天台智者教義寂者，屢言于師曰：智者之教，年祀浸遠，慮多散落。今新羅國其本甚備，自非和尚慈力，其孰能致之乎？師於是聞于忠懿王，王遣使及齎師之書往彼國繕寫，備足而迴。迄今盛行于世矣。」那麼，今天還可看到天台止觀等等祕法，都是禪師所賜了。所以宋說他：「今江浙間謂爲大和尚焉。」

德韶禪師的法嗣，根據《景》卷二十六的記載，凡四十九人；其中十九人因爲沒有機緣語句，所以不錄，也就不見其傳。但是，就其標目來看，卻絕大部份是在吳越弘法的。這十九人中，有紹鑾禪師者，是慶諸和尚的剃度師。《宋》卷十二〈慶諸傳〉說：「諸始十三，禮紹鑾禪翁爲師，於洪井西山披剃。」這樣看來，慶諸猶有玄沙的血脈了。

其他有語錄而無其傳的，略有：溫州大寧院可弘、杭州報恩光教寺慧月禪師法端、全前寺通辯明達禪師紹安、台州天台山紫凝普聞寺智勤、杭州臨安縣功臣院慶蕭、越州稱心璇進、越州剡縣清泰院道圓、杭州九曲觀音院慶祥、越州蕭山縣漁浦開善寺義圓等，也都能承揚「德韶宗風」。

洞山法系考

希遷門下出了一個丹霞山天然禪師，其下的京兆翠微無學禪師的法席頗爲風光，因爲他的門下有了一個舒州投子山的大同禪師。可惜，大同的法嗣並不能傳薪，乃三世而熄。

要論到希遷的另一法系，應屬洞山。洞山的老師是曇晟，曇晟的老師是藥山惟儼。說到藥山惟儼，那是鼎鼎有名的了。《宋》卷十七〈儼本傳〉說他：「初，翱與韓愈、柳宗元、劉禹錫爲文會之交，自相與述古言、法六籍，爲文黜浮華，尚理致……吏部常論，仲尼既沒，諸子異端……吾約二三子同致君復堯舜之道，不可放清言而廢儒，縱梵書而猾夏，敢有邪心歸釋氏者，有渝此盟，無享人爵，無永天年……無何，翱邂逅於儼，頓了本心……復遇紫玉禪翁，且增明道趣，著《復性書》上下二篇。」意思是李翱自從遇到惟儼以後，竟棄儒而就釋氏了。這話是不是確論，且不說；但由此可見惟儼在當時影響的一斑了。

惟儼的法嗣如圖：

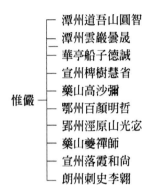

惟儼
- 潭州道吾山圓智
- 潭州雲巖曇晟
- 華亭船子德誠
- 宣州椑樹慧省
- 藥山高沙彌
- 鄂州百顏明哲
- 鄆州湮原山光宓
- 藥山變禪師
- 宣州落霞和尚
- 朗州刺史李翱

後面四人無機緣語句，不錄其傳。其中曇晟的法嗣及其血脈，如下表：

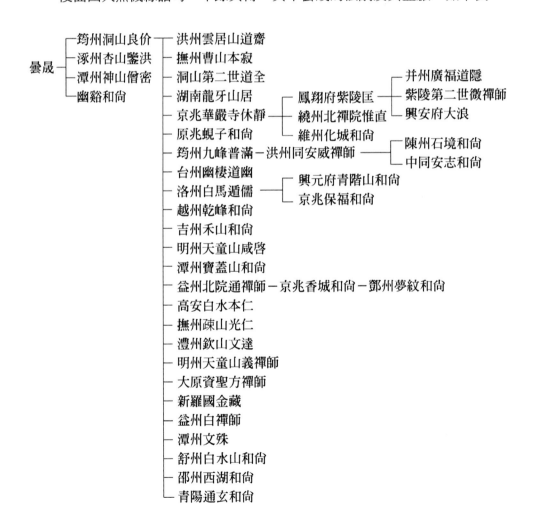

曇晟
- 筠州洞山良价
  - 洪州雲居山道齋
  - 撫州曹山本寂
  - 洞山第二世道全
  - 湖南龍牙山居
  - 京兆華嚴寺休靜
    - 鳳翔府紫陵匡
      - 并州廣福道隱
      - 紫陵第二世微禪師
      - 興安府大浪
    - 繞州北禪院惟直
    - 維州化城和尚
  - 原兆蜆子和尚
  - 筠州九峰普滿－洪州同安威禪師
    - 陳州石境和尚
    - 中同安志和尚
  - 台州幽棲道幽
  - 洛州白馬遁儒
    - 興元府青階山和尚
    - 京兆保福和尚
  - 越州乾峰和尚
  - 吉州禾山和尚
  - 明州天童山咸啓
  - 潭州寶蓋山和尚
  - 益州北院通禪師－京兆香城和尚－鄧州夢紋和尚
  - 高安白水本仁
  - 撫州疎山光仁
  - 澧州欽山文邃
  - 明州天童山義禪師
  - 大原資聖方禪師
  - 新羅國金藏
  - 益州白禪師
  - 潭州文殊
  - 舒州白水山和尚
  - 邵州西湖和尚
  - 青陽通玄和尚
- 涿州杏山鑒洪
- 潭州神山僧密
- 幽谿和尚

道齊 ── 杭洲佛日和尚
　　 ── 蘇州永光院真禪師
　　 ── 洪州同安丕禪師
　　 ── 廬山師宗澹權 ── 顎州黃龍蘊和尚
　　 ── 池州廣濟和尚 　　 ── 壽州泊山和尚
　　 ── 潭州水西南臺和尚
　　 ── 歙州朱谿謙禪師
　　 ── 楊州豐化和尚
　　 ── 雲居山道簡
　　 ── 廬山師宗懷璉
　　 ── 洪州大善慧海
　　 ── 朗州德山和尚（原注：第七世）
　　 ── 南嶽南臺和尚
　　 ── 雲居山昌禪師
　　 ── 池州稽山章禪師 ── 隋州雙泉山道虔
　　 ── 晉州大梵和尚 　　 ── 揚州風化院令崇
　　 ── 新羅雲住和尚 　　 ── 澧州藥山忠彥
　　 ── 雲居山懷岳 　　 ── 梓州龍泉和尚
　　 ── 冷玨和尚 　　 ── 雲居山住緣
　　 ── 潭州龍興寺悟空 　　 ── 雲居山住滿
　　 ── 建昌白雲減禪師
　　 ── 潭州幕輔山和尚
　　 ── 舒州白水山璋禪師
　　 ── 廬山冶父山和尚
　　 ── 南嶽法志
　　 ── 新羅慶猷
　　 ── 新羅慧禪師
　　 ── 洪州鳳棲山慧志

本寂 ── 撫州荷玉光慧 ── 荷玉山福禪師
　　 ── 筠州洞山道延 ── 筠州上藍慶禪師
　　 ── 衡州育王山弘通 ── 洞山敏禪師（原注：第五世）
　　 ── 撫州金峰從志 ── 洪州大寧神隆
　　 ── 襄州鹿門處真 ── 澧州藥山彥禪師
　　 ── 撫州曹山慧霞 ── 嘉州東汀和尚
　　 ── 衡州華光範禪師 ── 雄州華嚴正慧
　　 ── 處州廣利容禪師 ── 泉州招慶院堅上座
　　 ── 泉州廬山小谿院行傳
　　 ── 西川布水巖和尚
　　 ── 蜀川西禪和尚
　　 ── 華州草庵法義 ── 泉州龜洋慧忠
　　 ── 韶州華嚴和尚
　　 ── 廬山羅漢池隆山主和尚

忠遁 ── 潭州報慈藏嶼 ── 益州聖興寺存和尚
　　 ── 襄州含珠山審哲 ── 洋州龍穴山和尚
　　 ── 鳳翔白馬弘寂 ── 唐州大乘山和尚
　　 ── 撫州崇壽院道欽 ── 襄州延慶歸曉
　　 ── 楚州觀音院斌禪師 ── 襄州含珠山真和尚
　　 　　 ── 含珠山璋禪師
　　 　　 ── 第二世含珠山偃和尚

處真 ── 益州崇真
　　 ── 鹿門山譚和尚
　　 ── 襄州谷隱智靜
　　 ── 廬山佛手巖行因
　　 ── 襄州靈谿山明禪師
　　 ── 洪州大安封真上座

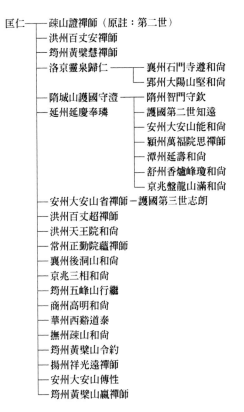

匡仁──疏山證禪師（原註：第二世）
　　├──洪州百丈安禪師
　　├──筠州黃檗慧禪師
　　├──洛京靈泉歸仁──┬──襄州石門寺遵和尚
　　│　　　　　　　　　└──鄂州大陽山堅和尚
　　├──隋城山護國守澄──┬──隋州智門守欽
　　├──延州延慶奉璘　　├──護國第二世知遠
　　│　　　　　　　　　├──安州大安山能和尚
　　│　　　　　　　　　├──潁州萬福院思禪師
　　│　　　　　　　　　├──潭州延壽和尚
　　│　　　　　　　　　├──舒州香爐峰琇和尚
　　│　　　　　　　　　└──京兆盤龍山滿和尚
　　├──安州大安山省禪師－護國第三世志朗
　　├──洪州百丈超禪師
　　├──洪州天王院和尚
　　├──常州正勤院蘊禪師
　　├──襄州後洞山和尚
　　├──京兆三相和尚
　　├──筠州五峰山行繼
　　├──商州高明和尚
　　├──華州西谿道泰
　　├──撫州疏山和尚
　　├──筠州黃檗山令約
　　├──揚州祥光遠禪師
　　├──安州大安山傳性
　　└──筠州黃檗山巘禪師

　　曇晟，俗姓王，鍾陵建昌人。生於唐·德宗建中三年（西元 782 年），示寂於唐·武宗會昌元年（西元 841 年）；《宋》卷十一說是示寂於唐·敬宗大和三年（西元 829 年），相差了十二年，不知孰是？姑據陳援庵的《疑年錄》，依《景》卷十四做「會昌元年」。他初參百丈懷海，依恃左右二十年；竟在藥山門下契悟。他的門下有洞山良价，很能另立宗風，藥山的玄旨，便是讓他給摑起來的。

　　良价，會稽人，俗姓俞。他參雲巖時，問：「和尚百年後，忽有人問還貌得師真不？如何祗對？」雲巖說：「但向伊道：祗這箇是。」良价沉吟良久，總是不能領略。雲巖說：「承當這箇事，大須審細。」他還是不會。後因涉水睹影而大悟前旨，於是書呈一偈，說：「切忌從他覓，迢迢與我疎，我今獨自往，處處得逢渠。渠今正是我，我今不是渠，應須恁麼會，方得契如如。」於是有「五位君臣」說的提出，這是用來揀別學人境界的。他生在唐·憲宗元和二年（西元 807 年），示寂於唐·懿宗咸通十年（西元 869 年）。四十年的傳法，法席大盛，門下的人才濟濟，如：道膺、本寂、匡仁等都是。

　　本寂，俗姓黃，泉州莆田人。《宋》卷十三說唐末衣冠士子多僑居其地，儒風振起，所以他也少慕儒學。年十九出家，入福州福唐縣靈石山，二十五歲登

戒。那是咸通年間的事而禪風大盛，他乃參洞山价禪師。禪師問他：「闍黎名什麼？」他說：「本寂。」又問：再說清楚些。他說：「不說了。」「為什麼不說了？」他回說：「不叫本寂了。」价禪師很器重他自此入室，密印所解；而他也真能拿洞山的五位來詮量學人，譬如他常說的「即相即真」、「幻本元真」、「即幻即顯」等，實在就是洞山觀影的旨趣。他又開口曹山，閉口曹山（如：問：如何是眉？師曰：曹山卻疑。問：如何是常在底人？師曰：恰遇曹山暫出。雲門問：不改易底人來，師還接否？師曰：曹山無恁麼閒功夫。等等，以上具見《景》卷十七本傳）所以人稱「曹洞宗」。他生於唐・武宗會昌二年（西元 842 年），示寂於唐・昭宗天復元年（西元 901 年）。他的傳法弟子據《景》卷二十所載，一共有十四人，竟都只有機緣語句而無傳，故不能確知。

〈道膺傳〉，見《宋》卷十二、《景》卷十七。他是薊門玉田人，姓王氏，他和荊南帥成汭、豫章南平王鍾氏交往極好，傳法也當在該地。但是他的法嗣，有：佛日和尚，《景》卷二十說他「後迴浙西，住（杭州）佛日而終」。又，他的再傳弟子揚州風化院令崇禪師，《景》卷二十三說他「開法於信州鵝湖。廬州節帥周本於維揚西南隅創院，請師居之。」那是說道膺的系統嘗在吳越了。其實，說到傳法吳越，洞山門下的高安白水本仁禪師的法嗣——杭州瑞龍院幼璋禪師便深受武肅王的器重，詳《釋氏考》。

二、淨土宗

日本的僧伽喜歡把我國的淨土宗分成廬山慧遠、光明善導、慈愍慧日三派，但是我們卻沒有這種派別的觀念存在，而在一般多以廬山慧遠為南傳的初祖。當然，曇鸞、道綽等是傳於北的。

唐朝弘傳此宗的大德，較著的有：台州永泉寺的懷玉和尚，《宋高僧傳》卷二十四本傳說：「釋懷玉，姓高，丹丘人也……其一日念彌陀佛五萬，口通誦《彌陀經》三十萬卷。至天寶元年（西元 742 年）六月九日，俄見西方聖像數若恆河沙……至十三日丑時，再有白毫光相現，聖眾滿空……見阿彌陀佛、觀音、勢至身紫金色，共御金剛臺來迎。玉含笑而終，肉身現在。」又有睦州烏龍山淨土道場的少康和尚，前書卷二十五本傳說：「釋少康俗姓周，縉雲仙都山人也。母羅氏因夢遊鼎湖峰，得玉女手捧青蓮授曰……貞元初，至于洛京白馬寺殿，見物放光，遂探取為何經法？乃《善導行西方化導文》也。康見歡喜，祝之曰：我若與淨土有緣，惟此軸文斯光再現。所誓纔終，

果重閃爍，中有化佛菩薩無籌⋯⋯洎到睦郡，入城乞食，得錢誘小兒能念阿彌陀佛一聲，即付一錢。後經月餘，孩孺念慕，念佛多者即給錢。如是一年，凡男女見康，則云阿彌陀佛遂於烏龍山建淨土道場，築壇三級，聚人午夜行道，唱讚二十四契，稱揚淨土。每遇齋日雲集，所化三千許人。登坐，令男女弟子望康面門，即高聲唱阿彌陀佛⋯⋯」所以淨土教裏奉爲祖師，日本野上俊靜說：「把隋唐時代，以華北爲中心而流行的淨土教信仰，移植到江南；五代以後的江南，成了開發淨土教之興隆的基礎者，不能忘了少康的事蹟。」（《中國佛教史概說》第八章）這話很是。

吳越時期此宗的翹楚，譬如：後梁溫州大雲寺的鴻楚和尚，同前書卷二十五本傳說：「釋鴻楚，字方外，姓唐氏，永嘉人也⋯⋯楚寬慈，人未嘗見其慍色⋯⋯所講《法華經》計五十許座。一日，楚之講堂中忽生蓮華，重跗複葉，香氣芬苾⋯⋯楚講貫外，深夜行道誦經⋯⋯生嘗撰《上生經鈔》，刺血寫《法華經》一部，至今永嘉人謂爲僧寶中異寶焉。」同卷記他的弟弟鴻莒，也是此宗師匠。

這一種淨土思想的提倡，乃深入各宗，而形成了有趣的融合，譬如蘇州支硎山道遵和尚專宗天台又修淨土。《宋高僧傳》卷二十七本傳說：「釋道遵，字宗達，姓張氏，吳興人也⋯⋯學天台一心三觀法門，欲廣寫《法華經》⋯⋯修淨土當生業，造彌陀佛，復寫天台教。」又如延壽和尚便是極力提倡禪淨雙修的。前書卷二十八〈大宋錢塘永明寺延壽傳〉說：「釋延壽，姓王，本錢塘人也⋯⋯屬翠巖參公盛化，壽捨妻孥，削染登戒。嘗於台嶺天柱峰九旬習定⋯⋯乃得韶禪師抉擇所見⋯⋯誦《法華》計一萬三千許部。多勵信人營造塔像⋯⋯著《萬善同歸》、《宗鑑》等錄數千萬言。」那麼，宋代及其以後，淨土法門之所以能夠開敷，我們不是從此可以看出線索的嗎？

三、天台宗

《宋高僧傳》卷六〈唐台州國清寺湛然傳〉有一段話說：「昔佛滅度後十有三世，至龍樹始用文字廣第一義諦。嗣其學者號法性宗。元魏、高齊間有釋慧文默而識之，授南嶽思大師，由是有三觀之學。洎智者大師蔚然興於天台，而其道益大。以教言之，則湛乃龍樹之裔孫也，智者之五世孫也，左溪朗公之法子也。」這是把天台宗的教案作了一個簡說，意思是，元魏、高齊之間的慧文和尚在讀了龍樹菩薩的《大智度論》以後，悟出了「一心三觀」

的法門，而將之傳給南嶽的慧思和尚、慧思傳隋朝的智顗大師，然後傳灌頂、智威、慧威、玄朗而到湛然，所以說「然乃龍樹之裔孫，智者之五孫，左溪朗公之法子也」。

這一個教派在當時曾經蓬勃了一時，如蘇州支硎山的道遵和尚就是「學天台一心三觀法門，欲廣寫《法華經》，置道場，闢經院……大曆元年（西元766年）……詔書特署爲法華道場，自江以東總一十七所，皆因遵之首置也。舉精行大德二七人，常持此經，以報主恩……益乎道場，置常住莊二區。平時講《法華玄義》、《天台止觀》、《四分鈔文》……於靈巖道場行《法華》三昧……」又如貞元末年的道邃和尚，更是日本天台教派的宗師。前書卷二十九本傳說：「日本國沙門最澄者，亦東夷卉服中剛決明敏僧也。汎溟涬，達江東，慕天台之法門，求顗師之禪決。屬邃講訓，委曲指教，澄得旨矣，乃盡繕寫一行教法東歸……澄泛海到國，教法指一山爲天台，號一寺爲國清，風行電照，斯教大行。倭僧遙尊邃爲祖師。這裏有一點要注意的，就是此宗在斯時，大師幾乎都在江南，也以是因緣，遂使天台教義繫於不墜。爲什麼這樣說呢？因爲本宗在唐時終於末落了，而補苴者正是江南的吳越。

《宋高僧傳》卷七〈大宋天台山螺溪傳教院義寂傳〉說：「先是智者教跡，遠則安史兵殘，近則會昌焚毀，零編斷簡，本折枝摧，傳者何憑？端正其學，寂思鳩集也。適金華古《藏》中得《淨名疏》而已。後款告韶禪師，囑人泛舟於日本國（案，《吳越備史》、《十國春秋》都作高麗）購獲僅足。由是博聞多識。微寂，此宗學者幾握半珠爲家寶歟？」德韶禪師是吳越國王錢弘俶的國師，天台教義散失海外，沒有德韶禪師之力，此宗豈不散佚？然則吳越功德塊然巍哉！

四、律　宗

律的分派一他宗，也是繁瑣至極，比較在我國盛行的是《十誦律》和《四分律》。但是到了北魏時期，五臺山的法聰和尚極力推展研究《四分律》，而他門下也確實出了幾位大師，因此就把這一部律儀奠爲後世的典範。

但是，不斷地研究的結果，必然各有看法，各有見地，於是有了以相州法勵和尚的《相部律》、懷素和尚的《東塔律》和道宣和尚的《南山律》。其中道宣和尚的學養和在僧界中的地位，再加上門下人才輩出，南山律宗於爲風行天下了。這裏須得特別一提的是文綱和尚，他門下出了兩位大師：弘景

和道岸。由於他們的努力，而把律學繁榮到了江南，甚至弘景門下的鑑眞和尚，更把《南山律》帶回日本，而弘景傳了登壇受戒的律制。

在吳越一地傳留下來的律派，略有：

一、《四分律》，如：《宋高僧傳》卷十四〈唐會稽開元寺曇一傳〉說：「釋曇一……年滿受具於丹陽玄昶律師，學通《事鈔》於當陽曇勝律師……開元五年（西元 717 年），西遊長安，依觀音寺大亮律師傳《毗尼藏》……一依（法）勵律師術《疏》及唐初終南宣律師《四分律鈔》三卷，詳略同異，自著《發正義記》十卷。明兩宗之蹄馬駮，《發正記》中斥破南山持犯中可見也……前後講《四分律》三十五徧，《刪補鈔》二十餘徧焉。江淮釋子受木叉者，非一登壇即不爲得法。從持僧律，蓋度人十萬計矣……天寶十四載（西元 755 年），湔河潮水南激錢塘，大雲伽藍當茲湍沂，因請一講律，學徒千人咸發大願……一蔚爲法王，大揚教跡……」這眞是道宣和尚以後的律學大宗師了，《僧傳》記他的傳法弟子有：越州妙喜寺常照、建法寺清源、湖州龍興寺神玩、宣州隱靜寺道昂、杭州龍興寺義賓、台州國清寺湛然、蘇州開元寺辯秀、潤州栖霞寺昭亮、常州龍興寺法俊等。法席盛於吳越，豈惟天意，也須人才呀！

二、《相部律》，如前書卷十六〈唐會稽開元寺允文傳〉：「釋允文……夏，就中京攻《相部律》宗并《中觀論》，補衣分衛，寒煥四周。既和義門，必入師室，玄樞律範，尤見精微……於嘉祥、靜林，今大善三寺講《相疏》二十七座……」又如卷十七〈唐杭州千頃山楚南傳〉：「釋楚南……詣五臺登戒，就趙郡學《相部律》……」

三、《南山律》，如前書卷十四〈唐杭州天竺山靈隱寺守直傳〉：「釋守直……詣蘇州支硎山圓大師所受具足律儀……講《起信》宗論二十餘〈、《南山律鈔》四十餘〈……」他的傳法弟子，有名的是：洞庭辯秀、湖州皎然、惠普、道莊、會稽清江、清源、杭州擇鄰、神偃、常州道進等。又如前書卷十六〈唐吳郡破山寺常達傳〉：「釋常達……允迪中和，克完戒法，專講《南山律鈔》……」

五、宋釋贊寧考

（一）前　言

儒者詆佛，無代無之，而宋人尤烈，姑舉一二事例，以見一斑。

「一長老在歐陽公（案，即永叔也）座上，見公家小兒有名僧哥者。戲謂公曰：公不重佛，安得此名？公笑曰：人家小兒要易長育，往往以賤爲名，

如狗羊犬馬之類也。聞者莫不服公之捷對。」（道山清話、澠水燕談錄略同）
此已謔而虐矣，何捷對之可言，而聞者莫不服，則謗佛詆佛可見矣。又如：

「張逸密學知成都，喜待僧；文鑑大師，蜀人，素所禮重。一日謁張，
未即見，時華陽主簿張唐輔同候於客次，唐輔欲搔髮，方脫烏巾，睥睨文鑑，
罩於其首。文鑑大怒，喧呶。張公遽召，纔就座，既白曰：某與此官人素不
相熟，輒將樸頭罩某面上。張公問其故。唐輔曰：某方頭癢，取下樸頭，無
處頓方，見大師頭閒，遂且權頓少時，不意其怒也。張公大笑而已。」（事實
類苑）文士輕薄若是；張逸密既喜待僧，文鑑又素所禮重，而僅大笑而已，
則其禮重、待僧之心態何如哉？

宋儒之毀佛謗僧如此，宜其不爲釋氏立傳，不爲僧伽入史也。然其中有
僧贊寧者，上自帝王，下迄士夫，未有不尊崇其學養者；即如王禹偁排佛之
激，人或謂其過於韓愈，而於贊寧和尚乃尊禮有加，因爲之作一尋索焉。

（二）贊寧之生平

贊寧和尚，俗姓高氏，其先渤海人也，隋末徙居浙江吳興郡德清縣焉。
案，高氏本姜姓齊太公望之後，九世孫傒嘗爲齊上卿，因與管夷吾九合諸侯
有功，桓公乃命之以其祖父公子高之字爲氏，別立一支，食采於盧。而《元
和姓纂》卷五〈下平聲六豪高姓〉條則謂：「齊太公六代孫文公子高孫傒，以
王父字爲氏。」與余所據之歐陽修《新唐書・宰相世系表》稍異；然日本牧
田諦亮氏之〈贊寧及其時代〉乃以爲高氏系出高句麗，蓋隋煬帝三次親征高
句麗之後，渤海高氏始徙居內地者也。此說未審何據？余考《魏書・高肇傳》
云：「（高肇）文昭皇太后之兄也，自云本渤海蓨人；五世祖顧，晉永嘉中避
難入高麗。」則是由中原以入高麗，再因之返回中原，本非高句麗族系也。
至於高氏徙居內地何處？其發展情形如何？歐公〈世系表〉未嘗言及，今據
宋・王禹偁《小畜集》卷二十之〈右街僧錄通惠大師文集〉所載：「其先渤海
人，隋末徙居吳興郡之德清縣」乃可補史志之闕焉。不過，余頗懷疑徙居吳
興之此一支系，或爲北燕吏部尚書、中書令高泰之後？蓋其八世孫峻爲唐之
殿中丞、蒲州長吏，九世孫迴則是餘杭縣令。夷考吳興縣志，所載高姓者，
僅得高湜、高彥、高澧、高公緒等三數人而已；更無所謂之高官顯爵，宜贊
寧之父祖之爲岩穴士也。（說見後）

其母周氏，則或爲當地望族歟？《吳興縣志》卷十四〈郡首題名〉條，開
首即云：「周妃，字宣佩，征西將軍處之子，累遷吳興太守。晉史：妃斬錢璯，

三定江南，元帝嘉其勳，以爲建威將軍、吳興太守，封烏程縣侯。按懷帝‧光熙三年（余案，懷帝立之次年改元光熙，尋改爲永嘉，故實際上光熙僅一年；志言其『三年』，則或當是永嘉二年歟？當西曆之三〇八年也）錢璯反，周妃率郡人斬璯，百姓敬愛。事見賢守下。」其他如：周鎮、周札、周筵、周敏、周文育、周詔、周寶安、周擇從、周允迪、周葵、周奕、周夢祥、周坦等，或爲太守、刺史，或爲朝散郎、秘書丞，率顯宦也。是以禹偁序謂其母生寧於金鵝山別墅；山乃德清縣之勝地也。縣志卷四〈山條〉云：「金鵝山在縣西北五里，後漢海昏侯沈戎葬其上，嘗有金鵝飛集此山，三鳴而去。其後沈氏通顯，故邑人云：金鵝鳴，沈氏興。今山南有三頓，號：上初鳴、中初鳴、下初鳴。有梁沈麟士述祖碑，見碑碣。」就此觀之，非顯姓望族，殆不能居此地耶？

贊寧生年，據文集序，云是「唐天祐十六年歲在己卯，時梁‧貞明七年也。」案，天祐十六年己卯，應是貞明五年，即西曆九一九；非七年也，蓋王禹偁筆誤耳，此陳援庵《氏釋氏疑年錄》、牧田諦亮氏〈贊寧及其時代〉已辨之矣，茲爲據。至唐天成中於杭州祥符寺出家，時不過八、九歲之孩童耳，所以有此行念者，殆受其父祖隱遁思想之影響，而有此消極之作爲歟？十七歲入天台山受具足戒，習四分律，一時之師友，則有：受文格之光文大師彙征，得詩訣之前進士龔霖，學《易》於希覺和尙，同宿石堂之新羅高僧道育，又與文備、義寂相切磋。義寂即中興天台智顗大師止觀法門之功臣也。《高僧傳》卷七載其事云：「先是，智者教跡，遠則安史兵殘，近則會昌焚毀，零編斷簡，本折枝摧，傳者何憑？……後告韶禪師，囑人泛舟於日本國購獲僅足。由是傳聞多識，微寂，此宗學幾握半珠爲家寶歟？」《釋門正統》卷二本傳亦載此事。而所謂「囑人泛舟於日本國購獲僅足」者，實吳越王‧錢俶護法之忱也，宋‧楊億《談苑》云：「吳越錢氏多因海舶通信，天台智者教五百卷，有錄而多闕，賈人言日本有之，錢俶買書於其國王，奉黃金五百兩，求寫其本，盡得之訖，今天台教大布江左。」俶不特護持天台，更學阿育王造塔流通於世之故事，造寶篋印塔中藏心經，而因日本僧日延以傳入日本也。今根據東初法師《中日佛教交通史》第十五章〈五代時中日佛教之交通〉所擇錄之日道喜和尙所記〈寶篋印塔緣起〉云：

> 「去應和元年（西元 961 年）春，遊右扶風，於時肥前國刺史（多治比實相）稱唐物出一基銅塔示我，高九寸餘，四面鑄鏤佛菩薩像，德宇四角，上有龕，龕形如馬耳，內亦有佛菩薩像，大如薑核，捧

持瞻視之頃，自塔中一囊落，開見一經，其端紙注云：天下都元帥
吳越王錢弘俶摺本寶篋印經八萬四千卷之內安寶塔之中，供養迴迴
已畢，顯德三年（西元956年）丙辰歲記也，文字小細，老眼難見，
即雇一僧令寫大字，一視注之，文字落誤、不足耽讀，然而想見經
趣，肝動膽奮，淚零涕迸，隨喜感悅。問弘俶意，於是刺史答曰：
由无願文，其意難知，但常州沙門日延，天慶年中入唐，大曆之杪
歸來，即稱唐物付囑是塔之次談云：大唐顯德以往，天下大饑，黃
巾（巢）結黨，抄劫邊洲，煙塵漲天殆及封畿，弘俶爲大將領天下
兵，征伐凶黨及九年，比與賊合戰二十四度，斬首五萬餘級。顯德
九年春，人彌飢苦，烏合蟻結，螯食華鄙，弘俶麾其師旅。應響攻
擊，賊飢不戰，立之大敗。趁勝追北，至汶水邊，洪水頓漲，激浪
鼓怒，津處無船，賊徒知其巨脫，各投深水，暴虎憑河之輩，追捕
溺殺，其數不知幾億萬，汶水爲之不流，自爾以降，天下清肅。弘
俶復命之日，主上大喜，作九錫命，封王吳與越。弘俶不知坐殺若
干人罪，得重病送（迄）數月，常狂語云：刀劍刺胸，猶火纏身，
展轉反側，舉手謝罪。爰有一僧，告云：汝願造塔，書寶篋印經，
安其中供養香花。弘俶咽中發件願，兩三度合掌禮謝，即得本心，
隨喜感嘆云：願力無極，重病忽差。于時弘俶思阿育王昔事，鑄八
萬四千塔，摺此經，每塔入之。是其一本也云。妙哉大國僧，有此
優懺，惜哉小藝之客，無其精勤，爰我價募身命，訪求正本，哀中
郊外蹎履遍問，適於江都禪寂寺得件經，其本多亦誤；然兩本相合，
互檢得失，終獲其眞。然後日分轉經，終日无倦，夜至誦咒，每夜
不眠。漸經三簡月，於時空中有聲，告曰：汝於此經，殷重渴仰；
但此經有兩譯，師所持者先譯，多除梵本，其後譯者爲之具足也，
其本在伊豆國禪院，天下无二本，我常與二十八部大藥叉大將等守
護彼經，我獨感汝精誠，常迴汝邊，亦告此事。于時小僧，就國司
便誂觸可書贈彼經之狀，遂以康德二年（西元965年）四月十三日
送件經，彼閱其卷，巧能絕妙，耽弄其文，深理染肝，十二分教爲
礫，是經中如意珠。八萬法藏爲沙，是經中紫磨金。一字之味如醍
醐，百病萬惱，一般消滅；一字之光越日月，懺圍沙界，俱時照明
无非可忽重罪、速證佛果者，可得見是經典，聞斯妙理哉。

康保二年（西元965年）乙丑七月二十六日甲午釋道喜記。「其時，贊寧四十六歲也。」而實則會昌法難，再加唐末兵革，藏經多闕，吳越王即於後晉天福元年（西元936年）頃，遣蔣承勳、蔣袞、俞仁秀、張文過等至日本購經，日本竟目爲「文化倒流」之大事也。詳見日本記略，而其時贊寧方十九歲之青年僧耳。

贊寧四十二歲爲兩浙僧統，與吳越王錢氏當頗有往來，《宋史》卷四十八〈吳越世家‧錢昱傳〉即載云：「（昱）從俶入朝（案，昱之入朝蓋有多次，《吳越備史》即載乾德元年（西元963年）助祭南郊，及乾德三年（西元965年）入賀平西蜀孟昶，凡二次矣，則本次當在太平興國三年（西元978年）昱三十五歲之壯年也），授白州刺史。昱好學，多聚書，喜吟詠。多與中朝卿大夫唱酬，嘗與沙門贊寧談竹事，迭錄所記，昱得百條，因集爲《竹譜》三卷。」昱〈本傳〉及《十國春秋》皆謂其卒年五十七，當咸平二年（西元999年），則此時恰十八歲之青年也。與贊寧談竹，而寧有《筍譜》三卷焉。《筍譜》卷三五之說末二條云：「愚著物類相感志，常（案，嘗字之筆誤歟？）寄書問天目舊友，問山中所出，伊僧嗜筍，卻迴詩云：山中人事違，天眼中修定（原注：天目一名天眼）；我本无根株，只將筍爲命。」既云「寄書問天目舊友」則著《筍譜》時，當不在天目山矣；又因其常與錢氏酬唱，乃或在爲監壇僧統時歟？其後文名益盛，乃多爲人作塔銘墓誌矣。

太平興國三年（西元978年）吳越王錢俶上表納土稱臣，贊寧隨奉眞身舍利塔入朝，時寧已六十高齡矣。《續資治通鑑》敘其事云：「初，吳越王俶將入朝，盡輦其府實而行，踰巨萬計。俶意求反國，故厚其供奉以悅朝廷。宰相盧多遜勸帝遂留俶不遣，凡三十餘請，不獲命。會陳洪進納土，俶恐懼，乃籍其國甲兵獻之，復上表，乞罷所封吳越國及解天下兵馬大元帥之職，寢書詔不名之制，且求歸本道，不許。俶不知所爲，崔仁冀曰：朝廷意可知矣。大王不速納土，禍且至。俶左右爭言不可，仁冀厲聲曰：今在人掌握中，去國千里，惟有羽翼乃能飛去耳。俶遂決策，上表獻所管十三州、一軍。帝御乾元殿受朝，如冬、正儀。俶朝退，將吏僚屬始知之，皆慟哭曰：吾王不歸矣！」（卷九）王禹偁《小畜集》卷二十右〈街僧錄通惠大師文集序〉載其事，曰：「太平興國三年，忠懿王攜版圖歸國，大師奉眞身舍利塔入朝，太宗素聞其名，召對滋福殿，延問彌日，別賜紫方袍，尋改師號曰通惠。」《十國春秋》卷八十九〈贊寧傳〉同，而文字稍異。時，帝嘗幸相國寺，問贊寧曰：「朕見

佛當拜乎？」對曰：「現在佛不拜過去佛。」帝大喜，遂爲定禮。此事見於歐
陽永叔的《歸田錄》與《佛祖統紀》卷四四、四五，而永叔謂爲太祖時事，
恐誤；蓋贊寧之奉塔入朝，在太平興國三年，時間上不符故也。

再者，「賜紫方袍」爲一殊榮，《東觀奏記》載大中年中，大安國寺比丘
修會能詩，於應制時才思清拔，頗得帝王賞識。會乃求乞封賜紫衣，「帝曰：
不於汝吝耶！觀若相有缺然，故未賜也。及賜歸寺，暴疾而卒。」（卷○一）
又，《五代會要》卷十二《寺》條：「上國兩街僧道，自前賜師號不數人而已；
至於賜紫，並係特恩。」又《僧史略》亦言之甚明晰，其言曰：「古之所貴，
名與器焉。賜人服章極則，朱、紫、綠、皂、黃綬，乃爲絳次，故曰加紫綬
必得金章。令僧但受其紫，而不金也（自注云：方袍非綬）。」（見卷中〈賜
僧紫衣〉條）考其所以以紫爲尊榮之故，蓋僧伽日常所著之服色，多爲：紅、
黃、黑、青而已；所以有賜紫之制，蓋起於唐之比照一般文武官吏之受封也。
武則天載初元年（西元 690 年），薛懷義等獻《大雲經疏》，謂武氏乃兜率天
主彌勒菩薩下生，李唐運數已竭，勸請革命，因有大功勞，乃賜紫袈裟、銀
龜袋焉，是賜紫之始也。關於此事，《舊唐書》卷一八三〈薛懷義傳〉載之綦
詳，其言曰：「懷義與法明等造《大雲經》，陳符命，言則天是彌勒下生，作
閻浮提主；唐氏合微，故則天革命稱周。懷義與法明等九人（案另七人，於
本傳則是：『自是與洛陽大德僧：處一、惠儼、稜行、感德、感知、靜軌、宣
政等在內道場念誦。』加上懷義與法明，即所謂此『九人者』）並封縣公，賜
物有差，皆賜紫袈裟、銀龜袋。其僞《大雲經》頒於天下，寺各藏一本，令
昇高座講說。」又，《資治通鑑》卷二○四天授元年（西元 690 年）條亦載之，
頗詳：「東魏國寺僧法明等撰《大雲經》四卷，表上之，言太后乃彌勒佛下生，
當代唐爲閻浮提主，制頒於天下……壬申，敕兩京、諸州各置大雲寺一區，
藏《大雲經》，使僧升高座講解，其撰疏僧雲宣（案，雲宣之名不知何據？）
等九人皆賜爵縣公，仍賜紫袈裟，銀龜袋。」然則謂《大雲經》爲薛懷義等
僞造，恐非，此節贊寧於《僧史略》、湯用彤於《隋唐佛教史稿》等，皆已辯
之矣，此不贅。

贊寧之另一殊榮，即封爲「大師」。彼於《僧史略》〈賜師號〉條即云：「師
號，謂賜某大師也。遠起梁武帝號婁約法師，次隋煬帝號智顗禪師，並爲智
者，而無大師二字……至懿宗咸通十一年（西元 870 年）十一月十四日延慶
節，因論左街雲顥賜三慧大師，左街僧徹賜淨光大師、可孚法智大師、重謙

青蓮大師。賜師號，懿宗朝始。」而黃敏枝氏《唐五代敕賜紫衣、塔號、師號表》列有：開元二十八年（西元 740 年）京兆慈恩寺釋義福諡為洪濟大師，上元元年（西元 760 年）洛京荷澤寺釋神會諡為真宗大師，大曆中（西元 766 年～西元 779 年）溫州陶山釋道悟諡為實相大師；黃氏因謂贊寧之「賜師號，懿宗朝始也」說法，不夠周延。其實，贊寧未嘗不知，特其所重在「生賜」，而黃氏所言并「死諡」而計之耳。《僧史略》卷下《賜諡號》條有「諡南山道宣為澄照大師」，可以為證也。實則黃氏所列之表，本有：神龍二年（西元 706 年）萬回禪師加封圓通大師，寶應元年（西元 762 年）河南尼真如號寶和太師，大曆中吳郡雙林寺釋志鴻賜長壽大師等，皆在懿宗朝之前有「生賜」矣；特二人者，未言之耳。

《十國春秋》贊寧傳（見卷八十九）謂太宗嘗「命充翰林史館編修，纂《高僧傳》三十卷」者，如《佛祖統紀》等書，並見記錄焉，所以者蓋贊寧纂《高僧傳》，在太平興國七年（西元 982 年），時六十四歲，為「右街副僧錄」事也。僧錄之職，同史館編修，專錄僧曹之事以進上者也，故《僧史略・左右街僧錄》條乃云：「開成後，則雲端為僧錄也。端公奉敕，旨欲芟夷釋氏，先下詔曰：有佛教來，自古迄今，興廢有何徵應？仰兩街僧錄，與諸三學僧，錄其事目進上，成推法寶大師玄暢序述編次。暢遂撰《三寶五運圖》，明佛教傳行年代，若費長房《開皇三寶錄》同也。次則宣宗朝靈晏、辯章為僧錄，同奏《千鉢大教王經》入藏」（卷中）等皆是也。贊寧前後歷七年，而僧傳成，時端拱元年（西元 988 年）太宗乃「令僧錄司編入大藏，今賜絹三十匹」並問其寒暖，以為獎披。故王禹偁有詩贈之，曰：

> 詔修僧史越江濱，萬卷書中老一身；
> 赴闕尚留支遁馬，援毫應待仲尼麟。
> 溟濛雪影松窗曉，狼籍苔花竹院春；
> 還許幽齋暫相訪，卻慚陶令滿身塵。

越江濱，蓋言贊寧修史，迴兩江舊寺也，此詩殆言其初奉詔之時也。及書成，禹偁又贈詩云：

> 寄贊寧上人（自注：時上人進新修《高僧傳》，有詔赴闕。）
> 支公兼有董狐才，史傳修成乙夜開；
> 天子遠酬丹詔去，高僧不出白雲來。
> 眉毛久別應垂雪，心印休傳本似灰；

　　若念重瞳欲相見，未妨西上一浮杯。（以上見《小畜集》卷七）
日本牧田諦亮氏之〈贊寧及其時代〉一文，謂「贊寧開始著作的《高僧傳》，
到了咸平二年（西元 999 年）加以重修爲《僧史略》，這是他的最後著作。」
恐誤。夷考贊寧《高僧傳》之〈後序〉有云：「贊寧自至道二年（西元 996 年，
時七十八歲矣）奉睿恩掌洛京教門事，事簡心曠之日，遂得法照等行狀，撰
已易前來之闕如。尋因治定其本，雖大義無相乖，有不可者以修之，先者所
謂加我數年，於僧傳則可矣已。」可見其所治定改易者，厥爲《高僧傳》也；
且其改定，亦非一時而罷，乃時時重釐者也，蓋〈後序〉又言：「斯幸復治之，
豈敢以桑榆之年爲辭耶？時方徹簡；咸平初承詔入職東京右街僧錄，尋遷左
街。乃一日顧其本，未及繕寫，命弟子輩緘諸篋笥，俾將來君子，知我者以
僧傳，罪我者以僧傳。」可以爲證。余意以爲《僧史略》之撰寫，以至於成
書，或與僧傳同步者歟？其修改之時，亦同時也，此有贊寧自撰之《僧史略·
序》爲證也。序云：「贊寧以太平興國初疊奉詔旨，《高僧傳》外別修《僧史》。
及進育王塔，乘馹到闕，敕居東寺，披覽多暇，遂樹立門題，搜求事類……」
云云是也。而於每卷卷首則注記曰：「咸平二年（西元 999 年）重更修理（案，
中、下二卷同，上卷則『理』字做『洛』，當是『治』字之誤乎？）」可見當
與《高僧傳》同步也。
　　王氏文集序又謂其進《僧傳》後不久，又奉詔歸京師，住天壽寺，與參
知政事蘇易簡、太一宮道士韓德純共撰《三教聖賢事跡》，而成《鷲嶺聖賢錄》，
乃制署左街講經首座云。案，首座者，乃僧錄之外所別立者，位極尊崇也（參
《僧史略》卷中〈講經論首座〉條），故王禹偁復有贈詩云：

　　寧公新拜首座因贈
　　著書新奏御，優詔及禪扉；（自注：上詔承旨蘇公、首士韓德純與公
　　集三教聖賢事跡各五十卷，故有座之命。）
　　首座名雖貴，家山老未歸。
　　磬聲寒遠枕，塔影靜侵衣；
　　終憶西湖上，秋風白鳥飛。（見《小畜集》卷十）

詩中責其「家山老未歸」者，蓋贊寧《高僧傳》、《僧史略》書成之日，年已
七十，即專躬赴汴京進呈；其後又奉詔撰《鷲嶺聖賢錄》，更與李昉、宋琪、
楊徽之、魏丕、李運、朱昂、武允成、張好問等組「九老會」，聲詩繪事，流
播無窮。而越明年，再任右街僧錄，尋遷左街，則已八十之耄耋矣，故禹偁

有是詩之敦勸也。或者其翌年遂返杭州歟？故其示寂在杭州祥符寺，而葬於錢塘龍井塢焉。

關於贊寧卒年，有四說不同；牧田諦亮氏據《湘山野錄》所云：「贊寧壽八十四，司天監王處訥推其命，孤尊不佳，三命星禽暑祿壬遁俱無貴壽之處……」（下卷）云云，而定為咸平五年（西元 1002 年）；今觀《野錄》之說，似八十四時，贊寧猶健也；若然，則其示寂或在是年之末歟？姑為據焉。

作贊寧和尚簡譜於後，醒眉目也。

919A.D.唐·天祐十六年（即梁貞明五年） 贊寧生於吳興郡德清縣金鵝山別墅。俗姓高，祖涓，父審，皆隱士也。母周氏，蓋當地望族云。與之同時生者，有：釋繼倫，俗姓曹、晉陽人；天台山螺溪釋義寂，俗姓胡、永嘉人。

926～929A.D.唐·天成中 八歲至十一歲，於杭州祥符寺（即今龍興祥符戒壇寺）剃染。

931A.D.後唐·長興二年 釋道育受具足戒，禮彙征和尚，則是贊寧同學也；時寧纔十三歲耳。

934A.D.後唐·清泰元年 十七歲，入天台山得滿足戒，習《四分律》，通《南山律》，時號「律虎」。又「曾遊石梁，迴與道育同宿堂內」。

936A.D.後晉·天福元年 十九歲。其同年生義寂俱受滿分戒，乃往會稽學《南山律》又造天台山研尋止觀，蓋亦寧之同學也。寧又受文格於光文大師彙征，得詩訣於進士龔霖，而文名因以掀動吳越。

947A.D.後晉·開運四年 二十九歲。吳越文穆王造千佛伽藍，召釋希覺為寺主，借紫，私署文光大師。覺外學偏多，長於《易》道，著《會釋記》二十卷，解《易》，至上下繫及末文甚備，常為人敷演此經，付授于都僧正贊寧，又覺每睡，見一人純衣紫服，肌膚柔弱如綿纊焉，親向贊寧說此。又釋全付卒於此年，世壽六十六；付受忠獻王錢氏賜以紫袈裟，建雲峰清化禪院。

948A.D.後漢·乾祐元年 三十歲。文穆王錢氏迎釋志通入府供養。又，釋宗季卒於杭州龍興寺。

951A.D.後周·廣順元年 三十三歲。釋道丕為左街僧錄。

954A.D.後周·顯德元年 三十六歲。釋義楚撰《釋氏六帖》成。

956A.D.後周·顯德三年 三十八歲。釋行滔卒，年六十二；滔十九歲受

滿戒，遂往金華雙林寺智新傳《南山律鈔》，當爲寧前輩耶？

958A.D.後周・顯德五年　四十歲。釋文益卒，年七十四；益之法嗣有：
天台德韶、慧明，漳州智依，鐘山道欽，潤州光逸，吉州文遂等。又，
釋智江卒，亦七十四歲。又，釋惠明亦卒，明嘗住持漢南國王錢氏之
大報恩寺。

959A.D.後周・顯德六年　四十一歲。釋澄楚卒，年七十一，習《新章律
部》，時號「律虎」。又，左街首座悟皎撰《舍利塔記》成。

960A.D.宋・建隆元年　四十二歲。署爲監壇，又爲兩浙僧統；是時江潮
或溢出石塘，乃與延壽禪師建塔江干以鎮之。又與錢昱酬唱，而撰筍
譜三卷。

961A.D.宋・建隆二年　四十三歲。釋紹巖六十三歲，以經願云滿，誓同
藥王焚身以供佛，爲漢南國王錢氏苦留乃止。又，釋皓端卒，年七十
二，端嘗爲忠獻王借賜紫衣，別署大德，號崇法云；而秘書監錢昱典
秀郡，躬端之標格，爲著行錄也。又，釋道潛卒；漢南國王錢氏嘗命
入王府受菩薩戒，造大伽藍，號慧日永明，請以居之，假號曰慈化定
慧禪師；潛，光文大師彙征迴然肯重，自爲檀越者也，當是寧之師執
焉。

964A.D.宋・乾德二年　四十六歲。釋傅章卒，年五十五；章嘗於是年由
左街僧錄道深荐於太祖神德皇帝，賜師號曰義明。

971A.D.宋・開寶四年　五十三歲。釋紹巖跏趺坐亡，年七十三；巖與德
韶禪師嘗共決疑滯於臨川益公，則爲寧師執也。

972A.D.宋・開寶五年　五十四歲。釋德韶卒，年八十二，都僧正贊寧爲
撰塔碑。

973A.D.宋・開寶六年　五十五歲。釋師蘊卒，蘊與德韶爲道侶，蓋寧師
執也。又釋法圓卒，年七十四。

974A.D.宋・開寶七年　五十六歲。釋永安卒，年六十四；安嘗受漢南國
王錢氏召居報恩寺，並爲刻行《華嚴會要》云。

975A.D.宋・開寶八年　五十七歲。釋延壽卒，年七十二；壽得德韶禪師
決擇所見，又爲漢南國王錢氏最所欽尚，高麗國王覽其《萬善同歸》、
《宗鑑錄》等，乃遣使遺金線袈裟、紫水晶數珠、金澡罐等。

978A.D.宋・太平興國三年　六十歲。吳越王俶獻地，國除；贊寧因隨俶

奉阿育王寺眞身舍利塔進京，太宗召見於滋福殿，問天台石橋、方廣寺五百羅漢及大瀑布石梁等情狀，而親賜紫方袍，改號通惠大師，駐錫汴京左街天壽寺。又，釋文輦卒，年八十四；輦從德韶禪師習禪三十載，至是年自焚死，蓋寧之師友也。

981A.D.宋·太平興國六年　六十三歲。寧爲右街副僧錄，掌右街教門事。

982A.D.宋·太平興國七年　六十四歲。奉敕撰《高僧傳》。

988A.D.宋·端拱元年　七十歲。《高僧傳》成，由左街天壽寺賜紫僧顯忠進呈，忠蓋寧之弟子也。《僧史略》亦成於此時。

990A.D.宋·淳化元年　七十二歲。與參知政事蘇易簡、太一宮道士韓德純等編纂《三教聖賢事跡》，而撰成《鷲嶺聖賢錄》，遂任左街講經首座。

996A.D.宋·至道二年　七十八歲。掌洛京教門事，又頗修改《高僧傳》；加入李昉等之「九老會」。

998A.D.宋·咸平元年　八十歲。承詔入職東京右街僧錄，尋遷左街。又命其弟子緘諸篋笥，重繕《高僧傳》云。

1002A.D.宋·咸平五年　八十四歲。示寂於杭州祥符寺，葬於錢塘龍井塢。

（三）塑成贊寧之因素

五代是一亂世：臣弒其君，子弒其父，士大夫之無恥，至於安祿立朝恬然無復廉恥之色。難怪歐陽永叔要慨嘆千古也。然松柏後凋，雞鳴風雨，世濁而後見清士，故永叔於《五代史記·一行傳》乃曰：「雖曰干戈興，學校廢，而禮義衰，風俗隳壞至於如此；然自古天下未嘗無人也，吾意必有潔身自負之士，嫉世遠去而不可見者。自古賢才有韞於中而不見於外，或窮居陋巷，委身草莽，雖顏子之行，不遇仲尼而名不彰，況世變多故而君子道消之時乎？……處乎山林而群麋鹿，雖不足以爲中道；然與其食人之祿，俛首而包羞，孰若無愧於心，放身而自得？」巖穴之士，趣舍有時，遯世無悶，故孔子許之以仁，孟子讚之以清者是矣。

以斯仁清之士，往往爲社會支柱，爲萬眾所景仰者也。蔡伯喈〈郭有道碑〉謂郭林宗云：「于時縉紳之徒，紳佩之士，望形表而影附，聆嘉聲而響和者，猶百川之歸巨海，鱗介之宗龜龍也。」（《蔡中郎文集》）是也。而其訓育子女，亦必有其用心焉，如范滂臨刑之際，教其子曰：「吾欲使汝爲惡，則惡

不可爲使汝爲善，則吾不爲惡矣。」（《後漢書》卷三四〈范滂傳〉）蓋亂世爲惡則可以苟活，爲善則反辟大戮矣；而滂之教子，寧可速其死，亦不欲其苟活。知清士之教子以義方也。

王禹偁文集序謂贊寧和尙之父祖皆隱士，則寧之出家入釋，有以哉？更分以下數項論列之：

一、時代環境。佛教自東傳以來，歷魏晉六朝，由於政府對於僧伽之管制，使得佛教漸褪其天竺之習染，而趨於徹底之中國化。日本中村元之《中國佛教發展史》即云：「自南朝的齊梁時代起，佛教在中國的地位漸漸提高，所有道士和僧尼的簿籍，每隔三年均得重新編訂一次，其中一本收於祠部，另兩部分別置於鴻臚及所屬各州縣……今人僅需由《大唐大典》所記錄的宗教團體與國家權力之間的隸屬關係，就足可獲知佛教的實際狀況。它實與漢人儒教體制融合在一起，幾乎已沒有『外來佛教』的痕跡了。」職是之故，所以雖經五代之衰亂，佛教仍能生生不絕以綿延不輟也，故識者如贊寧輩乃欲托王法爲護持也。

其時北方全在遼、契丹、西夏之手，幾無佛教可言；而能保有一片淨土者，厥在南方，如南唐、吳越等皆是也。《續資治通鑑》卷四〈宋紀・太祖乾德二年〉條，記李煜之佞佛，即云：「南唐主酷信浮屠法，出禁中金錢募人爲僧，時都下僧及萬人，皆仰給縣官。南唐主退朝，與后服僧衣，誦佛書，拜跪手足成贅；僧有罪，命禮佛而釋之。帝聞其惑，選少年而有口辯者，南渡見南唐主，論性命之說，南唐主信之，謂之一佛出世，由是不復以治國守邊爲意。」又仝書卷五〈乾德五年〉條：「南唐主事佛甚謹，中書舍人全椒張洎，每見輒談佛法，由是驟有寵。當時大臣亦多蔬食持戒以奉佛。」乃至於兵臨城下，猶在浮屠中聽講金剛經焉，亦太過矣。

奉佛之謹外，復留意於藝文者，吳越王亦一著例，余就錢儼《吳越備史》舉證：

董昌，忍人也。恣爲淫虐，以擲骰決人之生死；誅戮之慘，城爲之殷，守閽者往往聞鬼夜哭矣。而竟能以貢書封隴西郡王，《吳越備史》卷云：「時屬京師喪亂，文籍多亡。越州有裴氏書樓，昌悉取其書以貢，授諸道採訪圖籍使。」是後乃因之爲鎭將，而遷杭州、越州，而累授開府儀同三司，檢校太尉同平章事等。

又明州刺史黃晟崇儒學，倡教育，「晟頗尙禮士，辟前進士陳鼎、羊紹素

以爲門賓，江東儒學多依之，悉加優待，仍築其居，號措大營。」（全書卷二）

而吳越王族，本多儒雅之士。王子元瑛——大同軍節度使駙馬都尉——是，全書全卷云：「瑛，性英敏，頗尙儒學，聚書千卷，善草隸，好施。時徐綰之叛，城中有錦工二百餘人，皆潤人也。瑛慮其爲變，乃命曰：王令百工悉免今日工作。遂放出城而發懸門，王入城聞其事，頗嘉之。」而吳越王錢鏐本即風流倜儻人也，全書全卷云：「稍暇，則命諸子孫諷誦詩賦，或以所製詩什賜予丞相將吏以下，由是往往達旦……王少時倜儻有大度，志氣雄傑，機謀沉遠，善用長大弩；又能書寫，甚得體要。有知人之鑒，及通圖緯之學，每處眾中形神有餘。」又，文穆王元瓘「雖少嬰軍旅，尤尙儒學」（全書卷三）又，錢鏐少弟鏵，亦「性多藝，尤精音律」；又，台州刺史王弟弘仰，亦「善騎射，通儒術，能書寫。」（全書卷四）再如錢俶，《吳越備史·補遺》記其與宋太宗事云：「太宗以王善於草隸，遣中使取王草書筆跡。王以風恙，手不能握筆；命將往時所書絹圖草字，遣世子惟濬同中使以進。下詔獎諭，仍賜金匣玉硯一副、龍鳳墨一百錠……」俶之好文也，至死而猶不輟，全書云：「王寢齋之西軒，命左右讀《唐書》數篇；又命諸子孫誦調章詩數篇，未訖，忽風恙復作，四鼓而薨。」則其博覽經史，不釋卷，好吟詠之風可知矣。

不特王室如此，其丞相以至於妃嬪亦如之。《吳越備史》卷三謂丞相林鼎云：「鼎性讜正而強記，能書歐、虞法。比及中年，夜讀書每達曙，所聚圖書悉由手抄，其殘篇蠹簡，亦手綴之無所厭倦。」又，妃嬪之好藝文者，厥如：吳越國夫人許氏：「夫人，丹丘人也，諱新月。善音律，文穆王後庭樂部皆命掌之。」（仝上引）又如：吳越國順德太夫人吳氏：「夫人，錢塘人，諱漢月，中直指揮使女也。幼而婉淑……夫人善胡琴，性慈惠而節儉，頗善黃老學，居常披道士服，餘皆布練而已。」（仝上引）

除好藝文偏學外，尤多與僧伽往來，而時加獎披，乃成就釋氏之風尙焉。僧貫休之與武肅王錢鏐事，前已言之矣，而《吳越備史》卷一又載其上詩錢鏐授鎮海節度、浙江西道觀察處置使，謂：「蜀禪月大師休公嘗上詩曰：今日再三難更讓，慚辭唯道待錢來。明矣。」案，《唐詩紀事》謂貫休之入蜀，乃因與鏐不睦（蓋休不肯改「一劍光寒十四州」爲四十州）；證諸此文，則紀事訛也，當從《宋高僧傳》所記也。又，全書全卷，記湖州刺使高彥云：「有道場山僧如訥。訥口能容拳，垂手過膝，是乃異僧，及入州城，彥以師事之。」又，卷二：「貞明二年（西元916年）冬十二月，王命惠州刺使弟鏵，率官吏、

僧眾詣明州鄞縣阿育王寺迎釋迦舍利塔歸於府城，仍建浮圖於城南以致之。」案，此佛塔乃於宋〈太平興國三年（西元 978 年）恭送于宋太宗者也。關於建浮圖事，仝卷又載：「四年八月己酉，今大元帥吳越國王王孫弘俶生，是月明州餘姚縣修舜井，獲古佛舍利數十粒，兼有珠玉奇玩。王命內衙指揮使徐仁綬、近侍李丘稔往迎之，因建浮圖于城北，一如城南之制。」又，卷三載文穆王錢元瓘之生也，有一胡僧持一數寸之光彩奪目之玉羊獻武肅王，謂得此可以生貴子，而果生文穆王，是其生也，與僧人相關涉也。仝卷又有：「僧名自新，常衣紙，住廣德山院。王至，眾皆遁；而自新巋然晏坐軍中，有詰其不去者，新曰：前後左右皆兵耳，去將安適？時王在眾中，新忽見之，乃斂衣奉迎與語久之，及王還，遂載而歸。後王問自新，當時何以見識？新曰：微僧無他術，但觀王在萬眾中骨法獨異，與咸通皇帝御容頗相類，故幸得一識耳。」

不但奉僧伽、蓋寺廟，甚至於免宮寺之租賦，如卷三載忠獻王弘佐之即位，乃命境內給復一年，「諸關梁禁制，悉從除減。又命田園有隸道宮、佛寺，比入賦稅者，悉免之。」故吳越之佛教，乃於焉大盛矣。

實則宋祖亦頗知佛，《續資治通鑑》載其誨公主之衣翠襦也，曰：「京城翠羽價高，小民逐利，展轉販易，傷生寖廣。汝生長富貴，當念惜福，豈可造此惡業之端！」（卷七）句句是真知佛者之語，故能禁民之鐵鑄佛像也。仝卷〈開寶五年〉條云：「春，正月，丁酉。禁鐵鑄浮圖與佛像及人物之無用者（案，此或猶吳越王之以銅鐵冶鑄人之臉容，置諸寺廟以祈福，而蔚為風氣者歟？事見《吳越備史》），慮愚民毀農器以徼福也。」至於太宗，亦好佛主也。全書卷十五〈太宗端拱二年〉條載：「先是，帝遣使取杭洲釋迦佛舍利塔（案，此蓋太平興國三年由吳越僧贊寧奉錢俶命請晉者也）置闕下，度開寶寺西北隅地，造浮圖十一級以藏之，上下三百六十尺，所費億萬計，前後踰八年。癸亥，工畢，備極巧麗。知制誥田錫上疏云：眾以為金碧熒煌，臣以為塗膏釁血。帝亦不怒。」是以能置譯經院，能取禁中所藏梵筴，令西僧天息災翻譯之也。而方其譯經之成也，乃示宰相，曰：「凡為君臣者，治人利物，即是修行。梁武舍身為寺家奴，此真大惑！方外之說，亦有可觀，卿等試讀之。蓋存其教，非溺於釋氏也。」（卷十二〈太平興國八年〉條）此真知佛者之語也。故曰僧然者，特一外國遊方僧耳，竟蒙其召見，且賜以《大藏經》。《文獻通考·四裔考》紀其事云：「雍熙元年（西元 948 年），日本國僧然與

其徒五人浮海而至,獻銅器十餘事,並本國職員、今王年代紀各一卷。」釋東初《中日佛教交通史》亦云:「入宋詣天台山後,入宋都汴京,謁太宗……次登五台山禮聖蹟,再歸汴京,巡歷洛陽、龍門等佛蹟。當歸國時,宋版《大藏經》及栴檀釋迦像等。」(第十六章〈北宋時代中日佛教之交通〉)案,此事亦見日本太政官牒。

二、前輩之影響。唐·劉夢得特別看重靈澈和尚之詩作,彼於詩評之間,亦及其同時僧詩之看法,語多可采。其言曰:「詩僧多出江右,靈一導其源,護國襲之;清江揚其波,法振沿之。如么絃孤韻,瞥入人耳,非大音之樂;獨吳興晝公(案,即釋皎然),能備眾體,澈公承之。至如芙蓉園新詩曰:『經來白馬寺,僧到赤烏年』謫汀州云:『青蠅為弔客,黃犬寄家書。』可謂入作者闖域,豈獨雄於詩僧間耶?」(見《劉夢得詩文集》)江右多詩僧,信有其事,蓋受時代環境之感染也,前已敘及;而贊寧和尚於傳彼僧行之際,亦多著墨於此,可見其私心嚮慕之情也。如〈聲得篇〉之載皎然、貫休,〈明律篇〉之記靈澈、道標、清江等是矣;夫僧人之職,原以修證為務,以了悟幻化為志,所謂「如能以高為本,以德為枝,以修為花蕚,以證為子實,然後婆裟挺蓋,鬱密成陰,周覆三千大千,號之曰大菩提樹也歟!」(贊寧語,見《高僧傳》卷三十之論)也,而所以特著墨於詩文之傳者,贊寧竟欲「作詩式以安禪」(同上引書卷)矣,是其情可知焉。故其著〈皎然傳〉,則曰:「釋皎然,字晝,姓謝,長城人,唐樂侯十世孫也……於篇什中,吟詠情性,所謂造其微矣。文章儁麗,當時號為釋門偉器哉……然其兼攻並進,子史經書,各臻其極……莫非始以詩句牽勸,令入佛智,行化之意,本在乎茲!」(卷二十九)乃其推重之意,更見卷三飛錫傳之系辭:「錫外研儒墨,其筆仍長,時多請其論撰,如忠國師楚金等碑,與晉陵德宣、吳興晝公同廣原,不知鹿死何人之手?然宣錫二公亦有不羈之失,緣飾過其實。如晝公合達中之體,儗事得其倫;唯虛與實,不可同日也。」是矣。又述〈道標傳〉云:「標經行之外,尤練詩章,辭體古健,比之潘劉。當時吳興有晝,會稽有靈澈,相與酬唱,遞作笙簧。故人諺云:『霅之晝,能清秀;越之澈,洞之冰雪;杭之標,摩雲霄。』每飛章寓韻,竹夕花時,彼三上人當四面之敵,所以辭林樂府常采其聲詩……萬境在空,驅之為射御;五峰滿眼,立之為疆場。文雄而再鼓不衰,神王而一戰自勝者也。」(卷十五)道標和尚蓋富陽人,其先為關隴大族;及晉東渡,乃衣冠隨之,而為杭人焉。彼之高曾王父本重儒術,而不甘為吏,故州里尊異之云;標之有斯志行,有自來矣。又寫貫休,

謂其體調不下二李、白、賀，更有吳融爲其文集作序，韋莊贈詩，而「所長者歌吟，諷刺微隱，存於教化。」乃敘其傳「釋貫休，字德隱，俗姓姜氏，金華蘭溪登高人也……與處默同削染，鄰院而居，每隔籬論詩，互吟尋偶對，僧有見之，皆驚異焉。受具之後，詩名聳動於時……乾寧初，志謁吳越武肅王錢氏，因獻詩五章，章八句，甚愜旨，遺贈亦豐。王立去僞功，朝廷旌爲功臣，乃別樹堂立碑，記同力平越將校姓名，遂刊休詩于碑陰，見重如此……嘗睹休眞相，肥而矬……」卷三十《唐詩紀事》載其獻詩錢鏐之事，燴炙人口。其事云：「錢鏐自稱吳越國王，休以詩投之曰：『貴逼身來不自由，幾年勤苦蹈林丘，滿堂花醉三千客，一劍霜寒十四州。萊子衣裳宮錦窄，謝公篇詠綺霞羞：他年名上凌煙閣，豈羨當時萬戶侯。』遂入蜀。」所記與之稍異，亦可見其詩名風骨也。齊己亦學習律儀，納圓品法；而善文學，性耽吟詠，同書同卷〈齊己傳〉云：「閑辰靜夜，多事篇章，乃作〈渚宮莫問篇〉十五章……己頸有瘤贅，時號詩囊。棲約自安，破衲擁身，枲麻纏膝。愛樂山水，懶謁王侯，至有『未曾將一字，容易謁諸侯』句爲狎華山隱士鄭谷詩相酬唱。卒，有《白蓮集》行于世。」又同卷十五〈靈澈傳〉云；「釋靈澈，不知何許人也（案，《唐才子傳》卷三明言：「靈澈，姓湯氏，字澄源，會稽人。」）稟氣貞良，執操無革；而吟詠情性，尤見所長。居越谿雲門寺，成立之歲，爲文之譽襲遠……澈遊吳興，與杼山畫師一見爲林下之遊，互相擊節……建中，貞元已來，江表諺曰：越之澈，洞冰雪。可謂一代勝士，與杭標、霅晝分鼎足矣。」靈澈和尙最饒人口者，厥如歸湘南作（案，湘字或作湖）云：「山邊水邊待月明，暫向人間借路行，如今還向山邊去，唯有湖水無行路。」皎然和尙激賞之曰：「此僧諸作皆妙；獨此一篇，使老僧見，欲筆硯。」然其所重，猶在「秉心立節·不可多得，其道行空慧……復著《律宗引源》二十卷，爲緇流所歸。」（亦皎然語，見同傳）至於清江、本有褊懆之性，不與人類；故雖禮曇一律師爲親教師，終因一公少因不足，而捨師遊方。然以其善篇章，爲儒家筆語，體高辭典，又擅一隅之美，時少倫儗，是以雖有指責其七夕詩之墮於淫妄者（案，七夕詩云：七夕景迢迢，相逢只一宵：月爲開帳燭，雲作渡河橋。映水金冠動，當風玉珮搖；惟愁更漏促，離別在明朝。）贊寧和尙猶爲之辯解，謂：「詩人興詠，用意不倫。慧休怨別、陸機牽牛星、屈原湘夫人，豈爲色邪？皆當時寓言興類而已。若然者，言火則焚口，說食則療飢也矣。江之捨師，後乃揚師之美，反權合道也。實爲此詩警世無常，引令入佛智焉，其故何也？詳江遇忠國師大明玄理，無以域中小乘法拘之哉！」

（卷十五江本傳之系辭）

受前輩影響，猶有一明顯例證，即《僧史略》之仿裴子野《宋略》也。《僧史略·序》云：「及進育三塔，乘駟到闕，敕居東寺，披覽多暇，遂樹立門題，搜求事類。始乎佛生教法流衍，至于三寶住持諸務事始，一皆隱括，約成三卷，號《僧史略》焉。蓋取裴子野《宋略》為目，所恨刪采不周，表明多昧……」云云。案，裴子野見《梁書》卷三十本傳，祖駰、曾祖松之皆以史學名家，故其撰作綽犖有致，本欲繼成松之受詔續成何承天《宋史》之志；而沈約《宋書》既行，時人覺其煩雜焉，子野巧更為刪撰，成二十卷之《宋略》。范縝之表薦乃曰：「家傳素業，世習儒史，苑囿經籍，遊息文藝。著《宋略》二十卷彌綸首尾，勒成一代，屬辭比事，有足觀者。且章句治悉，訓故可傳。」即沈約見之，亦歎弗逮也。又子野博識，為時所服，本傳載白題、滑國入貢，人莫知所出：獨子野引《漢書》服虔注，知為胡種云。又子野末年深信釋氏，持戒蔬食；且撰《眾僧傳》二十卷。凡此種種，吾人幾盡復見諸贊寧和尚之身也，故知其影響之深焉。

三、師友所漸。王氏文集序謂：「時錢氏公族，有若忠懿王某、宣德節度使偓、奉國節度億、越州刺史儀、金州觀察使儼、故工部侍郎昱，與大師以文義切磋；時浙中士大夫，有若衛尉卿崔仁驥、工部侍郎慎知禮、內侍致仕楊惲與大師詩什唱和。又得文格於光文大師彙征，授（受？）詩訣於前進士龔霖，由是大為流輩所服。」案，忠懿王某即錢俶也；〈文集序〉所述之卿文士，余已敘之前節——時代環境——矣，此不贅。若夫得文格於光文大師彙征者，則一代文僧也，雖秉性高岸僻孤，然能得其指引，隨侍者，莫不以為千載之遇合也。《宋高僧傳》之〈永安傳〉寫其情性行事，謂云：「釋永安，姓翁氏，溫州永嘉人也，少歲淳厚，黃中通理。遇同郡彙征大師鳳鳴越嶠，玉瑩藍田，穠落文心，沉潛學奧，以其出樂安孫郃拾遺之門也，而有慕上之心，往拜而乞度。然征性高岸而寡合，而安事之也，曲從若環，蓋哀其幼知擇師耳。天成中，隨侍出杭，俄有從十二頭陀之意，潛逃欲登閩嶺，參問禪宗……後遇韶禪師法集，頓遣群疑，重來禮征。咄之曰：『背孝養，爾自速辜，遺行于斯，還有裨補前咎計否？』安跪對曰：『從來無事，請用塞責。』征肯頷之。」（卷二十八）又寫道潛和尚之精愙能感動舍利之行，能瞑然見文殊菩薩之現相，而藉彙征之甘為檀越以肯定之。卷十三〈道潛本傳〉云：「又光文大師彙征，迥然肯重，自為檀越，請於山齋行三七日普賢懺，忽見偏吉御象

在塔寺三門亭下。」云云，故凡能得大師之爲撰碑銘者，贊寧必書之也。如：釋道岊、釋全付（皆見本書卷十三）等，皆是也。

學《易》於希覺禪師者，乃見於本書卷十六其本傳也，於余前述贊寧簡譜中已引之矣。然希覺者，實慧則法師之法子也，〈釋慧則傳〉云：「入室弟子希覺最露鋒穎焉。」（同書同卷），其後傳法於釋晧端：「釋晧端，姓張氏，嘉禾人也。九歲，捨家入靈光精舍，師授經法，如溫舊業焉。年登弱冠，受形俱無表，于四明寺育王寺遇希覺律師，盛揚《南山律》，端則一聽旋有通明，義門無壅。」（卷七端本傳）亦傳之釋文益：「（益）于時謝俗累以拂衣，出樊籠而矯翼。屬律匠希覺師盛化其徒于鄮山育王寺，甚得持犯之趣。又遊文雅之場，覺師許命爲我門之游、夏也。」（卷十三益本傳）是一代律師也已矣。

與道育同宿者，蓋育亦一時之高僧也。卷二十三本傳云：「釋道育，新羅國人也，本國姓氏所未詳練。自唐·景福壬子歲（西元892年）來遊于天台，遲迴而挂錫於平田寺眾堂中。慈愛接物，然終不捨島夷言音。恆持一缽受食，食迄，略經行而常坐，脅不著席。日中灑掃殿廊，料理常住，得殘羹之食，雖色惡氣變，收貯于器，齋時自食。與僧供湢浴煎茶，遇薪木中蠢蠢，乃置之遠地，護生徧切……每至夏首秋末，日昳，乃裸露胸背，云飼蚊蚋蛭雜色蟲螫齧，至於血流於地。如是行之四十餘年，未嘗少廢……身出紺赤色舍利，有如珠顆，人或求之，隨意皆獲。至晉·天福三年戊戌歲（西元947年）十月十日終於僧堂中，揣其年八十餘耳。寺僧上山後焚之，灰中得舍利不可勝數，或有得巨骨者。」可以證焉。

相切磋于文備、義寂，則率直諒多聞之益友、善知識也。義寂通《南山律》義，研尋天台止觀而補苴智顗大師不絕如縷之教跡者也。卷七本傳云：「自智者捐世，六代傳法師湛然師之後，二百餘齡，寂受遺寄最克負荷……每一談揚，則樅金玉應，召羽商和，彼九旬說妙，相去幾何？……自甌越之鄉洎三天子鄣，民多咈戾，俗受敂獵；受寂之訓也，咸食眞椹革音，說法之功，所謂善建。」是也。若夫文備事蹟，乃見於《釋門正統》卷五、《閑居編》卷三所爲之錄載錢塘慈光備法師行狀云：「法師平時味道耽學，不以衣食繫念於禪觀誦經之外。手寫南北章疏，凡萬於紙，辭藻頗富，頗有著述。嘗撰〈別遺骸〉文，故左街僧錄通惠大師贊寧在杭修僧史之日，深貴其文。」詩所謂「瞻彼淇澳，綠竹猗猗，有斐君子，如切如磋」者，是之謂也。

其他師友，余錄之於贊寧簡譜之中，而書多有其傳也，此不贅云。

（四）贊寧之成就

《湘山野錄》卷下載司天監王處訥之為贊寧推步，云：「贊寧壽八十四，司天監推其命，孤尊不佳，三命星禽晷祿壬遁俱無貴壽之處。謂寧曰：師生時必受大貴星臨門。寧曰：母氏謂方臥草，錢文穆王元瓘往臨安拜塋，至門雨作，避於茅簷甚久，逮浣浴襁藉畢方去。」此不必為一事實；然贊寧當時之貴壽，是為時人所羨者，殆為事實也。

又吳處厚《青箱雜記》評贊寧和尚，曰：「近世釋子多務吟詠；唯國初贊寧獨以著書立言，遵崇儒術為佛事。」則其為人所重，可以知矣。王禹偁排佛之激，人或以為過於韓愈，讀《宋史》本傳，信然；而贈寧詩者數矣，且為之作文集序則推之云：「釋子謂佛書為內典，謂儒書為外學；工詩者眾，工文者鮮。並是四者，其惟大師。」紹興間釋法道重刊《僧史略・序》亦有言曰：「寧師內外博通，真俗雙究，觀師所集物類相感志，至於微術小技亦盡取之，蓋欲學佛遍知一切法也。崇寧四年（西元 1105 年）加命號曰東京左街僧錄、史館編修、圓明通慧大師，以來旌其學行⋯⋯得斯藏本（案，指《僧史》略言），佛法事理、來歷紀綱，捨此書弗知也。苟斯文之墜地，顧大法之將沉⋯⋯」其為人所崇仰，又何如哉？是必有其成就而為人所肯定者焉。茲分析之，有如下數項：

一、博學。贊寧學海之廣，前引數則推崇之言，已可概見；茲更舉時人筆記之事例數則以為證。

《湘山野錄》：「江南徐知諤賞（案，或為嘗之誤字歟？）得畫牛一軸，畫則齒草欄外，夜則歸臥欄內。知諤獻後主煜，煜貢闕下。太宗張後苑以示群臣，俱無知者。僧錄贊寧曰：南倭海水或減，有灘蹟微露，倭人拾方諸蚌臘，內有餘淚數滴，和色著物，則畫隱而夜顯。沃焦山時或風撓飄擊，有石落海岸，得之滴水染物，則畫顯而夜晦。諸臣皆以為無稽。寧曰：見張騫《海外異物記》。杜鎬撿三館書目，果於六朝舊本載之。」（案，《清波雜志》所載略同）又，全書：

> 「贊寧洞古博物，王元之、徐騎省疑則就而問焉。柳仲塗曰：余頃
> 守維陽郡，堂後菜圃，陰雨則青焰竟夕，觸近則散，何也？寧曰：
> 此燐火也。兵戰血，或牛馬血著土，則凝結為此氣雖千載不散。柳
> 遽拜之曰：掘之皆斷鎗折鏃，乃古戰場也。因贈以詩曰：空門今日
> 見張華。」

又，《十國春秋》載云：「徐鉉仕江南日，常襆被入直澄心堂，至飛虹橋，馬輒不進，裂鞍斷轡，掣韁卻立。鉉遣信諮贊寧，贊寧曰：下有海馬骨，水火俱不能毀，惟漚以腐糟，隨毀者是也。鉉斸土果得巨獸骨，若段柱然，積薪焚三日不動，以腐糟漚之，遂爛焉。」

以上蓋就其博物小伎者言，而寧之於儒、道之學，往往見於僧傳、史略焉，余有另文：讀〈宋高僧傳之系論〉及讀〈僧史略〉二文，多所論列也。此不贅。

二、明辯。有博學者，或訥於言；贊寧和尚則即博學矣，恰能資之以雄辯明給焉。亦舉數例於後：

歐陽永叔《六一詩話》云：「安鴻漸街行遇贊寧與數僧相隨，鴻漸指而嘲曰：鄭都官不愛之徒（案，鄭都官即鄭谷。四庫重刊續編《鄭守愚文集》卷三〈寄獻狄右丞詩〉云：逐勝偷閒向杜陵，愛僧不愛紫衣僧；身爲醉客思吟客，官自中丞拜右丞。殘月露垂朝闕蓋，落花風動宿齋燈；孤單小諫輕舟在，心戀清潭去未能。是也），時時作隊。贊寧應聲曰：秦始皇未坑之輩，往往成群。」又其《歸田錄》載云：

「太祖（案，應是太宗，余已辨之於前矣）幸相國寺，至佛前燒香，問當拜與不拜？僧錄贊寧曰：不拜。問其故，曰：現在佛不拜未來佛。上微笑而領之，遂以爲定制。」永叔雖謂其答語如戲優誹諧，然亦許其賞讀書，長於口辯也。《僧史略》卷中〈行香唱導〉條載崔蠡之欲廢行香，贊寧和尚之駁斥，亦頗能見其辯給之才。其事云：「文宗朝，中書崔蠡上疏云：國忌設齋，百官行香，事無經據，伏請停廢……（贊寧駁之云）嘗試論之：崔蠡言無經據者，蛇之行香豈無經也？（案，此指《大遺教經》：比丘欲食，先燒香唄讚之……蛇呼比丘，自說宿緣，令爲懺悔，并將仙提來取我行香）安公引教設儀豈無據也？（案，此指西晉道安法師所訂律儀之行香定座上講也）云：討尋本末禮文令式，曾不該明者，三代之禮何嘗言飯釋子前而行香耶？且令式唯是歷代沿革之法律，如代宗後之條格，豈標在隋末唐初之令式乎？矧禮出儒家，豈可將釋書爲據？事因釋氏，無宜用儒典爲憑，就體證之方云合理。儒流不許還引儒書，何異獄訟之人，召親黨而作證？若欲除廢，其無辭乎？」云云者，是也。

三、著作等身。日本牧田諦亮氏嘗從各種資料箚記其著作，列一簡表，

甚可據，茲抄錄於後：

  （一）內典集（佚）一百五十二卷 小畜集卷二十

  （二）宋高僧傳（存）三十卷 各大藏經

  （三）僧史略（存）三卷 各大藏經

  （四）鷲嶺聖賢錄（佚）五十卷 小畜集卷二十

  （五）事鈔音義旨歸（佚）三卷 律宗瓊鑑章

  （六）外學集（佚）四十九卷 小畜集卷二十

  （七）駁春秋繁錄（佚）二篇 青箱雜記卷六、經義考

  （八）抑春秋無賢臣論（佚）一篇 青箱雜記卷六

  （九）論語懸解（佚）一卷 四庫闕書目、光緒湖洲府志

  （十）論語陳說（佚）一卷 通志藝文略、經義考

  （十一）難王充論衡（佚）二篇 青箱雜記卷六

  （十二）証蔡邕獨斷（佚）四篇 青箱雜記卷六

  （十三）斥顏師古匡謬正俗（佚）七篇 小畜集卷七、青箱雜記卷六

  （十四）折海潮論兼明錄（佚）二篇 青箱雜記卷六

  （十五）非史通（佚）六篇 青箱雜記卷六

  （十六）答斥雜諸史（佚）五篇 青箱雜記卷六

  （十七）筍譜（存）二卷 直齋書錄解題

  （十八）物類相感志（存）又感應類從志一卷 重刊僧史略序、邵齋讀書志、重較說郛

  （十九）傳載略（存）八卷 說郛卷五、重較說郛卷二十二、宋史藝文志

  （二十）要言（佚）三卷 宋史藝文志、志雅堂雜鈔

  以上二十部，凡三〇三卷，二十九篇；以四部分類，則（七）、（八）、（九）、（十）屬經部，（二）、（三）、（四）、（十五）、（十六）、（十九）屬史部，（一）、（六）、（十一）屬子部，（十二）、（十三）、（十七）、（十八）屬集部，其他則有：（五）（案，四庫入於經部小學類，今姑分領之）、（十四）（案，贊寧嘗有建塔鎮潮事，則此書或為建築工程類歟？）等，則贊寧和尚聞見之博，著述之廣且多，可以見焉。是以王禹偁大為歎服，作書與之，曰：「辰借通論，日殆三復。使聖人之道無傷於明夷，儒家者流不致於迷。復自周秦以降，作者眾矣，至於斥楊墨而尊姬孔，不無其人；如此歷詆諸家，丕顯聖道者，吾未

之見也。師胡爲而來哉？得非天祚素王而假手我師者與？不然天下冠章甫而衣逢掖者，豈遂無其人也……今茲師通論之作，所謂時雨降矣，日月出矣，溉灌爝火復何爲哉？」（《佛祖統紀》卷四十四引《小畜集》）惜其書多毀於兵燹也。

　　四、續佛慧命。儒者排佛，自古已然，而宋時尤烈，此於向前已述及之矣。端賴贊寧和尚之博學，周旋於士大夫之間，取信於帝王之意也。《僧史略》卷下〈總論〉即明示此意矣，其言曰：「問曰：略僧史，求事端，其故何也？答曰：欲中興佛道，令正法久住也。曰：方今天子重佛道，崇玄門，行儒術，致太平，已中興矣；一介比丘力輪何轉，而言中興佛道耶？答曰：更欲助其中興耳。苟釋子不知法，不脩行，不勤學科，不明本起，豈能副帝王之興之乎？……況道流守寶，不爲天下先；沙門何妨饒禮以和之，當合佛言一切恭信。信于老君，先聖也；信于孔子，先師也。非此二聖，曷能顯揚釋教，相與齊行，致君於犧黃之上乎？……詩曰：伐柯伐柯，其則不遠。孟子曰：天時不如地利，地利不如人和。斯之謂與？」其後法道、梵安等，卒於紹興年間引其《僧史略》而正僧道之序，其時之尚書祠部亦引是書爲據，而可其請。如云：「法道仰詳上件太常禮法，并前後敕條，參照得正，與大宋《僧史略》同。每當朝集，僧先道後；並立殿庭，僧東道西。若遇郊天，道左僧右蓋是自來遇郊祀禮畢，車駕自郊迴即御宣德門肆赦，班位係是一事，餘時立班，並是僧左，《僧史略》內，意已包括……上件事理後，批送禮部勘當，申尚書省。本部尋撿會下項《僧史略》……」（《僧史略》後附紹興朝旨改正僧道班列文字一集）故法道重刊《僧史略序》乃極力推崇之，以爲是書墜地，猶大法將沉之兆也，則贊寧和尚有功釋氏者顯矣。

（五）結　語

　　宋釋志磐於述及《高僧傳》時引洪覺範之言，以爲寧公文辭非所長，作禪者傳，尤其如戶昏案檢，而又聚衆些碣爲傳，殊非一體。黃魯直亦欲刪修之，志磐曰：「如有用我者，吾其能成魯直志乎？」僧傳是否如彼等之言？余另有〈讀宋高僧傳之系論文〉，頗有言之矣，可以參看。然考查寧公一生，實文學、德行兩臻之高僧也，尤其又爲《南山律》之傳人也，故志磐總結其功行，亦不得不言：「王公（案，即禹偁）之於通慧不敢排以佛，而獨有取於學識之高，可謂能誠服矣。至於通慧道德之盛，則王公未學，不足以知，非如梁敬之之知荊溪，柳子厚之知重巽也。」（以上引言俱見《佛祖統紀》卷四十

三、四十四）誠哉是言。

（六）參考書目

1. 《高僧傳》，〔梁〕釋慧皎，大正大藏。
2. 《續高僧傳》，〔唐〕釋道宣，大正大藏。
3. 《宋高僧傳》，〔宋〕釋贊寧，大正大藏。
4. 《明高僧傳》，〔明〕釋如惺，大正大藏。
5. 《新續高僧傳》，〔民國〕喻謙，大正大藏。
6. 《禪林僧寶傳》，〔宋〕釋惠洪，大正大藏。
7. 《佛祖統記》，〔宋〕釋志磐，大正大藏。
8. 《佛祖歷代通載》，〔元〕釋念常，大正大藏。
9. 《僧史略》，〔宋〕釋贊寧，大正大藏。
10. 《釋氏疑年錄》，〔民國〕陳援庵著，天華出版社。
11. 《中國佛教史籍概論》，〔民國〕陳援庵著，新文豐出版公司。
12. 《中國佛教史》，〔日〕宇井伯壽著，李世傑譯，協志出版社。
13. 《中國佛教通史》，〔日〕野上俊靜著，鄭欽仁譯，牧童出版社。
14. 《中國佛教發展史》，〔日〕中村元等著，余萬居譯，天華出版社。
15. 《中國佛教研究》，〔日〕牧田地諦亮著，日本大東出版社。
16. 《簡明中國佛教史》，〔日〕鎌田茂雄著，鄭彭年譯，谷風出版社。
17. 《中國佛教史概說》，〔日〕野上俊靜者，釋聖嚴譯，商務印書館。
18. 《宋代佛教論叢》，黃敏枝著。
19. 《魏書》，藝文印書館。
20. 《後漢書》，藝文印書館。
21. 《舊唐書》，藝文印書館。
22. 《唐書》，藝文印書館。
23. 《舊五代史》，藝文印書館。
24. 《五代史記》，藝文印書館。
25. 《宋史》，藝文印書館。
26. 《五代會要》，世界書局。
27. 《宋會要》，世界書局。
28. 《資治通鑑》，〔宋〕司馬光著，世界書局。
29. 《續資治通鑑》，〔清〕畢沅著，世界書局。
30. 《通志二十略》，〔宋〕鄭樵著，世界書局。

31. 《十國春秋》，〔清〕吳任臣撰，四庫全書。

32. 《吳越備史》，〔宋〕錢儼撰，四庫全書。

33. 《吳越備史補遺》，〔宋〕錢儼撰，四庫全書。

34. 《元和姓纂》，〔唐〕林寶撰，永樂大典。

35. 《咸淳臨安志》，〔元〕潛說友撰，四庫全書。

36. 《林間錄》，〔宋〕釋惠洪，四庫全書。

37. 《小畜集》，〔宋〕王禹偁，四庫全書。

38. 《六一詩話》，〔宋〕歐陽修，四庫全書。

39. 《歸田錄》，〔宋〕歐陽修，四庫全書。

40. 《唐詩紀事》，〔宋〕計有功撰，中華書局。

41. 《東觀奏記》，〔唐〕斐廷裕撰，新興書局。

42. 《清波雜記》，〔宋〕周煇撰，新興書局。

43. 《清箱雜記》，〔宋〕吳處厚撰，新興書局。

44. 《冷齋夜話》，〔宋〕釋惠洪撰，新興書局。

45. 《太平廣記》，〔宋〕李昉編，新興書局。

第五章　結　論

　　本文討論的重點，固然是在吳越錢氏時期一般僧伽的活動情況，而其討論的方法卻是依序而成的。譬如我先從吳越王錢氏的世系加以考察，尋索出他們對當時吳越地方的影響——換個角度來看，便是貢獻——而有以下幾點：一、用事大的政策來保障吳越民命免受兵燹；二、沒有橫征暴斂，以蓄民財；三、討平亂象，安定吳越的繁榮基礎；四、築城塹來鞏固國防；五、建海塘以遏江潮；六、關心民瘼，能與民休息；七、交通外國，即繁昌商賈，也宣國威；八、提倡而且維護宗教。從這些貢獻，我們才可以看出釋氏發展的背景，也才能再向下推論。

　　吳越的大姓錢氏之外，便是水丘氏的顯姓，然而此姓在姓書上卻不遑多論，我們從資料之中尋繹出他的根源，原來是左丘明之後，而又以居地為氏，且到吳興來的支系。

　　吳越地域的確定，才能確知當時釋氏活動的空間；寺院的考究亦同。我們除了根據諸般方志來確認之外，更根據史志來補郡牧異動的情形。關於這一方面，如五代史、宋史等雖有地理志、職方志等等的志表，但因十國在正史上本來就不為史家所重，所以縱有所及，也是語焉不詳。所以我們在這一方面的補苴甚多，實可以補方志之不足。至於寺〈院考〉，我們在其按語上也說過，其所短少的太多了。所以根據《吳越備史》、《十國春秋》、《咸淳臨安志》等方志叢書，按錢氏所建的年代，列一長表並作考據；又為方便翻檢，更作筆畫索引附在後面。

　　〈釋氏考〉是從僧傳，如：《宋高僧傳》、《禪林僧寶傳》、《五燈會元》、《景德傳燈錄》……等等；及石刻史料，如：《金石萃編》、《八瓊室齋金石志》、《兩

浙金石志》……等等；和地方志，如：《咸淳臨安志》、《四明圖經》……等等。
盡量爬梳出當時在吳越的釋氏，然後分析他們的傳略，並作「考釋」。之後，
再就所得的結果作〈法系考〉，這樣，我們便可清楚地說，宋代佛學的興盛，
除了宋帝的著意提倡以外；吳越一地的擁護僧伽，更是功不唐捐的。

　　當然，才學和時間的限制，依舊不免缺失。我們以為若能把五代時期十
國的釋氏考究仔細，必可以補此段時期佛史的闕疑。我們將再作《南唐釋氏
考》，則必然可以和本文作一互補之目的。

參考書目

一、佛　藏

1. 梁釋慧皎,《高僧傳》,大正藏第五十冊。
2. 唐釋道宣,《續高僧傳》,仝上。
3. 宋釋贊寧,《宋高僧傳》,仝上。
4. 仝上,《僧史略》,仝上第五十四冊。
5. 宋釋志磐,《佛祖統紀》,仝上第四十九冊。
6. 宋釋道原,《景德傳燈錄》,仝上第五十一冊。
7. 宋釋道誠,《釋氏要覽》,仝上第五十四冊。
8. 宋釋惠洪,《禪林僧寶傳》,續藏經第壹輯第二編。
9. 宋釋之敬元復,《西湖高僧傳》,仝上。
10. 明釋明河,《補續高僧傳》,仝上。
11. 元釋念常,《佛祖歷代通載》,大正藏第四十九冊。
12. 元釋覺岸,《釋氏稽古略》,仝上。
13. 唐釋惠祥,《古清涼傳》,仝上第五十一冊。
14. 宋張商英,《續清涼傳》,仝上。
15. 民國陳援庵,《釋氏疑年錄》,天華出版社。
16. 清陳布雷,《古今圖書集成中之後梁至宋金僧傳》。

二、史　籍

1. 東漢班固,《漢書》,台北藝文印書館。
2. 晉范曄,《後漢書》,仝上。
3. 後晉劉昫,《舊唐書》,仝上。

4. 宋歐陽修，《新唐書》，仝上。

5. 宋薛居正，《舊五代史》，仝上。

6. 宋歐陽修，《五代史記》，仝上。

7. 宋司馬光，《資治通鑑》，台北世界書局。

8. 清畢沅，《續資治通鑑》，仝上。

9. 元脫脫，《宋史》，台北藝文印書館。

10. 宋王溥，《唐會要》，台北世界書局民國五十七年版。

11. 仝上，《宋會要》，仝上。

12. 仝上，《五代會要》，仝上。

13. 元馬端臨，《文獻通考》，台北新興書局民國五十二年版。

14. 宋鄭樵，《通志》，世界書局。

15. 唐劉知幾，《史通》，世界書局。

16. 清王夫之，《宋論》，里仁書局民國七十一年三月。

17. 清王夫之，《讀通鑑論》，里仁書局民國七十一年三月。

18. 清吳任臣，《十國春秋》，四庫全書本。

19. 宋錢儼，《吳越備史》，仝上。

三、方　志

1. 元潛說友，《咸淳臨安志》，國泰宋元方志叢書本據清光十六年汪氏刊本影印。

2. 宋周淙，《乾道臨安志》，仝上據清光緒四年會稽章氏刊本影印。

3. 宋史能之，《咸淳毗陵志》，仝上據清嘉慶二十五年重刊本影印。

4. 宋沈作賓修，施宿撰，《嘉泰會稽志》，仝上據民國十五年影印清嘉慶十三年，采鞠軒重刊本。

5. 宋張津，《乾道四明圖經》，仝上據清咸豐四年煙嶼樓徐氏刊本影印。

6. 宋梅應發，《開慶四明續志》，仝上。

7. 宋談鑰，《嘉泰吳興志》，仝上據民國三年刊吳興先哲遺書本影印。

8. 明盧熊，《洪武蘇州府志》，洪武十二年刊本、道光二十年黃廷鑑手跋舊本。

9. 宋王存撰、王文楚、魏嵩山點校，《元豐九域志》，華世出版社。

10. 宋樂史，《太平寰宇記》，文海出版社。

11. 歷代輿地沿革圖，《清光緒四年至宣統三年在滬鄂兩地遞次刊行》，聯經出版社民國六十四年十月景印。

12. 杜潔祥編，《江南梵刹志》，中國佛寺史志彙刊，明文書局民國六十九年。

13. 仝上，《南朝佛寺志》，仝上。

14. 仝上,《武林梵志》,仝上。

四、金　石

1. 清王昶,《金石萃編》,台北新文豐出版社石刻史料新編,第一輯。
2. 清方履籛,《金石萃編補正》,仝上。
3. 清陸耀遹,《金石續編》,仝上。
4. 清陸徵祥,《八瓊室金石補正》,仝上。
5. 清陸心源,《吳興金石記》,仝上。
6. 民國江蘇通志稿,《江蘇金石志》,仝上。
7. 清杜春生,《越中金石記》,仝上。
8. 清阮元,《兩浙金石志》,仝上。
9. 羅振玉,《吳中冢墓遺文》,仝上。
10. 周紹良,《千唐誌齋藏志》,北京文物出版社,一九八九。
11. 毛漢光,《唐代墓誌銘彙編附考》,台北中央研究院歷史語言研究所印。

五、文　集

1. 清董誥等編,《全唐文及拾遺》,台北大化書局民國七十六年三月初版。
2. 宋姚鉉編,《唐文粹》,台北世界書局民國六十一年二月再版。
3. 清聖祖編,《全唐詩》,明倫出版社民國六十三年再版。
4. 民國唐圭璋編,《全宋詞》,仝上民國五十九年十二月初版。
5. 宋王欽若、楊億撰,《冊府元龜》,台北大化書局。
6. 宋王禹偁,《小畜集》,四庫叢刊初編本。
7. 宋吳自牧,《夢梁錄》,台北大立出版社民國七十九年版。
8. 宋孟原老,《東京夢華錄》,仝上。
9. 宋洪邁,《容齋隨筆》,國學基本叢書本台北商務印書館。
10. 清趙翼,《陔餘叢考》,台北世界書局。
11. 宋周煇,《清波雜記》,筆記小說大觀台北新興書局。
12. 宋吳處厚,《青箱雜記》,仝上。
13. 張氏重刊,《宋本廣韻》,台北廣文書局。
14. 清凌迪知輯俞仲尉校,《古今萬姓統譜》,新興書局民國六十年四月。
15. 宋釋惠洪,《林間錄、後錄》,續藏經第一四八冊。

六、近人著作

1. 王德毅,《宋史研究論集》,台灣商務印書館民國五十七年。

2. 王德毅，《宋史研究論集第二輯》，台北鼎文書局民國六十一年。

3. 宋晞，《宋史研究論叢》，台北國防研究院民國五十一年。

4. 宋晞，《宋史研究論叢》，台北中國文化大學出版社民國七十九年。

5. 呂澂，《中國佛教源流略講》，台北里仁書局民國七十四年。

6. 湯用彤，《隋唐佛教史稿》，台北木鐸出版社民國七十二年。

7. 陳垣，《中國佛教史籍概論》，台北三人行出版社民國六十三年。

8. 中國佛教協會編，《中國佛教》，北京知識出版社。

9. 黃敏枝，《宋代佛教社會經濟史論集》，學生書局民國七十八年五月初版。

10. 李玉珍，《唐代的比丘尼》，台灣學生書局民國七十八年二月初版。

11. 釋印順，《中國禪宗史》，台北慧日講堂民國六十四年二月再版。

12. 黃懺華，《佛教各宗大綱》，台北天華出版社。

13. 劉世珩，《南朝寺考》，中國佛寺史志彙刊，台北明文書局民國七十九年。

14. 岑仲勉，《元和姓纂四校記》，中央研究院歷史語言研究所專刊之二十九，台聯國風出版社。

15. 畑中淨圓，《吳越の佛教——特に天臺德韶とその嗣永明延壽について》，大谷大學研究年報七、一九五四，頁 307 至 365。

16. 竺沙雅章，《唐五代にわける福建佛教の展開》，佛教史學七卷一期、一九五八，頁 24 至 45。

17. 牧田諦亮，《五代宗教史研究》，京都平樂寺書店一九七一。

18. 阿部肇一，《吳越忠懿王の佛教政策に關する一考察》，駒澤史學二號、一九五三，頁 19 至 31。

19. 中村元著、余萬居譯，《中國佛教發展史》，台北天華出版社民國七十八年。

20. 牧田諦亮，《贊寧與其時代》，現代佛教學術叢刊冊四九。

21. 野上俊靜等著、釋聖嚴譯，《中國佛教史概說》，台灣商務印書館民國七十七年四月五版。

22. 鎌田茂雄著、鄭彭年譯，《簡明中國佛教史》，台北谷風出版社民國七十六年七月。